W0193478

www.heller-verlag.de

Günther Ruffert

Farang in Thailand

HELLER VERLAG

Lektorat: Susanne Heller

Umschlagsgestaltung Kurt Kritzinger unter Verwendung eines Fotos von
Manfred Leiter
Druck und Bindung: Druckerei Steinmeier, Nördlingen

2., aktualisierte Auflage 2007
© by HELLER VERLAG, Postfach 1204,
D-82019 Taufkirchen bei München
Tel.: +49-89-612 2829   Fax: +49-89-612 6869
Internet: www.heller-verlag.de   E-Mail: info@heller-verlag.de

Auslieferung für Österreich:
HILLSTEIN VERLAGSAUSLIEFERUNG, Rochusgasse 9,
A-5017 Salzburg
Tel.: +43-662-82 77 00   Fax: +43-662-82 77 00-82

Auslieferung für die Schweiz:
PEGASUS VERLAGSAUSLIEFERUNG, Dorfstrasse 17,
CH-6030 Ebikon
Tel.: +41-41-440 88 46   Fax: +41-41-440 88 44

EAN / ISBN 978-3-929403-12-1
Printed in Germany   All rights reserved

Dieses Buch gibt's in jeder guten Buchhandlung und im Internet unter
www.heller-verlag.de

Inhalt

Vorbemerkung

Die ganze Welt ist heute auch für den Normalverdiener erreichbar geworden. Mit der fortschreitenden Realisierung des globalen Dorfes schwindet auch die Magie des Unbekannten. Der europäische Tourist sucht heute nicht die Fremde, sondern, vor allem in exotischen Ländern wie Thailand, die Wärme, die er zu Hause vermisst, ohne dabei aber möglichst auf Eisbein, deutsches Bier und SAT 1 zu verzichten. Eine große Hilfe sind ihm dabei die gängigen Reiseführer, die jede Menge Tipps geben, wo er billig wohnen, essen und sich amüsieren kann. Mit solch einem Reiseführer im Gepäck kann man für eine Woche in ein fernes Land jetten und sich dabei wie ein Insider fühlen.

In den Regalen unserer Buchhandlungen sind immer einige Meter solcher Gebrauchsanweisungen für die Fremde unter dem Oberbegriff Reiseliteratur zu finden. Sie lesen sich meist etwa so spannend wie die Gebrauchsanweisung für das Montieren eines Ikea-Schrankes. Man sollte aber schon etwas mehr Informationen haben, um fremde Länder, seine Menschen und ihre Handlungsweisen zu verstehen. Was man in den Buchhandlungen aber kaum findet, ist Reiseliteratur, die von Leuten geschrieben wird, die ein Land mit offenen Augen und möglichst auch mit offenem Herzen bereisten und die erzählen, was sie in diesem Lande abseits der ausgetretenen Touristenpfade tatsächlich erlebt haben, was die Menschen dort bewegt und wo ihre Probleme liegen.

Thailand ist in den letzten 2 Jahrzehnten zu einem der bevorzugten Reiseziele geworden. Das Land bietet dem Besucher aus dem Westen – von den Thais pauschal als Farangs bezeichnet – neben Sonne und Meer das ganze Jahr über viele exotische Eindrücke und Einblicke in eine fremde Kultur. Egal was den Touristen interessiert, ob warmes Wetter, wunderschöne Strände, natürliche Landschaften und freundliche Menschen, aber auch hektisches Nachtleben, Thailand hat, abgesehen von Wintersportmöglichkeiten, praktisch alles zu bieten. Es wird ihm allerdings oft schwer fallen, die Menschen, ihre Handlungsweisen und ihre Wertvorstellungen zu verstehen.

Der Farang wird, selbst wenn er längere Zeit in Thailand verbringt, immer wieder neue Aspekte der Thai-Kultur entdecken. Die geltenden Regeln für das Zusammenleben von Menschen in der thailändischen Gesellschaft sind komplex und unterscheiden sich in vielen Dingen von dem, was wir für richtig und angemessen halten. Das Verständnis der Thai-Kultur wird dem Farang manchmal vorkommen wie das Schälen einer Zwiebel: Unter jeder Schale, die man abpellt, kommt eine neue zum Vorschein. Man kann so lange in Thailand leben, wie man will, man wird als Farang doch nie an den Kern gelangen. Solange man sich aber bemüht, höflich zu sein, wie es in einem fremden Land selbstverständlich sein sollte, braucht man als Farang nicht überall Rücksicht zu nehmen auf die komplexen Regeln dieser Kultur. Thais sind immer bereit, mit einem Lächeln über die vielen kleinen Tabuverstöße, die dem Farang unterlaufen, hinwegzusehen.

Dieses Buch sollte dem Touristen, der zu Besuch nach Thailand kommt, aber auch dem Farang, der daran denkt, für längere Zeit dort zu leben, ein besseres Verständnis von diesem Land und seinen Menschen ermöglichen. Dabei sollen nicht nur – wie in allen Reiseführern zu lesen – die schönen und sehenswerten Dinge angeführt, sondern auch einige kritische Probleme angesprochen werden. Nicht etwa als abwertende Kritik an einem Land, in dem ich selbst seit vielen Jahren lebe und mich wohlfühle, sondern um einige zuckersüße Illusionen vom Land des Lächelns oder gar von den guten Wilden à la Rousseau etwas zurechtzurücken. Um dieses Land besser zu verstehen, darf man die Augen weder vor den Dingen verschließen, die unseren Begriffen von richtigem Benehmen oder Moral widersprechen, noch sich darüber entrüsten. Man sollte vielmehr versuchen dahinter zu kommen, warum die Menschen so handeln. Thais haben einen ganz anderen kulturellen und religiösen Background als wir Europäer und der Besucher kann nicht erwarten, dass die Thais ihr Leben so führen, wie wir es gewohnt sind. Sie erwarten in der Regel nicht, dass sich der Besucher in Thailand ihren Regeln und Gebräuchen anpasst, aber sie erwarten mit Recht, dass wir sie so leben lassen, wie sie es gewohnt sind und reagieren verärgert oder gar beleidigt, wenn der Farang ihnen klarmachen will, dass Dinge, die für sie selbstverständlich sind, falsch oder gar unmoralisch sind.

Das Land

Land und Leute

Thailand grenzt an Myanmar (ehem. Burma), Laos, Kambodscha und Malaysia an. Die Form des Landes, das etwa so groß ist wie die Bundesrepublik Deutschland, erinnert an den Kopf eines Elefanten, mit Südthailand als herunterbaumelndem Rüssel. Die maximale Nord-Süd-Ausdehnung misst 1650 km, die Ost-West-Ausdehnung 780 km. Die schmalste Stelle, bei Prachuap Khiri Khan, ist kaum 15 km breit. Einschließlich aller seiner Inseln verfügt Thailand über eine Küstenlänge von über 2600 km.

Etwa 75 % der thailändischen Bevölkerung besteht aus ethnischen Thais, die eingeteilt werden können in Zentralthailänder oder Siamesen in der dichtbesiedelsten Region des Landes, dem Chao Phraya-Delta, in Thai-Lao im Nordosten, dem Isaan, in die nördlichen Thais im goldenen Dreieck und in die Pak Thai im südlichen Thailand. Jede Gruppe spricht ihre eigene Sprache oder eigenen Dialekt und hat unterschiedliche Sitten und Gebräuche.

Zu den ethnischen Thais kommt noch eine Reihe von Minderheiten. Die größte dieser Gruppen mit etwa 10 % der Bevölkerung stellen die Chinesen. Wenn sie auch nur eine Minorität darstellen, so haben doch die vor allem von Anfang des 19. bis Mitte des 20. Jahrhunderts eingewanderten Chinesen einen nachhaltigen Einfluss auf die thailändische Gesellschaft ausgeübt. Sie spielen heute eine zentrale Rolle in der thailändischen Wirtschaft und Finanzwelt. Sie leiten fast alle Großbanken, bilden die Führungsspitzen der meisten Großunternehmen und besitzen viele der Groß- oder Einzelhandelsunternehmen. Sie sind zwar alle thailändische Staatsbürger, haben aber weitgehend ihre von den Vorfahren stammende Lebensart bewahrt. Vor allem im chinesischen Viertel um die Thanon Yaowarat in Bangkok hat man den Eindruck, sich im Herzen Chinas zu befinden.

Außer dieser großen chinesischen Minderheit beherbergt Thailand zahlreiche andere Volksgruppen, sodass das Land als ethnischer Schmelztiegel betrachtet werden kann. In der Nähe der kambodschanischen Grenze wohnen noch ca. 100 000 Suay, deren Sprache dem Kambodschanischen verwandt ist. Überall im Land verstreut leben noch Nachkommen der Mon, die zwischen dem 3. und dem 13. Jahrhundert über eigene Königreiche herrschten. Die Mon wurden von den Thais assimiliert und verschwanden vollständig als eigenständige Volksgruppe. Ende des 18., Anfang des 19. Jahrhunderts und nach der indischen Unabhängigkeit im Jahre 1947 strömten auch zahlreiche Inder nach Thailand, vor allem Sikhs, Hindi und Moslems. Die heute etwa 100 000 Inder konzentrieren sich in Bangkok und sind vor allem im Textilhandel tätig. Eine weitere Minorität sind die moslemischen Malaien bzw. thai-malaische Mischlinge. Sie wohnen vor allem im Süden des Landes, an der Grenze zu Malaysia.

Im Goldenen Dreieck leben verschiedene Bergstämme, die zum Teil erst Anfang dieses Jahrhunderts aus Burma (heute: Myanmar), Laos und China nach Thailand einwanderten. Viele ihrer Angehörigen besitzen heute nicht die thailändische Staatsbürgerschaft. Die Bergvölker – insgesamt über eine halbe Million Menschen – unterscheiden sich voneinander in Sprache, Gebräuchen und Lebensweise erheblich. Sie zählen im Allgemeinen zu den ärmsten Bewohnern des Landes. Ihre Haupteinnahmequelle war der Opiumanbau zur Heroinerzeugung. Die thailändische Regierung ist bemüht, durch Umsiedlung und Einführung anderer agrarischer Erzeugnisse den Opiumanbau zu liquidieren. Das gelingt ihr, wenn überhaupt, aber nur innerhalb der eigenen Landesgrenzen. Auf dem benachbarten Gebiet Myanmars entstehen entlang der Thai-Grenze immer neue Heroinproduktionsbetriebe, deren Erzeugnisse dann fast ausschließlich über Thailand den Weg in die Welt finden. Eine wichtige Einnahmequelle für die Bergvölker sind heute auch die Touristen, die in Massen nach Chiangmai, dem Zentrum des Nordens, strömen.

Die Religion spielt im täglichen Leben der Menschen eine bedeutende Rolle – so der Buddhismus bei den Thais und Chinesen und der Islam bei den Malaien im Süden Thailands. Daneben sind bei den Bergstämmen Naturreligionen weit verbreitet, aber selbst bei den Anhängern der Hochreligionen ist der Glaube an Geister und Magie immer noch sehr lebendig.

Die überwiegende Mehrheit der Bevölkerung sind Buddhisten. In den an Malaysia angrenzenden Provinzen gibt es einen hohen Anteil Moslems, sodass man manchmal den Eindruck haben könnte, sich schon in Malaysia zu befinden. Nur ein kleiner Prozentsatz der Bevölkerung sind Christen.

In den Städten haben sich die Traditionen vermischt und sind von westlichen Einflüssen überlagert worden, während die Menschen auf dem Lande noch weitgehend ihre Eigenheiten bewahrt haben. In den Großstädten prallen die Kontraste zwischen westlicher und östlicher Kultur, aber auch zwischen Armut und Reichtum aufeinander. Mancher Tourist, der Bangkok besucht, lässt sich von den modernen Fassaden der Einkaufsstraßen täuschen, hinter denen sich aber eine andere Realität verbirgt.

Man muss sich auch immer vor Augen halten, dass Thailand als einziges Land der Region nie kolonialisiert war und dass die Thais nicht ohne Grund stolz darauf sind. Es ist aber auch Fakt, dass die umliegenden Länder aus der Zeit der Kolonialisation einen Vorsprung haben, den Thailand jetzt erst mühsam nachholen muss, wie z.B. die bessere Infrastruktur in Malaysia oder ganz allgemein das Verständnis westlicher Lebensart.

Die Regionen Thailands

Thailand kann in vier große, hinsichtlich Topographie, Klima und Bevölkerung sehr unterschiedliche Regionen eingeteilt werden:

Das Herzstück des Landes ist das fruchtbare Zentralthailand. Es dient aufgrund seines Wasserreichtums hauptsächlich dem Reisanbau. Eine Vielzahl von Flüssen durchkreuzt dieses relativ flache Gebiet, darunter der wichtigste Fluss des Landes, der Chao Phraya. Das Zentrum dieser Region ist das Gebiet Groß-Bangkok. Hier herrscht ein ausgesprochen subtropisches Klima.

Im Norden des Landes wird die Landschaft von Bergmassiven geprägt, die die östlichen Ausläufer des Himalaja bilden. Der Norden ist das waldreichste Gebiet des Landes, obwohl auch hier, trotz strenger Gesetze gegen den Raubbau, der grüne Teppich immer weiter zurückgeht. Die Temperaturen liegen deutlich niedriger als im Süden und können in der kalten Jahreszeit in höheren Gebieten bis in die Nähe des Gefrierpunktes sinken. Hier betreibt die Bergbevölkerung – trotz intensiver Maßnahmen des Staates – schwunghaften Rauschgifthandel.

Die schlechtesten Verhältnisse findet man im Nordosten des Landes, dem Isaan. Der Boden ist dort karg und nährstoffarm, unqualifizierte Abholzungen verursachen eine starke Bodenerosion und Versalzung des Bodens, die jährliche Niederschlagsmenge ist gering und sehr unregelmäßig. Der Isaan hat eine lange gemeinsame Landesgrenze mit Laos im Nordosten und mit Kambodscha im Süden. Das Klima ist typisches Festlandsklima, mit einer sehr heißen Jahreszeit und relativ kühlen Wintermonaten um die Jahreswende.

Der Süden bietet hingegen alle Voraussetzungen für eine tropische Vegetation. Eine über den größten Teil des langgestreckten „Rüssels" verlaufende Bergkette zwischen Surat Thani und Nakhon Si Thammarat trennt die West- und Ostseite des Südens und bildet eine Wetterscheide zwischen dem Südchinesischen Meer und dem Indischen Ozean. Die Folge ist, dass die Monsunzeiten und damit die Wetterbedingungen in dem im Indischen Ozean gelegenen Phuket und den im Chinesischen Meer gelegenen Koh Samui – obwohl sie in Luftlinie nur ca. 100 km auseinander liegen – oft sehr unterschiedlich sind. Die beiden größten Inseln Thailands, Phuket und Koh Samui, sind wichtige und in der Saison auch meist überlaufene Zentren des Tourismus.

Bangkok ist mit heute sechs bis acht Millionen Menschen die mit Abstand größte Stadt des Landes. Außer Bangkok gibt es nur noch vier Städte in Thailand mit mehr als 100 000 Einwohnern: Nakhon Ratchasima (Korat), Chiang Mai, Hat Yai und Khon Kaen.

Bangkok, die Stadt der Engel

Der den Farangs geläufige Name der Hauptstadt Bangkok leitet sich ab von Bang (kleines Dorf) und den wilden Oliven- und Pflaumenbäumen *Kok*, die einst hier wuchsen. Thais nennen ihre Hauptstadt nicht Bangkok, sondern *Krung Thep*, „Stadt der Engel". Dies ist allerdings nur eine Kurzform des tatsächlichen Namens, der in voller Länge lautet: *Krungthepmanakhon Amonrattanakosin Mahintharayutthaya Mahadilokpho Noppharatratchathaniburirom Udomratchaniwetmahasathan Amonphiman-Awatanasathit Sakkathattiyawitsanukamprasit.* Er hat damit Anspruch auf einen Eintrag in das Guiness-Buch der Rekorde als längster Name einer Landeshauptstadt.

Als die Burmesen 1767 Ayutthaya einnahmen, das über 400 Jahre die Hauptstadt Thailands gewesen war, zwangen sie die Thais, ihre Hauptstadt weiter südlich, nach Thonburi am rechten Ufer des Chao-Phraya-Flusses zu verlegen. Der Gründer der heute noch regierenden Chakri-Dynastie, König Rama I, verlegte die Hauptstadt schließlich im Jahre 1782 auf die andere Seite des Chao-Phraya-Flusses, nach dem heutigen Bangkok. Auf dem Chao Phraya, dem Königsfluss, reisten einst Abenteurer und Händler in das alte Bangkok. Der Fluss entsteht bei Nakhon Sawan aus dem Zusammenfluss von Ping, Wang, Yom und Nan und ergießt sich 40 km südlich von Bangkok, auf erhebliche Breite angeschwollen, in den Golf von Siam. In der Gegend um Bangkok kommt ein menschengemachtes, dichtgewebtes Netzwerk von Klongs oder Kanälen hinzu, die Bangkok vor einem Jahrhundert den Beinamen „Venedig des Ostens" verschafften.

Lange bevor Bangkok Hauptstadt wurde, gehörten Klongs, die neben der Entwässerung früher vor allem als Transportwege dienten, zur Tradition des Lebens in Siam. Europäische Gesandte und Reisende berichteten, dass schon die alte Residenzstadt Ayutthaya von einem dichten Wasserstraßen-Netz durchzogen war. Während man noch mit der Errichtung der notwendigsten Gebäude für die neue Hauptstadt beschäftigt war, wurden schon die ersten Klongs gegraben. Sie durchzogen rechtwinklig wie ein modernes Straßennetz die Stadt und waren die Lebensadern für Handel, Verkehr und Kommunikation. Fast alle Örtlichkeiten in Bangkok konnten bis zum Bau der ersten Brücke 1932 nur auf dem Wasserweg erreicht werden. Die in bunten Reisebroschüren noch immer als Touristen-Attraktion verklärten Klongs sind heute aber fast alle zur Gewinnung von Straßenflächen zugeschüttet worden und die wenigen noch offenen Klongs gleichen eher stinkenden Kloaken.

Noch vor 200 Jahren ein verschlafenes kleines Fischerdorf am sumpfigen Ufer des Chao-Phraya-Flusses, wo nachts nur Moskitos unterwegs waren, ist Bangkok heute auf dem Weg zur Weltmetropole. Es ist noch nicht ganz dort angekommen, vor allem weil die rasante Entwicklung der letzten 30 Jahre mit den thaitypischen Handicaps belastet ist. Das sind neben der Korruption auf allen Ebenen vor allem die Eigenschaft der Thais, Wunschträume schon für Realität zu halten und ihre Neigung, den zweiten Schritt immer vor dem ersten zu tun.

Die Stadt der Engel ist heute ein dynamisches Gemisch aus traditionellem Thai-Charme und seelenloser Urbanisation, die aus dem Westen importiert wurde. Diese zusammen mit der aus Auspuffgasen und dem beizenden Geruch von geröstetem Chili aus der nächsten Suppenküche zusammengesetzten Atmosphäre ist einmalig auf der Welt und gibt Bangkok seinen besonderen Charakter. Jeder, der zum ersten Mal versucht, Bangkok selbst zu erkunden, wird irgendwann an einen Punkt der Verzweiflung gelangen, weil er den Durchblick und die Orientierung verloren hat. Man scheint zu ersticken an der von Abgasen verpesteten, schwülen und heißen Luft, die Sonne brennt, der Schweiß fließt in Strömen und man versucht in die klimatisierten Kaufhäuser zu flüchten. Beim Promenieren muss man gleichzeitig nach unten und nach oben sehen: Nach unten, um sich nicht in einem der vielen Löcher im Bürgersteig das Bein zu brechen und nach oben, um sich nicht an einem der tiefhängenden Reklameschilder – von erfahrenen Expats auch „Bangkok-Glocken" genannt – den Kopf einzurennen.

Manche Touristen haben nach ein paar Tagen in Bangkok das Gefühl, dass sie in einer Art fernöstlichem Disneyland gelandet sind. Jedes Mal, wenn man aus der Hoteltüre tritt, ist man gespannt, welches neue Chaos man antreffen und welche für den Farang unverständliche Dinge man erleben wird. Der Farang schüttelt den Kopf, wenn ein mit fünf Personen besetztes Motorrad vorbeifährt und macht erschreckt die Augen zu, wenn er sieht, wie an einem 30-stöckigen Hochhausneubau die Arbeiter wie die Affen ohne jede Sicherung auf dem Gerüst herumklettern. Er fragt sich, welche Regeln in dieser Stadt gelten und kommt dann rasch zu der Überzeugung, dass es gar keine Regeln gibt.

Bangkok hat kein eigentliches Stadtzentrum. Manche halten die Silom Road, wo die meisten Banken und internationalen Gesellschaften ihren Sitz haben, andere wiederum die Gegend um Siam Square, wo die meisten großen Kaufhäuser zu finden sind und manche die ersten drei Kilometer der Sukhumvit Road, wo sich die meisten Farang-Hotels und Bars befinden, für das Stadtzentrum. Daneben hat jedes der vielen Stadtviertel, die zum Großraum Bangkok gehören, sein eigenes Zentrum. Egal wo man sich in Bangkok befindet, man hat es nicht weit bis zum nächsten Einkaufscenter, Kino oder Restaurant, aber auch nicht weit zu schäbigen chinesischen Läden, halbzerfallenen Baracken, elektrischen Kabeln, die wild neben- und durcheinander hängen und mit tiefen Löchern übersäten Bürgersteigen.

Typisch für Bangkok sind die krassen Gegensätze zwischen Hektik und Ruhe, Armut und Reichtum; eine Stadt, in der Moderne und Tradition, Paläste und Slums, Tempel und Bordellbetriebe dicht nebeneinander liegen.
In den Geschäftsvierteln säumen riesige Hochhäuser und große Kaufhäuser die Straßen, durch die sich große Menschenmassen und ein Strom von qualmenden und lauten Motorbikes, Tuk-Tuks, Taxis, Autos und Bussen hupend den Weg durch ein dauerndes Verkehrschaos bahnen, während an den Kreuzungen Polizisten mit Atemschutzmasken vor Mund und Nase versuchen, ein wenig Ordnung in das Chaos zu bringen.

Wenn man aber von den Hauptstraßen in die Seitenstraßen abbiegt, findet man dort ein teilweise dörfliches Ambiente, mit einfachen Holzhütten, vor denen schlafende Hunde liegen, die nicht im Traum daran denken, den Weg auf dem Bürgersteig – soweit überhaupt vorhanden – für den die Stadt durchwandernden Farang frei zu machen.

Kaum jemand wird heute nach Bangkok reisen, um die Schönheit dieser Stadt zu bewundern. Die Bevölkerung der Stadt ist binnen 30 Jahren von zwei auf zehn Millionen angewachsen, und das ohne eine koordinierte Stadtplanung, deren Einhaltung durch eine Baubehörde überwacht wird. Viele Dinge, die einst den Reiz dieser Stadt ausgemacht haben, sind – wie die Kanäle, die Bangkok einst den Beinamen „Venedig des Ostens" eingebracht haben – inzwischen fast völlig verschwunden. Der Platz wurde mit Banken, Firmen und Kaufhäusern verbaut.
Die von Wolkenkratzern bestimmte Skyline Bangkoks ist sicher ein Symbol für die gewaltigen gesellschaftlichen

und sozialen Veränderungen Thailands in den letzten 30 oder 40 Jahren. Die Einheimischen, die vor hundert Jahren noch ihre Tage damit verbrachten, Fische zu fangen und ihre Nächte damit, Mücken totzuschlagen, rennen heute mit dem Handy am Ohr zwischen smoggefüllten Hochhausschluchten herum.

Für den Farang, der eine erste Ahnung davon bekommt, was Bangkok wirklich ist, stellt sich dieses Bild dar: Mitten im brodelnden Geschäftsviertel, zwischen himmelstürmenden Wolkenkratzern aus Beton, Stahl und Glas, steht am Fuß jedes dieser Hochhäuser ein kleines Geisterhaus, um den durch den Bau des Hauses vertriebenen Geistern eine Ersatzwohnung zur Verfügung zu stellen. Und die in dem Hochhaus arbeitenden Manager und Angestellten gehen morgens nicht einfach an diesem Schrein vorbei, sondern machen im Vorbeigehen ihren Wai, zünden auch eventuell eine Räucherkerze an oder hängen einen Blumenkranz an den Schrein, bevor sie an ihren Schreibtisch eilen.

Bangkok ist immer das Zentrum für Zuwanderung, Arbeitsplätze, Erziehung und berufliche Chancen in Thailand gewesen. Es zieht heute mehr denn je hoffnungslose Arbeitslose aus dem ganzen Land an, die einen Job suchen. Die an sich schon relativ geringe Industrie Thailands konzentriert sich fast ausschließlich um Bangkok herum, sodass für die Bewohner des übrigen Landes, vor allem des Isaan, nur die Landwirtschaft als Unterhaltsquelle bleibt. Niedriges Einkommen, hohe Pachtzinsen für das den Banken oder Geldverleihern als Sicherheit überlassene Land, mangelnde schulische Ausbildung, keine Chance, einen Beruf zu erlernen, all das treibt die Menschen vom Land weg in die Stadt, auch wenn ihr Glück nur darin besteht, dass sie die Slums vergrößern. So niedrig die Löhne auch sein mögen, sie betragen aber immer noch ein Mehrfaches von dem, was auf ihren Dörfern zu verdienen wäre. Fast alle diese Leute haben nur eine rudimentäre Schul- und keine berufliche Ausbildung. Wenn sie Arbeit finden, dann als Tuk-Tuk- oder Taxifahrer, als Dienstmädchen, Straßenverkäufer oder als Bauarbeiter. Fast jeder Taxifahrer oder Obstverkäufer in Bangkok stammt aus dem Nordosten des Landes, dem Isaan. Die jüngeren und hübscheren Mädchen arbeiten meist in den Bars. Sie bilden zusammen das unterste Proletariat der Millionenstadt und da sie sich sowohl durch ihre Heimatsprache als auch durch ihre Sitten und Gebräuche von den Kernland-Thais unterscheiden, leben sie meist getrennt von diesen im eigenen Clan zusammen.

In der Stadt herrscht das ganze Jahr hindurch ein feucht-heißes Klima, mit durchschnittlichen Tageshöchsttemperaturen um 35 Grad Celsius. In der heißen Jahreszeit von März bis Mai steigt die Temperatur nicht selten über 40 Grad. Hinzu kommt eine sehr hohe Luftfeuchtigkeit. Die Monate Dezember und Januar hingegen bieten angenehm milde Tage mit Höchsttemperaturen um 30 Grad Celsius. Ein Problem im Großraum Bangkok bildet die hohe Luftverschmutzung infolge der Abgase des sich durch das unzureichende Straßennetz quälenden Verkehrs, in Verbindung mit der hohen Temperatur und relativen Luftfeuchte.

Bangkoks heutiger Verkehr ist ein Albtraum, eine Weltmetropole, die sich dem Kollaps nähert. Vielen, die zum ersten Mal nach Thailand kommen, werden die ersten Tage in Bangkok vorkommen wie die letzten Stunden auf der Titanic. Sie sind das reine Chaos. Der Traum vom Venedig des Ostens ist auf dem Weg vom Flughafen zum Hotel schnell verflogen. Autos und abermals Autos, die in langen Staus stehen und aus ihren Auspuffrohren Unmengen Abgase in die Luft jagen. Die Luftverschmutzung ist derart gestiegen, dass nicht nur bei den an den Verkehrsbrennpunkten eingesetzten Polizisten, sondern auch bei Zivilisten Atemschutzmasken immer mehr in Mode kommen. Experten haben herausgefunden, dass man beim Einatmen dieser Luft über 24 Stunden genau so viel Schadstoffe durch die Lungen schleust wie beim Rauchen von 3 Päckchen Zigaretten.

Die Stadt brauchte 30 Jahre, um die ersten Abschnitte einer Hochbahn zu bauen, die die Straßen von dem erstickenden Autoverkehr entlasten soll. Das Bauwerk, das sich kilometerweit über die Straßen schlängelt und diese verdunkelt, trägt mit Sicherheit nicht zur Schönheit des Stadtbildes bei. Auch ein erster U-Bahn-Abschnitt wurde inzwischen fertig gestellt und in Betrieb genommen. Man hat aber den Eindruck, dass für jeden Fahrgast, der darauf verzichtet, sein eigenes Fahrzeug zu benutzen, drei andere Leute inzwischen in der Lage waren, sich einen fahrbaren Untersatz zu leisten, und nicht auf das Prestige verzichten, mit dem eigenen Wagen zur Arbeit oder zu irgendwelchen anderen Besorgungen zu fahren, sodass sich an dem Verkehrschaos und an den aus Tausenden von filterlosen Auspuffen entströmenden Abgaswolken kaum etwas geändert hat.

Nepper, Schlepper, Bauernfänger

Vorsicht vor Leuten, die einen auf der Straße freundlich ansprechen. Dies entspricht nicht der Art der Thais. Es handelt sich in der Regel um Schlepper, die den unbedarften Farang entweder selbst abzocken oder zu irgendeinem Shop schleppen wollen, wo ihm minderwertige Waren zu wahnsinnig überhöhten Preisen angedreht werden sollen. Das gilt auch für Tuk-Tuk-Fahrer, die dem Farang für ein paar Baht eine Stadtrundfahrt anbieten. Die Fahrt führt immer zu irgendwelchen Shops, von denen der Tuk-Tuk-

Fahrer seine Provision kassiert, die dann natürlich auf die schon überhöhten Preise aufgeschlagen wird.

Im Umkreis der Touristenhotels, so z.B. auf der Sukhumvit Road, reiht sich ein Schneiderladen an den anderen, wo den Touristen billige maßgeschneiderte Anzüge oder Hemden angeboten werden. Die Besitzer sind meist Inder und haben ein ausgezeichnetes Geschick, mit viel Freundlichkeit und oft auch guten Sprachkenntnissen den Farang zum Kauf von Kleidung zu bewegen, die er gar nicht nötig hat. Obwohl sich alle als Maßschneider ausgeben und mit viel Aufwand Maß nehmen, wandern fast alle Bestellungen zu billigen „Sweet Shops", wo sie dann von mit Hungerlöhnen bezahlten Hilfsarbeitern aus dem Isaan zusammengestückelt werden.

Die sicherste Art, um sein gutes Geld betrogen zu werden, ist aber, sich zu einem Laden schleppen zu lassen, wo einem Edelsteine zu Schnäppchenpreisen angeboten werden. Der Farang, der auf solch ein günstiges Angebot reinfällt und für teures Geld angeblich qualitativ hochwertige Edelsteine, oft mit gefälschten Zertifikaten kauft, kann sein Geld genauso gut in den nächsten Klong werfen oder besser einem Kloster spenden, dann tut er wenigstens ein gutes Werk.

Eine beliebte Masche der Taxi- und Tuk-Tuk-Fahrer ist die „No change"-Tour. Wenn man dem Taxifahrer, der einem angeblich kein Wechselgeld herausgeben kann, aber bedeutet, dass man dann nicht zahlen kann, wird er schnell aus einer Ecke seiner Taschen die erforderlichen Baht herauskramen oder, falls er wirklich kein Wechselgeld hat, es sich von einem der Geschäfte am Straßenrand beschaffen.

Natürlich bekommen viele Thais, die in einem der Touristenzentren mit Farangs zusammenkommen, ein völlig falsches Bild vom Reichtum der Farangs. Sie selbst verdienen als Zimmermädchen, als Restaurantbedienung oder als Taxifahrer vielleicht mal gerade 5000 Baht (ca.115 Euro) im Monat.

Wenn sie dann sehen, wie die Farangs an einem Nachmittag mehr Geld ausgeben, als sie im ganzen Monat mit harter Arbeit verdienen, dann kommt ihnen leicht der Gedanke, von dem augenscheinlichen Überfluss etwas für sich abzuzweigen.

Die versinkende Stadt

Bangkok ist eine verhältnismäßig junge Stadt. Sie wurde erst 1782 gegründet. Aus Verteidigungsgründen wurde die Stadt auf tiefliegendem Sumpfland errichtet. Aus handelsstrategischen Gründen wurde die Ebene des Chao Phraya gewählt, die jedoch in der Regenzeit schon immer Überschwemmungen ausgesetzt war. Vor 200 Jahren wussten die Stadtgründer sicher, was sie taten, konnten aber nicht erahnen, welche Probleme die Wahl dieses Ortes heute ihren Nachkommen bereitet.

Bangkok liegt nur noch wenig über dem Meeresniveau. Die ganze Stadt sinkt jährlich um einige Zentimeter und kommt damit dem Meeresspiegel immer näher. Abgesehen von externen Faktoren, wie wolkenbruchartigen Regenfällen und globalen Problemen, wie dem Anstieg des Wasserspiegels der Weltmeere, sind es vor allem die hausgemachten Probleme, die Bangkok dem Meeresspiegel immer näher rücken lassen. Die Stadt sinkt, weil über viele Jahre immer mehr Grundwasser für den häuslichen und den industriellen Bedarf nach oben gepumpt wurde. Wegen des sumpfigen Untergrundes müssen alle Bauwerke auf Pfählen errichtet werden, die bis in eine tiefer liegende Tonschicht reichen. Seit die natürlichen Wasserquellen

Bangkoks mit dem maßlosen Wachstum nicht mehr Schritt halten können, werden immer mehr Tiefbrunnen gebohrt. Infolge des unkontrollierten Abpumpens von Millionen Litern Grundwasser zur Versorgung der Bevölkerung und vor allem der Industrie aus den bis unter die Tonschicht reichenden Tiefbrunnen, vermindert sich der Gegendruck des Grundwassers gegen die Tonschicht. Mit dem abnehmenden Gegendruck wird das Wasser in der Tonschicht durch das Gewicht der darüber gelagerten Erdschichten und der Gebäude herausgepresst und damit das Volumen bzw. die Tragfähigkeit der Tonschicht verringert. Dieser Umstand, zusammen mit dem Bauboom der letzten zehn Jahre, lässt die Stadt, die sich zur Zeit nur noch durchschnittlich zwei Meter über dem mittleren Meeresspiegel erhebt, mit einer Geschwindigkeit von jährlich rund zehn Zentimeter absinken. Das hat dazu geführt, dass große Bereiche des Stadtgebiets heute schon unter dem Meeresspiegel liegen. Damit haben sie keinen natürlichen Abfluss zum großen Fluss mehr und müssen durch Pumpensysteme entsorgt werden.

Die in der Monsunzeit auftretenden regelmäßigen Überschwemmungen ganzer Stadtteile sind daher ein großes Problem für die Einwohner der Stadt. Wenn sich in der Regenzeit die Wolken am Himmel zu bedrohlichen Gebirgen auftürmen, können jeden Augenblick tropische Regengüsse mit mehreren Dezimetern Niederschlag pro Quadratmeter herunterstürzen. In wenigen Minuten werden die Straßen zu Flüssen. Die unzureichenden, in den Straßen verlegten und ohnehin meist halb verstopften Abwasserkanäle können nur einen kleinen Bruchteil der Wassermassen entsorgen. Das Gleiche gilt für die überforderten Pumpensysteme. In kürzester Zeit stehen die Straßenschluchten mehrere Dezimeter hoch unter Wasser. In tiefer gelegenen Bezirken erreichen die Wasserhöhen oft mehr als einen Meter Höhe, vor allem dann, wenn die Regenfälle mit aus dem Norden heranströmendem Hochwasser und der Flut aus dem Golf von Thailand zusammentreffen. Die sich früher einmal kreuz und quer durch das damalige „Venedig des Ostens" ziehenden Kanäle, Klongs genannt, dienten bei einsetzendem Regen als natürliche Entwässerungskanäle. Sie wurden jedoch im Laufe der Jahre zur Gewinnung von Bauland und Straßenflächen fast alle zugeschüttet. Überdies ist das ganze riesige Stadtgebiet mit einigen hundert Quadratkilometern Oberfläche zubetoniert, sodass auch kein Regenwasser mehr im Boden versickern kann.

In den letzten Jahrzehnten sind zwar enorme Summen in die Lösung der Überschwemmungsprobleme investiert worden. Es ist aber immer mehr oder weniger bei Flickwerk geblieben. Wenn man Straßen anhebt, um den vom Hochwasser ungehinderten Autoverkehr zu ermöglichen, dann läuft das Wasser in die angrenzenden Wohngebiete, wo die schmutzige Brühe dann manchmal wochenlang vor sich hinfault, bevor der Schlamm von selbst austrocknet.

Die einzige Gemeinsamkeit mit ihrer einstigen italienischen (Namens-)Patenstadt dürfte heute darin bestehen, dass Bangkok ebenfalls im Meer zu versinken droht, allerdings viel schneller als Venedig.

Isaan, der vergessene Nordosten

Mit Isaan bezeichnet man den nordöstlichen Teil Thailands, ein Gebiet, in dem überwiegend laotisch oder auch kambodschanisch gesprochen wird. Der Isaan umfasst rund $1/3$ des thailändischen Staatsgebiets und gleichermaßen wohnt etwa $1/3$ der Bevölkerung in dieser Region.

Auf den ersten Blick gesehen hat der Isaan nicht viel mit den anderen Landschaften Thailands, die den europäischen Touristen allgemein interessieren, gemein. Es gibt weder palmengesäumte Meeresstrände noch regenwaldbewachsene Gebirgsketten. Man sieht nur kilometerweit, je nach Jahreszeit, grüne Reisfelder oder zu Stein gebackene braune Erde. Dieser Teil des Landes wird also kaum Touristen anziehen, die sich am Strand erholen wollen. Wen aber das wirkliche Bild Thailands außerhalb der großen Touristenzentren interessiert, dem kann nur empfohlen werden, den Isaan und seine Menschen kennen zu lernen.

Der größte Teil der Bevölkerung des Isaan besteht aus ethnisch sich kaum von den Thais unterscheidenden Laoten und spricht auch einen laotischen Dialekt, der aber viele Gemeinsamkeiten mit der Thai-Sprache hat. In Thailand leben fast vier Mal so viele Menschen laotischer Abstammung wie in Laos selbst. Die Menschen haben einen zierlichen Körperbau und Stupsnasen, die vor allem den jungen Mädchen gut zu Gesicht stehen. Im östlichen Teil des Landes in der Gegend um Buriram und Surin, ehemals kambodschanische Gebiete, die von den Königen Siams während ihrer Eroberungszüge besetzt wurden, sind die Bewohner ethnisch Khmer. Sie haben einen stabileren Körperbau, gerade Nasen und allgemein eine etwas dunklere Hautfarbe als die Lao. Die Menschen hier sprechen einen gutturalen kambodschanischen Dialekt, der im

Sprachstamm weder mit der thailändischen noch mit der laotischen Sprache Gemeinsamkeiten aufweist.

Die Bewohner des Isaan unterscheiden sich nicht nur hinsichtlich ihrer heimischen Sprache (da sie Thais sind, sprechen sie natürlich auch alle Thai), sondern auch hinsichtlich ihrer Lebensart und ihrer Sitten zum Teil nicht unwesentlich von der übrigen thailändischen Bevölkerung. Die Menschen leben vorwiegend von der Landwirtschaft. Da im Isaan im Durchschnitt deutlich weniger Regen fällt als im übrigen Land, sind die Erträge auch entsprechend geringer. Es handelt sich kurz gesagt um das Armenhaus Thailands. Nicht umsonst stammt der größte Teil der Mädchen, die in den Bars von Bangkok, Pattaya oder Phuket ihr Geld verdienen, aus dem Isaan. Mit dem hier verdienten Geld können sie ihre Familien zu Hause unterstützen und ihnen wenigstens zu einem bescheidenen Lebensstandard verhelfen.

Obwohl Landwirtschaft fast die einzige Erwerbsquelle in diesem Land ist, sind die verhältnismäßig nährstoffarmen Böden für die Landwirtschaft von geringer Qualität. Wegen des geringen Wasserrückhaltevermögens der sandigen Böden ist der viel Wasser erfordernde Reisanbau auf die unregelmäßigen Regenfälle angewiesen und nur in tiefer gelegenen Bereichen und in sehr kleinen Feldern möglich. Diese sind durch Erdwälle gegeneinander abgegrenzt, um das in der Regenzeit herniederströmende Wasser möglichst lange zurückzuhalten. Im Gegensatz zur Reiskammer Thailands, dem Mündungsdelta der großen Flüsse in Zentralthailand, wo in der Regel zwei Reisernten pro Jahr möglich sind, ist hier nur eine Reisernte im Jahr erreichbar. Angebaut werden sowohl hochwertiger Jasmin-Reis, der allgemein für den Verkauf produziert wird, wie Klebereis, der für den eigenen Verbrauch bestimmt ist. Da zumindest Reis selbst erzeugt wird, hungert kaum jemand. Aber alle sonstigen Produkte wie Geräte, Treibstoffe und Kunstdünger haben sich in den letzten Jahren stark verteuert, ohne dass die Erträge oder die Preise für landwirtschaftliche Produkte stiegen. Die Bauern sind deshalb bei finanzkräftigen Großfarmern und Banken hoch verschuldet. Das Land gehört nur zum Teil den Bauern, zum Teil ist es „Königsland" und die Bauern haben nur das dauernde Nutzungsrecht. Sowohl Eigentums- wie auch Nutzungsrechte lassen sich aber verkaufen oder verpfänden und so müssen die Bauern oft ihr eigenes Land von den Banken bzw. Kreditgebern zurückpachten und leben hart am Rande des Existenzminimums.

Der ganze Lebensrhythmus der Reisbauern wird durch die Jahreszeiten und das Wetter bestimmt. Wenn zu Beginn der Regenzeit die in der vorhergehenden monatelangen Sonnenglut steinhart gebackenen Felder gepflügt werden können, laufen die Männer von morgens früh bis spät abends im knietiefen Wasser auf den Feldern hinter Pflug und Egge her. Sie beginnen in kleinen Feldabschnitten den Reis auszusäen, der ein paar Wochen später, wenn die Regenzeit voll zu Gange ist, das Pflanzgut für die Reisfelder abgibt. Auch das Reispflanzen ist eine Knochenarbeit, meist für die Frauen. Sie gehen von morgens bis abends gebückt in einer langen Reihe über die knietief mit Wasser bedeckten Reisfelder und drücken in 10 cm Abstand die jungen Reisschößlinge in den Boden. Es gibt – wenn nicht gerade ein hoher buddhistischer Feiertag ansteht – keinen Sonntag und keinen Ruhetag, solange der Reis nicht fertig gepflanzt ist.
Dann bleibt aber für die Menschen auf dem Dorf für ein paar Monate nichts anderes zu tun, als dem Reis beim Wachsen zuzusehen. Männlein und Weiblein liegen dann mehr oder weniger den ganzen Tag herum und warten, bis der Reis erntereif ist. Dann geht die Knochenarbeit wieder los. Da im Isaan die Felder nur etwas mehr als Handtuchgröße haben und jeweils durch Erddämme eingeschlossen

sind, um das kostbare Regenwasser festzuhalten, können keine Maschinen eingesetzt werden. Der Reis muss also von Hand geschnitten werden. Ist die Ernte vorbei, so ist wieder für ein paar Monate Ruhe angesagt, bis die Trockenzeit vorüber ist und die Felder genug aufgeweicht sind, um gepflügt werden zu können.

Wie ganz Thailand, so ist auch der Isaan stark vom Buddhismus geprägt. Er wurde bereits im 6. Jahrhundert n. Chr. von indischen Mönchen ins Land gebracht. Doch die vorher dort herrschenden religiösen Bräuche sind im Bewusstsein der Menschen durch die Lehren Buddhas nicht ausgerottet, sondern nur überdeckt worden. Der Animismus ist als Geisterglaube noch tief im Leben und den Gebräuchen der Menschen verankert. Manchmal wird der Buddhismus der Menschen in den Dörfern auch als „Volksbuddhismus" bezeichnet, da er neben rudimentären buddhistischen Elementen auch viele animistische Bräuche beinhaltet. Es gibt natürlich überall, vor allem in den Klöstern, Menschen, die sich ernsthaft mit den Lehren Lord Buddhas befassen und versuchen, danach zu leben.

Überall aber begegnet man im Isaan, weit mehr als in jedem anderen Land Südostasiens, den Zeugnissen und Relikten einer bewegten Vergangenheit und den Spuren alter Zivilisationen. In der Nähe von Korat – ca. 60 Kilometer nordöstlich der Provinzhauptstadt – befindet sich Prasat Hin Phimai. Diese gut rekonstruierte Khmer-Tempelanlage, die etwa um 1100 n. Chr. erbaut wurde, ist ein beeindruckendes religiöses Monument des mächtigen Khmer-Reiches und eines der schönsten Beispiele der religiösen Khmer-Architektur außerhalb Kambodschas. Eine andere bedeutende Tempelanlage ist Phanom Rung, in der Nähe von Surin. Dieser Khmer-Tempelkomplex wurde auf einem etwa 1000 Meter hoch liegenden erloschenen Vulkankegel errichtet und wird auch manchmal als das

Angkor Wat Thailands bezeichnet. Etwa 5 km östlich von Phanom Rung liegt die Tempelanlage Prasat Muang Tam. Diese relativ kleine, aber vollständig restaurierte Anlage liegt zu ebener Erde inmitten einer gepflegten Parkanlage und gibt einen guten Eindruck der damaligen brahmanischen Klosteranlagen.

Geschichtlich war dieses Gebiet das Zentrum einer prähistorischen Zivilisation, die in der Bronzezeit, vor 5 000 bis 7 000 Jahren, dort ihre Blütezeit hatte. In der Udon-Thani-Provinz findet man bei Ausgrabungen immer wieder Skelette und Werkzeuge aus dieser prähistorischen Zeit. Kürzlich wurden sogar 500 000 Jahre alte Schädelfragmente eines Hominiden entdeckt, die vermuten lassen, dass dieses Gebiet neben Afrika eine der Wiegen der Menschheit war.

Im Isaan befindet sich auch Thailands ältester und größter Nationalpark, Khao Yai, der in allen Reiseführern erwähnt wird. Der über 2000 km² große Park bedeckt Teile von vier Provinzen. Man findet hier noch über 200 wildlebende Elefanten und auch Tiger, die durch die freie Wildbahn streifen. Weiterhin leben hier Scharen von Affen und etwa 180 verschiedene Vogel- sowie rund 50 unterschiedliche Orchideenarten.

Die Isaan-Küche ist schärfer als die Thai-Küche. Bei den meisten Isaan-Gerichten treibt es dem Farang die Tränen in die Augen. Das typische Isaan-Gericht heißt *Som-Tam*. Es ist ein Mischgemüse, bestehend aus klein gehackten grünen Papayas, Zwiebeln, Tomaten, Zitrone, Pfeffer, Salz und Chilischoten. Zur Geschmacksaufbesserung wird dem Ganzen eine ordentliche Portion fermentierter Fisch oder Krabben beigegeben. Vor allem Letzteres verleiht dieser Spezialität den typischen Geruch, um nicht zu sagen Gestank, der den Farang meist vom Verzehr abschrecken wird. Wenn sich ein Fremder aber von seiner Isaan-Freundin, die keinen Tag ohne Som-Tam leben könnte, einmal dazu verleiten lässt, einen Bissen von diesem scharfen Zeug zu probieren, sollte er vorher eine gefüllte Wasserflasche bereitstellen, da ihm sonst nach ein paar Sekunden die Flammen aus dem Hals schlagen werden.

Man mag nun meinen, dass das Leben im Isaan hart und primitiv ist. Das ist es aber nur, wenn wir dabei unsere eigenen Wertmaßstäbe anlegen. Die Leute sind zwar arm, aber keineswegs unglücklich oder hadern gar mit ihrem Schicksal. Im Gegenteil, sie versuchen aus ihren für unsere Begriffe mühseligen Lebensumständen so viel *Sanuk* wie möglich rauszuholen. Die Ruhe und der Frieden, die sich aus diesem ärmlichen, aber gemächlichen Leben ergeben, sind den in der Hetze unserer Welt lebenden Farangs leider meist abhanden gekommen.

Wer einen guten Eindruck vom echten Thailand gewinnen will, sollte den Isaan auf seine Reiseroute setzen, auch wenn manches anstrengend und schwer verständlich ist. Wir dürfen nicht alles mit „deutschen Augen" sehen, sondern müssen bemüht sein, diese Scheuklappen abzulegen. Das ist grundsätzlich all denjenigen zu empfehlen, die dieses Land mit seinen Bewohnern näher kennen lernen und beurteilen wollen.

Regenzeit im Isaan

In der Regenzeit zieht allabendlich ein Gewitter von irgendwoher auf. Im August kann man sogar die Uhr danach stellen. Aus den dünnen weißen Wölkchen am trüben Himmel quellen innerhalb weniger Minuten gigantische Wolkengebirge, die sich rasch immer mehr verdunkeln. Die Luft scheint dickflüssig geworden zu sein. Plötzlich erhellt ein grellgelber Blitz den schwarzen Himmel und in selben Moment kracht ein ohrenbetäubender Donner hernieder.

Sekunden später beginnen einzelne riesige Regentropfen auf den staubigen Boden aufzuschlagen und zu zerplatzen. Binnen einer Minute wird aus den Tropfen ein tosender Wasserfall und das zu Boden stürzende Wasser spritzt vom Boden wieder zurück in die Luft. Dazu beginnt der in der Gluthitze erlahmte Wind stürmisch aufzufrischen und peitscht die Wasserhosen gegen die Bäume und Häuser.

Ich selbst mag die Regenzeit. Die Temperaturen sind angenehm und das Gartenspritzen erübrigt sich meistens. Wenn es jedoch tagelang niederprasselt und die Straßen sich in kleine Flüsse verwandeln, dann kann es einem doch manchmal zu viel werden, vor allem in Bangkok. Man weiß dann auch, warum die Bordsteinkanten in Thailand so hoch sind.
Aber von solchen Ausnahmen einmal abgesehen ist die Regenzeit nur halb so schlimm, wie manche Leute meinen. Meistens dauert der Regen nur eine knappe Stunde. Die einfachen Landstraßen verwandeln sich in eine einzige Schlammwüste. Jetzt erst wird dem Besucher ersichtlich, aus welchem Material die nicht geteerten Straßen sind. Vermutlich sind sie ein Mix aus Ton, Mergel und was die Natur sonst noch so hergibt. So wie der Regen

kam, so schnell hat er sich aber auch wieder verzogen. In der Sonne vertrocknet das nützliche Nass mit einer unglaublichen Geschwindigkeit. Am nächsten Tag sind die Straßen genauso stabil wie am Vortag. Nur die in den Vertiefungen stehenden Pfützen erinnern noch an den großen Regen.

Die Menschen

Kulturelle Probleme in Thailand

Der allgemein unter dem Begriff Kultur zusammengefasste Komplex von Verhaltensarten, der die Lebensart einer menschlichen Gesellschaft ausmacht, umfasst nicht nur alles, was mit Kunst oder Religion zu tun hat, sondern auch Essgewohnheiten, Kleidung, Architektur und vor allem Wertvorstellungen, Vorlieben und Aversionen, kurz alles das, was wir als Tradition bezeichnen. Tempel, Mönche, lächelnde Gesichter, Thai-Tänze und die Art der Thais, das Leben leicht zu nehmen, betrachtet man im Ausland als thailändisches Kulturmerkmal. Lebt jemand länger in Thailand, dann werden ihm auch andere, weniger positive Aspekte bewusst, die ebenfalls ein Teil der thailändischen Kultur sind, wie ein kaum durch moralische Bedenken gehemmter Materialismus, die Neigung, Problemen lieber auszuweichen, als sie zu lösen, Rücksichtslosigkeit den Mitmenschen gegenüber, Korruption auf allen behördlichen Ebenen und ein ausgeprägter Chauvinismus.

Basis der Thai-Kultur sind die Lehren Buddhas bzw. des Hinduismus, aus dem der Buddhismus hervorgegangen ist und aus dem er viele Bestandteile übernommen hat. Dazu kommen aber, vor allem auf dem Lande, animistische Elemente, die von den Ureinwohnern übernommen wurden. Zu den Wurzeln der thailändischen Kultur zählen aber auch die Kontakte mit den Nachbarn des Landes, den Kambodschanern im Südosten, den Laoten im Nordosten, den Burmesen im Westen und den Malaien im Süden. Ebenso ihren Teil beigetragen haben die ethnischen Minderheiten, also vor allem die Chinesen, Inder und Moslems. Praktisch gesehen hat sich aber heute jede Volksgruppe mehr oder weniger der Thai-Kultur angepasst. Trotzdem pflegen sie noch ihre eigenen Riten, wie man beim Betreten eines thai-chinesischen Haushalts mit einem Blick auf den Hausaltar unschwer feststellen kann. Bei den „echten" Thais befindet sich dieser Altar hoch an der Wand (in Scheitelhöhe oder darüber) und besteht meist aus einem serviertablettgroßen Wandboard mit einem kleinen Miniaturtempel darauf sowie Blumenschmuck, Räucherstäbchen etc. Statt des Minitempels kann es auch eine Buddha-Figur oder ein Portrait des sehr verehrten Königs Chulalongkorn (Rama V.) sein. Chinesische Hausaltäre dienen mehr der Ahnenverehrung und befinden sich oft auf dem Fußboden. Meist gehören dazu ebenfalls Miniaturtempel sowie Standfiguren konfuzianischer oder taoistischer Heiliger und Fotos von den Vorfahren, sowie üppig qualmendes Räucherwerk. Das Ganze wird gerne noch mit rotem Glühlampenlicht in Szene gesetzt.

Kultur als ein System von Gedanken und Verhalten einer Gesellschaft ist dynamisch und nicht statisch. Es wäre paradox zu versuchen, eine Kultur vor ausländischen Einflüssen zu schützen, da Kulturen nicht in einem Vakuum existieren können. Kultur entwickelt sich natürlicherweise durch Einflüsse von außen. Was nicht mehr den Lebensumständen angepasst ist, wird über kurz oder lang verworfen. Dagegen werden die Menschen all das erhalten und es zu einem Teil ihrer eigenen Kultur machen, was in ihrem Leben eine relevante Rolle spielt und ihre Lebensumstände erleichtert.

Neue Kommunikationstechnologien wie Radio, Fernsehen und jetzt zunehmend das Internet, haben heute eine Welt geschaffen, in der jeder, auch im abgelegensten Dorf, täglich mit den Kulturen anderer Länder in Kontakt treten kann. Der Tourismus sorgt dafür, dass Menschen aus Entwicklungsländern in Berührung mit Menschen aus industriell hochentwickelten Ländern kommen und dadurch deren Kultur kennen lernen.

Die sich daraus ergebende Möglichkeit bzw. Neigung, Teile fremder Kultur, die einem gefallen oder ein schöneres Leben versprechen, kritiklos zu übernehmen, ist ein Grund für die Probleme, mit denen Thailand heute fertig werden muss. Modelle aus den industrialisierten und im Spätkapitalismus lebenden Ländern, wie eine arbeitswillige Wirtschaft, der harte Konkurrenzkampf, die durch immense Kapitalansammlung bestimmte Finanzwirtschaft usw., wurden einfach kopiert, weil man hoffte, dieses ökonomische Modell würde auch Thailand sehr schnell zu einem relativ hohen Lebensstandard verhelfen.

Die Philosophie des „mehr Produzierens, mehr Verkaufens, mehr Habens" wurde das Leitbild für die vorwiegend bäuerliche und hierarchisch gegliederte thailändische Gesellschaft. Es wurde keine Rücksicht auf die Bedeutung der kulturellen Gegebenheiten und Traditionen für das Wohlergehen eines Landes und seiner Bevölkerung genommen.

Die Übernahme von ungeeigneten Teilen fremder Kulturen hat die eigenständige Kultur der Thais geschwächt und zu Anomalien geführt, wie z.B. Kleider, die für ein anderes Klima passend sind, Nahrungsmittel, die importiert werden müssen und Wolkenkratzer aus Beton, die vor allem als Schutz gegen kalte Witterung konzipiert wurden. Sie hat auch negative Veränderungen des traditionellen Wertesystems zur Folge gehabt, wie hektischen Lebenswandel und vor allem eine Überschätzung von Geldwert und Besitz. Thailand hat die falschen Dinge vom Westen kopiert, vor allem die schlechteren Teile des kapitalistischen Systems. Man hat die Konsumgewohnheiten des Westens übernommen, nicht aber die Produktivität, die diesen Konsum ermöglicht. Man schmückt sich mit Armbanduhren, hat aber nach wie vor keinen Sinn für Pünktlichkeit oder für die Erwartung der Farangs, dass angegebene Termine auch eingehalten werden. Man erwartet von den reichen Ausländern Geld, ohne bereit zu sein, dafür auch eine entsprechende Gegenleistung zu bringen.

In der thailändischen Wirtschaft besteht eine ausgesprochene Klassenhierarchie. Die Geschäfte und damit die Verteilung des Volkseinkommens werden überwiegend von den Reichen kontrolliert, das heißt von den in Bangkok ansässigen Thai-Chinesen. Sie leben alle zum Teil schon seit Generationen in diesem Land, haben die Thai-Staatsbürgerschaft und Thai-Namen angenommen, halten aber weitgehend an ihren eigenen Traditionen fest. Trotz der kulturellen Unterschiede gibt es in Thailand nicht die sozialen Spannungen wie z. B in Malaysia oder in Indonesien, wo es erhebliche Probleme im Zusammenleben zwischen Einheimischen und zugewanderten Chinesen gibt.

Obwohl Thais und Thai-Chinesen konfliktlos zusammenleben, haben doch beide eine bestimmte Meinung über die jeweilig andere Gruppe. Thais halten Chinesen allgemein für geschäftstüchtig, aber auch geizig und hartherzig (chai dam). Sie sind auch nicht so freundlich wie die Thais und lächeln kaum.

Die Chinesen wiederum halten die Thais für faul und nicht besonders intelligent. Thais haben sicher nicht die beste Arbeitsmoral auf der Welt. Sie neigen dazu, alles in ihrem speziellen Tempo dann zu tun, wenn es ihnen passt, nicht wenn andere Leute es von ihnen erwarten. Vergleicht man das aber mit dem hektischen Leben eines hart arbeitenden Farangs, so wird man an diesem „Thai Way of Life" unweigerlich etwas Anziehendes finden.

Da die meisten Menschen auch heute noch in der Landwirtschaft arbeiten, haben sie vorwiegend eine Ausbildung, die sie bei uns gerade als Hilfsarbeiter qualifizieren würde. Wer wirklich eine gute Ausbildung hat, der genießt auch ein entsprechendes Ansehen. Der Mangel auf diesem Gebiet, zusammen mit einer Kultur, die von vielen unverständlichen Regeln und Traditionen dominiert wird, ist der Grund für viele Probleme des Landes. Thais treffen oft Entscheidungen oder tun Dinge, die den Farang nur den Kopf schütteln lassen. Sie haben ihre eigenen Regeln für alles, was sie tun. Der Grund hierfür liegt darin, dass man es ihnen im Elternhaus oder in der Schule so beigebracht hat. Sie sind deshalb der Meinung, dass ihr Weg der beste ist und weigern sich, etwas auf eine abweichende Art und Weise zu tun, auch wenn der Farang versucht sie mit logischen Gründen von den Vorteilen anderer Wege zu überzeugen. Thais wollen nicht über alternative Lösungen nachdenken, denn das würde die Autorität derer in Frage stellen, die ihnen den „Thai Way" beigebracht haben. Es könnte jemand sein Gesicht verlieren. Das muss um jeden Preis vermieden werden. Der Farang kann einem Thai also kaum bessere und effektivere Wege zur Problemlösung aufzeigen, die dieser akzeptieren würde. In Thailand ist eben zwei und zwei manchmal drei und es hat wenig Sinn, sich darüber aufzuregen.

Die Familie

Ein wichtiger Aspekt des Lebens in Thailand ist der Familienzusammenhang. Auch heute noch lebt der größte Teil der Bevölkerung auf dem Lande. Die meisten Familien hier wohnen in einfachen Holzhäusern, die nur aus einem Raum bestehen und die die aus mehreren Generationen bestehende Großfamilie unter einem Dach vereinen. Der einzige Raum dient als Aufenthaltsraum, Schlafzimmer, Speisezimmer oder Küche, oft alles zur gleichen Zeit. Die jüngste Tochter erbt normalerweise das Haus der Eltern. Als Gegenleistung nehmen sie und ihr Mann die Eltern bei sich auf, wenn diese älter werden und Hilfe benötigen. In der Regel leben oft nicht nur Eltern und Kinder, sondern auch die zu versorgenden Großeltern der Frau, also drei Generationen im selben Heim. Brüder, Schwestern, Onkels und Tanten leben oft ebenfalls im gleichen Haus oder in einer neben dem Haus der Eltern gebauten Hütte. Wo viele Menschen auf engem Raum aufeinander angewiesen sind, ist das Streben nach Harmonie, aber auch Disziplin und Unterordnung eine mehr oder weniger zentrale Grundlage des Gesellschaftssystems. Das räumlich enge Familienzusammenleben lässt – im Gegensatz zur westlichen Gesellschaft – kaum Platz für individuelle Bedürfnisse, Absonderung und Ruhe.

Wertvorstellungen und soziales Verhalten des Menschen werden vor allem durch Kindheitserfahrungen geprägt. Thailändische Kinder lernen von Geburt an, sich an die in der Familie herrschende Hierarchie zu gewöhnen. Die Rangfolge richtet sich nach dem Alter, sodass Großeltern, Eltern und ältere Geschwister eine höhere Position einnehmen. Die jüngeren Familienmitglieder werden angehalten, die ältere Generation zu achten und zu unterstützen. Jeder in der Familie hat seinen durch die Tradition bestimmten Platz in der Hierarchie. So muss ich zum

Beispiel vom älteren Bruder meiner Frau als „phi chai"
(älterer Bruder) sprechen, obwohl er gut 10 Jahre jünger
ist als ich. Meine Frau ist aber die jüngere Schwester und
damit bin ich, ungeachtet meines Lebensalters, eben der
jüngere Bruder.

Mädchen und Jungen werden in Thailand unterschiedlich
erzogen. Mädchen müssen scheu, höflich und sauber sein.
Sie werden auf eine traditionell feminine Rolle festgelegt.
Jungen hingegen haben wesentlich mehr Freiheit. Sie können tun, was ihnen gefällt und Spaß macht. Betrachtet man
das Benehmen Halbwüchsiger in der Öffentlichkeit, z.B.
in öffentlichen Verkehrsmitteln, so fällt einem der große
Unterschied zwischen Mädchen und Jungen auf. Die Mädchen halten sich scheu zusammen, während die Jungen
ohne Rücksicht auf andere Anwesende herumalbern und
herumgrölen. Das bleibt auch so, wenn sie erwachsen werden. Thai-Männer finden nichts dabei, fremdzugehen und
regelmäßig Prostituierte aufzusuchen. Man hält das auch
für ganz normal. Dagegen kommt es nur selten vor, dass
eine Thai-Frau ihren Mann betrügt. Bei Bekanntwerden
wird sie von ihrer Umgebung scharf verurteilt.

Muss jemand aus der Familie ins Krankenhaus, fährt in der
Regel die halbe Familie mit. Allgemein werden mindestens ein, manchmal auch mehrere Mitglieder der Familie
bei dem Kranken bleiben, und sofern kein extra Bett vorhanden ist, auf dem Fußboden vor seinem Bett kampieren.
Vor allem in den Krankenhäusern auf dem Land, in denen
sich alle Thais heute kostenlos behandeln lassen können,
sieht es in den überfüllten Krankensälen manchmal aus
wie in einem Notasyl.

Den Kindern wird schon in der Schule der Respekt vor den
Älteren gelehrt. Ebenso wie die Eltern genießen Lehrer,
religiöse und politische Oberhäupter und oft auch Vorge-

setzte in Betrieben unbestrittene Autorität. Ein Thai-Kind wird nicht zur Selbstständigkeit erzogen, sondern muss sich in die Gesellschaft einordnen können. Das Abhängigkeitsverhältnis, in dem das Kind aufwächst, bildet die Basis für den Respekt, den es später allen zollt, die im Status über ihm stehen. Es schafft auch das verpflichtende Gefühl, den Eltern im Alter ihre Wohltätigkeiten zurückzahlen zu müssen.

Europäische Männer schätzen Eigenschaften wie Treue und Loyalität der Frau zum Mann, weniger zu deren Familie irgendwo in Thailand. Die Pflicht der Kinder, später für ihre Eltern zu sorgen, ist aber in einem Land, in dem es keine Sozialversicherung und keine Rente gibt (zumindest nicht für die Leute auf dem Dorf), selbstverständlich, auch wenn die Kinder weit weggezogen sind. Sie sind die einzige Absicherung und Stütze im Alter. Der Farang, der eine Thai-Frau geheiratet hat, wird das oft nicht verstehen. Für seine Frau ist es aber ein Bedürfnis, den Eltern, die sie großgezogen haben, vor allem der Mutter, im Alter ihre Fürsorge zu vergelten. Sie würde sich ihren Eltern gegenüber undankbar erweisen und im Dorf ihr Gesicht verlieren, wenn sie ihnen nicht regelmäßig aus dem fernen Deutschland Geld schickt. Das Bedürfnis, ihre Familie am eigenen Wohlstand teilhaben zu lassen, ist dabei nicht nur auf das Lebensnotwendige beschränkt.

Wer eine Thai-Frau heiratet und nach Deutschland holt, muss sich darüber klar sein, was es für die Frau bedeutet, plötzlich diese Geborgenheit in einer Familie zu verlieren. Er wird sich entsprechend bemühen müssen, ihr nicht nur finanziell etwas zu bieten, sondern auch einen Ersatz für die Geborgenheit in der Großfamilie zu verschaffen.
Die starke Bindung an die Familie bezieht sich aber nur auf die Familie, in die man hineingeboren wurde, nicht unbedingt auf das Verhältnis zwischen Ehepartnern. Die ge-

setzliche Ehe ist in Thailand auch heute noch weitgehend die Ausnahme. Die thailändische Frau hat also gegenüber ihrem Mann und dem Vater ihrer Kinder keinerlei gesetzliche Versorgungsansprüche, wenn er Frau und Kinder einfach sitzen lässt und sich eine neue Frau nimmt. Thai-Männer geben sich zwar äußerlich sehr umgänglich und fast feminin weich. Unter dieser Schale verbirgt sich aber ein Höchstmaß an Machotum. Die Rechte, die der Mann für sich in Anspruch nimmt, gesteht er in den meisten Fällen seiner Frau nicht zu. Zudem sind die Thai-Männer nicht gerade für ihre eheliche Treue berühmt, während ihre Frauen treu und ergeben zu sein haben. Die bei uns häufig anzutreffende Meinung, dass eine asiatische Frau in der Ehe sanft und unterwürfig ist, wird sich für jeden Farang, der eine Thai-Frau heiratet, sehr bald als ein Gerücht erweisen. Sie ist einfach geduldiger und ruhiger in ihrem Handeln als ihr Mann. Will sie aber etwas erreichen, dann arbeitet sie mit sehr viel Beharrlichkeit darauf hin.

Die hierarchischen Strukturen der Familie finden in der thailändischen Gesellschaft ihren Spiegel. Die als Kind erlernte Unterordnung und Disziplin werden auch im gesellschaftlichen Leben verlangt. So zollt ein Thai sogar nichtverwandten Personen durch Anredeformen wie Mutter, Vater, ältere Schwester oder jüngerer Bruder seinen Respekt. In ihrem nationalen Bewusstsein sehen sich die Thais gerne als eine einzige große Familie, die vom König als Vater geführt wird. Der Respekt ranghöherer Personen gegenüber erstreckt sich aber nicht auf Farangs, da diese außerhalb der Thai-Gesellschaft stehen.

Muttertag auf dem Dorf

Das Verhältnis der Kinder zu ihren Eltern, vor allem aber, wie dieses Verhältnis den Kindern schon in der Schule beigebracht wird, zeigt die Art, wie hier der Muttertag begangen wird.

In meiner Kindheit standen wir an diesem Festtag frühmorgens auf, klauten im Nachbarsgarten einen Busch Flieder und legten ihn der Mutter auf den Frühstückstisch. Damit hatten wir unsere Kindespflichten zum Muttertag erfüllt.

Nicht so in Thailand. Hier wird der Muttertag am Geburtstag der Königin begangen, ist also ein nationaler Feiertag, an dem nicht gearbeitet wird. Die Danksagung an die Mütter ist auch nicht dem Belieben der Kinder überlassen, sondern wird von der Schule im Rahmen einer festlichen Veranstaltung organisiert. Hier eine kurze Schilderung, wie ich den Muttertag in unserem Dorf im Isaan erlebte:

Morgens um 8 Uhr veranstaltete die Schule einen großen Umzug durch das Dorf. Tambour-Major und Trommler marschierten voraus und die ganze Schule klassenweise hinterher. Auf dem Schulplatz war ein großes Festzelt aufgestellt, unter dem alle Mütter des Dorfes Platz genommen hatten. Die Kinder marschierten auf dem Schulplatz gegenüber den Müttern auf. Die Zeremonie zur Ehrung der Mütter begann. Nach der obligatorischen Ehrung des Königpaares und dem Absingen der Nationalhymne hielten nacheinander Schulleiter, Dorfvorsteher und eine Vertreterin der Mütter eine Ansprache, in der sie die Kinder daran erinnerten, dass ihnen ihre Mutter das Leben gegeben hat, dass sie jeden Tag für sie sorgt und dass sie ihren Müttern dafür dankbar sein müssen. Anschließend sangen alle Kinder gemeinsam ein Loblied, versprachen im Chor, dass sie ihre Mütter ehren und ihnen gehorsam sein wollen, knieten dann nieder und verbeugten sich dreimal tief mit der Stirn bis auf den Boden vor den Müttern. Die Feier wurde abgeschlossen durch Gruppentänze, die die Lehrer mit den Kindern eingeübt hatten. Als krönender Abschluss fand dann noch ein Fußballspiel der Mütter gegen die Lehrerinnen statt, das die Mütter haushoch gewannen.

Gesicht

„Gesicht zu haben" hat eine große Bedeutung in Thailand. Es ist für den Farang schwer zu beschreiben, was man genau darunter versteht. Wichtig ist das Ansehen, das man wegen seiner Stellung, seinem Vermögen, seiner Kleidung, aber auch wegen seiner Art, sich richtig zu benehmen und natürlich wegen seines Erfolgs genießt.

Ein Thai wird sein Tun oder Lassen weniger danach ausrichten, was nach unserem Verständnis vernünftig oder logisch ist, sondern zunächst danach, was ihm „Gesicht" verleiht. Das „Gesicht bewahren" bedeutet für ihn vor allem, Konfrontationen zu umgehen und sich oder andere Leute nicht in Verlegenheit zu bringen. Eine ideale Art und Weise, das Gesicht zu wahren, ist, Diskussionen über unangenehme Themen möglichst zu vermeiden und sich lieber lächelnd aus einer unangenehmen Situation davonzustehlen, als die Konsequenzen zu tragen. Das Lachen bei kleineren Unfällen – wie zum Beispiel wenn jemand stolpert und stürzt – mag dem Farang gefühllos erscheinen, aber es ist auch ein Versuch, das Gesicht der gefallenen Person zu bewahren. Da er gewohnt ist, es mit lächelnden und ruhig sprechenden Menschen zu tun zu haben, reagiert ein Thai leicht irritiert, wenn ihm jemand mit ernstem oder verkniffenem Gesicht begegnet und fühlt sich bedroht, wenn ihn jemand anschreit. Der Ausländer, der über Faulheit, Desinteresse oder unverschämte Abzockerei ausrastet, verliert schnell sein Gesicht, wenn er anfängt zu schreien.

Da es wichtig ist, in jeder Situation sein Gesicht zu wahren, sind die Thais auch empfindlich gegenüber persönlicher Kritik. Sie sind es gewohnt, dass man Kritik nicht direkt äußert. Wenn man einen Thai in Gegenwart anderer Leute kritisiert, dann wird er sein „Gesicht verlieren", eine ganz böse Sache! Dann kann es vorkommen, dass er ausrastet und völlig überzogen reagiert. Deutsche wollen grundsätzlich immer Recht haben; Thais hingegen wollen nie zugeben, dass sie etwas falsch gemacht haben, weil sie Angst haben, dann ihr Gesicht zu verlieren. Das kann u.a. im Arbeitsleben böse Folgen haben: Macht ein Thai-Arbeiter bei der Arbeit etwas falsch und er wird aus Rücksicht auf sein Gesicht nicht auf seinen Fehler hingewiesen, so wird er den Fehler wahrscheinlich wiederholen. Eine Fehlerkorrektur wie bei uns ist für Thais undenkbar. Sicher ist dies auch ein Faktor, der manchen potentiellen Investor aus dem Ausland letztendlich abschreckt.

In Thailand kann „das Gesicht" eine sehr ernste, manchmal auch absurde Angelegenheit sein. Gesetzeshüter sind beleidigt, wenn man sie kritisiert und beschützen ihre Kollegen, die in zweifelhafte Aktivitäten verwickelt sind. Ein Thai macht keine Fehler. Verliert er sein Gesicht, dann steigt nicht selten das Risiko eines frühzeitigen Ablebens für den Verursacher. Bei der großen Zahl von Morden in Thailand (ca. 10 000 p.a.) sind viele Racheakte für einen erlittenen Gesichtsverlust.

Uniformen

Auf der ganzen Welt sieht man Uniformen. Auch bei uns erwartet man, wenn man in ein Krankenhaus kommt, dass Schwestern und Ärzte einen weißen Kittel anhaben. Richter tragen eine Robe. Polizisten und Soldaten tragen im Dienst eine Kleidung, die ihren Beruf und Dienstgrad erkennen lässt.

In Thailand ist das Heer der Uniformträger aber wesentlich größer als bei uns im Westen. Alle Beamten und Staatsangestellten haben eine Uniform. Tragen sie sie schon nicht jeden Tag im Dienst, dann zumindest bei besonderen Anlässen. So kommen z.B. in meinem Dorf einmal die Woche alle Lehrer in Uniform zur Schule, jeder mit entsprechenden Rangabzeichen auf der Schulter und einer Ordensspange auf der Brust. Wenn man bei einer im Fernsehen übertragenen Veranstaltung das Ministerkabinett sieht, glaubt man, dass es nur aus Generälen besteht. Jeder Minister trägt eine schneeweiße Paradeuniform mit der obligatorischen Ordensspange. Man darf davon ausgehen, dass die erste Amtshandlung eines neu ernannten Ministers darin besteht, sich eine blitzsaubere Paradeuniform anpassen zu lassen.

Hat man es mit einer Behörde zu tun, kann man sich des Eindrucks nicht erwehren, es nur mit hochrangigen Offizieren zu tun zu haben. So geblendet ist man von den Rangabzeichen und Orden selbst der subalternen Beamten. Wenn bei Wahlen überall die Poster der Kandidaten aushängen, dann sieht es ebenfalls so aus, als ob nur Generäle kandidieren würden. Jeder Kandidat präsentiert sich auf dem Wahlposter in Uniform. Sogar unser Dorfbürgermeister schmeißt sich in eine Khakiuniform, wenn er zwischendurch mal zu einem offiziellen Anlass in die Stadt fährt.

Die Tradition, dass alle Staatsdiener Uniform tragen, geht auf die Zeit von König Rama V. zurück. 1873 schaffte der König die Vorschrift ab, dass alle sich in Gegenwart des Königs auf den Boden ausstrecken mussten. Er ordnete stattdessen an, dass alle Prinzen und Offiziellen eine am Kragen geschlossene, weiße Jacke mit fünf Knöpfen tragen mussten.

Chai jen

Thais legen großen Wert nicht nur auf physisches, sondern auch auf psychisches Wohlbefinden. Sie wollen in Harmonie mit sich und anderen leben. Dieses nichtaggressive Naturell der Thais wird am treffendsten mit dem Thai-Begriff *chai jen,* wörtlich „kühles Herz", beschrieben. *Chai jen* ist eine der wichtigsten Tugenden in Thailand. In jeder Situation sollte man ein kühles Herz bewahren. Leute, die ihrem Ärger laut Luft machen, gelten als primitiv und unhöflich.

Thais sind allgemein freundlich und entgegenkommend. Deshalb meinen zynische oder überhebliche Farangs oft, man könne alles mit ihnen anstellen. Nichts ist falscher als das! Gerät man als Fremder mit einem Thai in eine ernsthafte Auseinandersetzung, ob bei einem Verkehrsunfall oder bei einem Streit an der Bar, werden alle anwesenden Thais für den Landsmann Partei ergreifen und ihm notfalls auch handgreiflich beistehen.

Der Farang sollte sich durch das lächelnde Gesicht eines Kontrahenten nicht täuschen lassen. Die Thais packen ihren Ärger wie in eine Flasche, die aber dann auch mit einem großen Knall explodieren kann, wenn der Innendruck zu groß wird. Wenn eine gewisse Reizschwelle überschritten wird, können sie zu Berserkern werden. Verliert ein Thai die Kontrolle und fängt zu schreien an, ist es für den Farang also klüger, sich davonzumachen, egal ob es sich um die eigene Frau oder um einen mit seinem Fahrgeld nicht einverstandenen Tuk-Tuk-Fahrer handelt.

Status

Thailands Sozialgefüge ist im Inneren ein starres Geflecht von Senioritäts- und Klassenritualen. Die Thai-Gesellschaft ist hierarchisch strukturiert, nicht nur an der Spitze, sondern auf allen Ebenen. Jeder nimmt einen bestimmten Platz in der sozialen Rangordnung ein. Alle Beziehungen werden bestimmt von dem Status der betroffenen Personen, das heißt nach einer Reihenfolge, die den Rang festlegt, der durch Alter, Reichtum sowie persönliche und politische Macht definiert wird. Beispiele für die status-bestimmte Abhängigkeit sind zum Beispiel Erwachsene – Kinder, Lehrer – Schüler, Chef – Angestellte, Staatsangestellte – einfache Bürger oder auch Thai – nicht Thai. Wenn andere Kriterien nicht vorhanden oder erkennbar sind, ist das Alter ein entscheidender Faktor. Der Fremde wird schon nach zwei Minuten Bekanntschaft nach seinen persönlichsten Dingen befragt, zum Beispiel ob er verheiratet ist, wie viele Kinder er hat, welchem Beruf er nachgeht und wie viel Geld er monatlich verdient. Das sind alles Fragen, um seine Zugehörigkeit zu einer sozialen Klasse zu bestimmen.

Vieles mag in Thailand anders sein als bei uns. Doch ein Ingenieur oder ein Arzt ist auch hier ein gebildeter, wohlsituierter Mensch. Ein Hilfsarbeiter ist hingegen ebenfalls ein armer Hund. Entgegen der bei uns geltenden Einschätzung von Beamten, ist ein Staatsdiener in Thailand aber zweifelsfrei immer eine Respektsperson. Wenn diese Beziehungen und Abhängigkeiten auch in der übrigen Welt bestehen, so haben sie jedoch in Thailand eine besondere Bedeutung. Der Wert einer Persönlichkeit, sein Status in der Gesellschaft, wird vor allem durch Macht und Einfluss, weniger durch Wissen oder moralische Qualitäten bestimmt.

Die Karma-Lehre des thailändischen Buddhismus erklärt die hohe oder niedrige Stellung eines Menschen durch die Verdienste und Vergehen in seinen früheren Leben. Soziale Verschiedenheiten werden somit nicht wie in westlichen Ländern als Ausdruck einer ungerechten Gesellschaftsordnung aufgefasst, sondern als die Wirkung einer durchgehenden Gerechtigkeit der Weltordnung. In Thailand stehen die meisten Menschen mit der Einstellung in Einklang, dass eine Auswahl von ihnen die „Macht" über andere verdient hat. Mit anderen Worten, die vertikale Struktur, die herrschende Ungleichheit zwischen den Gruppen und Individuen der Gesellschaft wird so gut wie kritiklos akzeptiert.

Der Hochgestellte, Mächtige hat sein irdisches Glück und seine Autorität seiner Tugendhaftigkeit und seinen Verdiensten in früheren Existenzen zu verdanken. Der ältere Mensch wiederum, der durch viele Taten in seinem (gegenwärtigen) Leben Verdienste angehäuft hat, steht auch in der Karma-Hierarchie höher als der jüngere. Diese Herleitung der Autorität führt zu einem in sich geschlossenen System, das in kontinuierlicher Staffelung von den alltäglichen Sozialbeziehungen des Dorfes über die regierenden Schichten bis zum König hinführt. Dieses Schema verleiht dem Autoritätssystem in Thailand seine Festigkeit. Die Karma-Lehre rechtfertigt nicht nur die Vorrechte der Herrschenden, sondern macht die Stellung jedes Einzelnen sinnvoll und verständlich.

Innerhalb dieser Hierarchie lässt sich der Stand des Individuums im Einzelfall relativ leicht bestimmen. Treffen sich zwei Thais, die einander unbekannt sind, werden sie zunächst durch ein paar Fragen nach Alter, Beruf, Familienstand und Einkommen versuchen, den jeweiligen Status abzuklären. Sind diese gegenseitigen Verhältnisse abgeklärt, so sind Grußformen, Sprechweise, Entschlussrecht und Verantwortungsbereich festgelegt und werden genauso selbstverständlich eingehalten wie etwa bei uns die

Formen höflichen Verhaltens unter gebildeten Menschen. Sie werden einander dann mit den ihnen zukommenden Titeln und Zusätzen zum Namen anreden. Ein Höherstehender wird mit Khun, ein Jüngerer mit Norng (jüngerer Bruder), ein Älterer mit Phi (älterer Bruder) oder falls er wesentlich älter ist mit Por (Vater) oder Lung (Onkel) angeredet, ohne dass dies die Familienbeziehungen ausdrücken würde.

Der im Rang niedriger Stehende (phu noi) begegnet dem Höherstehenden (phu yai) mit einer respektvollen Geste, dem Wai. Dabei gibt es verschiedene Stufen, jemanden durch einen Wai seinen Respekt zu zeigen. Sie sind in ihrer symbolischen Bedeutung traditionell festgelegt. Die Form des Wais zeigt an, welchen Status man der Person zuordnet, die den Wai empfängt. Man braucht selbst als Farang gar nicht so viel Erfahrung, um bei der Begegnung zweier Thais feststellen zu können, wer der Ranghöhere und wer der Rangniedrigere ist.

In einem Restaurant, in dem außer dem Chef noch zwanzig Kellner oder Kellnerinnen herumschwirren, kennt jeder genau seinen Status und damit seinen Platz in der Mannschaft, auch wenn das für einen Außenstehenden nicht immer sofort ersichtlich ist. Ein Fremder wird sich deshalb manchmal wundern, dass er bei einer Frage oder Bestellung an einen anderen verwiesen wird, der statusmäßig hierfür zuständig ist.

Früher lagen Macht und Reichtum ausschließlich bei der Adelsklasse. Seit Thailand aber eine offene Gesellschaft geworden ist, in der das alte Adelsmonopol nur noch beschränkt gilt, wurde der Kampf um Macht und Reichtum immer intensiver und zeigt sich unter anderem in der ostentativen Zurschaustellung der entsprechenden Symbole. Da die Thai-Wertordnung sich weniger nach persönlichen Verdiensten, sondern mehr nach Rang und Status richtet, wäre es auch töricht, seine Stellung bescheiden zu verschweigen. Die Statussymbole müssen gezeigt werden, egal ob es die Orden auf der Schuluniform der Lehrerin sind oder die dicken Goldketten am Hals der Marktfrau.

Das Einhalten des angemessenen Platzes bedeutet aber nicht nur, dass die Formen, sondern auch die Handlungen den Autoritätsverhältnissen angepasst werden. Dem Höhergestellten stehen immer die Entscheidungen über das, was zu unternehmen ist und die Bewertung der Handlung zu. Er erwartet, dass Befehle und Anordnungen angenommen und ausgeführt werden. Auch bei uns liebt kein Vorgesetzter den Widerspruch, betrachtet ihn aber als eine sinnvolle Unbequemlichkeit. Für den thailändischen Vorgesetzten dagegen ist der Widerspruch des Untergebenen oder des Jüngeren Ausdruck der Missachtung seiner Autorität und damit eine moralische Unmöglichkeit, ihn zu akzeptieren. Das resultiert dann in der Vermeidung von Kritik, selbst dort, wo diese positiv und hilfreich ist.

Dieses Autoritätssystem mag auch die Leistungsschwierigkeiten erklären, die man bei vielen Thais antrifft. Es ist kein Mangel der Natur, sondern eine Auswirkung der Kultur, die das Leistungsverhalten in spezifischer Weise formt. Die Erziehung zum Einhalten des angemessenen Platzes reduziert die Leistungsansprüche an den jungen Menschen und gibt ihm die Sicherheit, sich auf den Höhergestellten zu stützen und verlassen zu können. Die Gesellschaft verlangt nicht von ihm, dass er seine Leistungsfähigkeit an Widerständen misst, sondern sie verlangt vor allem, dass er sich lächelnd und widerspruchslos fügt. Dagegen sind Thais in den Fällen, wo der Arbeitsvorgang durch Tradition oder Vorbilder klar umrissen und der Leistungsdruck bzw. der Leistungsanreiz von außen stark genug ist, einsatzbereite und zuverlässige Arbeiter.

Oft werden sie bei der Beurteilung ihrer wirtschaftlichen Erfolge auch mit den Chinesen verglichen. Diese sind aber nicht von Natur aus tüchtigere Kaufleute als viele Thais, sondern einfach deswegen, weil sie einen völlig anderen kulturellen Hintergrund haben. Ein Thai-Händler, der sich dem Ranghöheren gegenüber respektvoll, dem Rangniedrigeren gegenüber großmütig zu verhalten hat, wird schlechtere Geschäfte machen als ein Chinese, der nicht in gleichem Maße auf die Hierarchie achten muss.

Thais verknüpfen aber mit der durch das Autoritätssystem gegebenen Abhängigkeit auch Verpflichtungen, gegen die zu verstoßen den guten Sitten widerspricht und eventuell sogar das Gesicht verlieren lässt. Der im Rang niedriger Stehende sollte dem Ranghöheren gegenüber bis zu einem gewissen Grade Gehorsam und Achtung (kreng jai) zeigen. Dagegen hat der Höherstehende die Verpflichtung, sich um den anderen zu kümmern und wenn möglich auch zu helfen. Wenn zum Beispiel einige Leute zusammen im Restaurant sitzen, wird erwartet, dass der jeweils im Rang am höchsten Stehende die Rechnung übernimmt, es sei denn, es ist ein Farang dabei, von dem dann in jedem Falle erwartet wird, dass er die Zeche bezahlt.

Durch die Globalisierung und das selbst im tiefsten Isaan verfügbare Fernsehen wie auch durch die vermehrten direkten und indirekten Kontakte der Bevölkerung mit dem westlichen Ausland verändert sich aber auch die Gesellschaftsordnung des Landes. Die ökonomische Struktur der Gesellschaft wandelt sich durch Technisierung, Industrialisierung und durch Intensivierung des Handels. Die politische Struktur verändert sich durch die Demokratisierung, die zumindest im Prinzip auch dem einfachen Mann den Aufstieg in die oberen Stufen der sozialen Hierarchie möglich macht. Damit wandelt sich auch die soziale Struktur und die absolute Autoritätshörigkeit. Die in vergangenen Jahrzehnten durchgeführten Studentendemonstrationen gegen die politischen Machthaber, die zum Teil in blutigen Auseinandersetzungen endeten, waren unübersehbare Anzeichen einer Umwertung der Autorität.

Das andere Gesicht Thailands

Thailand ist für den Farang ein exotisches und deshalb auch ein faszinierendes Land. Den meisten Touristen bleibt es jedoch fremd, zum einen wegen der wenigen Zeit, die sie zur Verfügung haben, zum anderen, weil sie die wenigen Wochen in Farang-Enklaven wie Pattaya oder Phuket verbringen oder – wenn sie sich in das Land hinein wagen – dies mit organisierten Ausflügen tun. Dabei bekommen sie nur das zu sehen, was der Disneyland-Mentalität der Veranstalter angemessen erscheint.

Die Faszination dieses Landes beschränkt sich für sie also auf vordergründige Eindrücke wie sonnige Strände, lächelnde Menschen und schöne Tempel. Von der Kultur des Landes – und hier meine ich nicht das, was an Konzerten und Veranstaltungen im Kulturteil der englischsprachigen Zeitschriften in Bangkok zu finden ist – bekommen sie kaum etwas mit. Noch viel weniger von den mannigfachen wirtschaftlichen, sozialen und ökologischen Problemen, mit denen das Land zu kämpfen hat. Wenn sich ihre in Reiseführern gelesene Weisheit, die Thais wären ein besonders freundliches Volk, bestätigt, dann vor allem deswegen, weil sie meist nur mit Thais in Berührung kommen, für die sich Freundlichkeit in barer Münze auszahlt.

Da der Thailandtourist überall angelächelt wird, kann er den Eindruck gewinnen, in eines der letzten Paradiese dieser Erde gekommen zu sein. Er glaubt, dass es sich hier um ein heiles, von keinen Gegensätzen getrübtes Gesellschaftssystem handelt. Nichts ist falscher als das. Die Unterschiede zwischen einer immens reichen Clique in Bangkok und den nach unseren Begriffen bitterarmen Landbewohnern, die den größten Bevölkerungsanteil ausmachen, sowie den in den Slums von Bangkok vegetierenden Menschen, sind mehr als krass. Durch die Wirtschaftskrise der letzten Jahre wurden sie noch verschärft.

Thailand ist ein Land mit vielen Problemen, von denen die meisten Touristen, die nur für ein paar Wochen das Land besuchen, in der Regel nur wenig mitbekommen. Die fröhlichen Gesichter der Menschen sind nicht unbedingt ein Zeichen für ein glückliches und zufriedenes Leben, sondern verbergen oft Kummer und Not. Die Art der Thais, mit ihren Problemen umzugehen, ist zudem mit unserer westlich fixierten Logik kaum nachzuvollziehen.

So vielfältig die Probleme auch sind, sie haben fast immer zwei Hauptursachen: Da ist zum einen der kulturell und auch religiös bedingte, sich von unserer europäischen Denkweise fundamental unterscheidende Charakter der Thais, ihre Wertvorstellungen und moralischen Prinzipien. Und da ist zum anderen der Umstand, dass diese Gesellschaft, die vor allem im Isaan noch bis vor fast 50 Jahren als in sich geschlossene Gemeinschaft existierte, plötzlich auf vielen Ebenen (Fernsehen, Wirtschaft, Tourismus) mit der westlichen Welt in Kontakt tritt und dabei oft Maß und Ziel verliert.

So schön dieses Land auch ist und so liebenswerte Menschen der Ausländer hier auch antreffen mag, so haben die meisten Farangs, die auf Dauer in Thailand leben, doch erhebliche Probleme, die Lebensart der Thais als natürlich und angemessen zu akzeptieren.

Da ist zum einen die nach unseren Vorstellungen als negativ einzustufende Ichbezogenheit der Thais. Dies hat durchaus in der Religion und der Kultur des Landes wurzelnde Hintergründe. Die Überzeugung, dass letztlich alles, was einem im Leben widerfährt, nur eine Folge dessen ist, was man in seinen vorhergegangenen Existenzen an Gutem oder Schlechtem getan hat, ist nicht nur der Grund dafür, dass die Menschen sich ohne groß zu klagen in ihr ärmliches Leben schicken, sondern auch dafür, dass sie sich wenig Gedanken über die Lebensumstände ihrer Mitmenschen machen.

Schließlich hat man für alles, was einem widerfährt, ja selbst im früheren Leben die Grundsteine dafür gesetzt. Reiche Leute sind weniger geneigt, ihren ärmeren Zeitgenossen zu helfen, da diese ja ihr miserables Los durch schlechte Taten im letzten Leben selbst verschuldet haben. Der Spruch „mai pen rai" (macht nichts), den man immer wieder hört, wenn etwas Unangenehmes passiert, ist auch ein Ausdruck für das Gefühl, dass man sich dem Geschick fügen muss, das man ja durch sein Karma selbst verursacht hat.

In den vergangenen Jahrhunderten hat die Masse der Landbevölkerung ihre Machtlosigkeit und Armut weitgehend klaglos hingenommen. Das hat sich in den letzten Jahrzehnten aber verändert. Vor allem durch das Fernsehen bekommen die Leute auf dem flachen Land heute alle Tage vor Augen geführt, dass Macht und Reichtum der oberen Zehntausend im Land weniger durch gute Taten im vergangenen Leben als durch Korruption und Betrug erworben wurde. Die Bereitschaft, gegen diese Situation aufzubegehren, ist daher gewachsen. Man erfährt heute fast alle Tage aus den Zeitungen oder dem Fernsehen von Protestaktionen armer Farmer aus dem Isaan gegen Beschlüsse oder gegen die Untätigkeit der Regierung in Bangkok.

Ein Problem für jeden Farang, der länger in diesem Land lebt oder gar beruflich hier zu tun hat, ist die völlig andere Arbeitsmoral der Thais. Eine gnädige Natur sorgte in diesem Land von jeher dafür, dass der Hunger auch ohne viel Arbeit gestillt werden konnte. Die Früchte wuchsen, ohne dass man die Bäume groß hegen musste und die Flüsse waren voll von Fischen. Nur für den Reis musste man sich ein paar Wochen im Jahr plagen, beim Pflanzen und bei der Ernte. Daraus entstand im Laufe der Jahrhunderte eine Arbeitsmoral, die auch heute den Grundcharakter der Menschen bestimmt.

Durch den Wechsel von der Natural- zur Geldwirtschaft hat sich allerdings in den letzten Jahrzehnten in Thailand einiges geändert. Das heißt aber nicht etwa, dass der Thai darauf scharf ist zu arbeiten, um Geld zu verdienen. Im Gegenteil, er erwartet auch hier, dass das Geld irgendwie von selbst kommt, etwa so wie Früchte und Fische. Der Farang, der gewohnt ist, eine Arbeit zügig anzupacken und durchzuführen, muss – wenn er nicht einen Nervenzusammenbruch erleiden will – hier ganz erheblich umschalten. Es zeugt aber von Unkenntnis des Landes und der Mentalität der Menschen, wenn ein Fremder die Thais generell als „faul" bezeichnet.

Faul ist nach unserem Sprachbegriff jemand, der sich vor der Arbeit drückt. Es trifft gewiss zu, dass Thais der Arbeit nicht gerade hinterherjagen oder wie wir „fleißigen Deutschen" gar ein schlechtes Gewissen haben, wenn sie nicht mit irgendetwas beschäftigt sind, egal ob mit Häusle bauen oder mit einem Hobby. Gibt man ihnen aber eine Arbeit, mit der sie Geld verdienen können, dann kann der Thai mit einem deutschen Arbeiter durchaus mithalten.

Thailänder haben lediglich eine andere Einstellung zur Arbeit. Für sie ist Arbeit nur ein Mittel zum Zweck, den

Lebensunterhalt zu verdienen und keine moralische Verpflichtung. Wenn sie genug Geld verdient haben, um eine Zeit davon leben zu können, dann haben sie die innere Freiheit, auch mal eine Zeitlang nichts zu tun. Eine Art von Freiheit, die uns Europäern abhanden gekommen ist.

Thais drücken sich gerne vor Aufgaben, die ihnen keinen Spaß machen und keinen unmittelbaren Gewinn bringen. Der Farang, der versucht sie zu etwas zu bewegen, das keinen unmittelbaren Gewinn an Geld oder Gesicht bringt, findet kaum Verständnis. Auch in einflussreichen Stellungen ist der Ehrgeiz nicht besonders hoch. Wichtig ist vor allem der Titel, die Statussymbole und das Geld, das eine Stellung einbringt. Erst wenn es darum geht, in die eigene Tasche zu wirtschaften, entwickeln sie eine sonst nicht vorhandene Erfindergabe und Aktivität.

Ein weiteres Problem, mit dem wir zu kämpfen haben, ist das mangelnde Umweltbewusstsein der Thais. So sehr sie auch auf alles achten, was mit körperlicher Sauberkeit zu tun hat, so wenig sind sie darauf bedacht, ihre Umgebung sauber zu halten. Umweltbewusstsein oder schonende Nutzung der vorhandenen Ressourcen sind unbekannte Begriffe.

Thais haben einen ausgeprägten Nationalstolz, der uns Europäern manchmal etwas übertrieben vorkommt. Das Volk hat es verstanden, in mehr als 800 Jahre dauernden Auseinandersetzungen mit den Nachbarvölkern seine Freiheit zu behalten. Während im 18. Jahrhundert alle umliegenden Länder europäische Kolonien wurden, haben es die Thais durch ihr geschicktes und pragmatisches Taktieren geschafft, als einziges asiatisches Volk neben Japan den Kolonialisierungsbemühungen der Europäer zu widerstehen und unabhängig zu bleiben. Das hat aber zu einem tiefsitzenden Misstrauen gegenüber Fremden geführt, die versuchen, Thais ihre Vorstellungen aufzuoktroyieren, egal ob das der Weltwährungsfond oder ein Tourist ist.

Nun muss man als Besucher oder Resident keineswegs alles für gut befinden, was man so landläufig als den „Thai Way" bezeichnet. Es ist aber ein grundlegender Fehler zu erwarten, dass Thais nach unseren westlichen Werten und Moralvorstellungen leben oder die anfallenden Probleme auf europäische Art lösen möchten.

Anstand und Höflichkeit

Eines der Worte, die man in Thailand sehr oft hört, ist *suphap* oder *mai suphap*. Schlägt man im Wörterbuch seine Bedeutung nach, dann wird es mit „höflich" bzw. „unhöflich" übersetzt. Wir verstehen unter Höflichkeit zum Beispiel, dass man sich nicht vordrängelt, dass junge Leute älteren Leuten in der Bahn ihren Platz anbieten, kurz dass man sich bemüht, den Mitmenschen den Verkehr miteinander zu erleichtern. Nun werden die Thais zwar in jedem Reiseführer als ein besonders höfliches Volk beschrieben. Wer jedoch länger in diesem Land lebt, der würde das Wort eher mit Etikette übersetzen. Die vielgerühmte Höflichkeit hat ihren Platz beim Kontakt zwischen Personen mit unterschiedlichem Status, man wird aber keine Spur davon finden, wenn man versucht in einen Bus oder in eine Bahn einzusteigen. Ich habe auch noch nie erlebt, dass auf den Bänken in einem vollbesetzten Zug Jugendliche einer älteren Person Platz gemacht hätten. Wir sind gewohnt, dass man in Geschäften der Reihe nach bedient wird, nicht so in Thailand. Wenn man sich nicht energisch bemerkbar macht, wird sich immer wieder ein Thai vordrängen, um zuerst bedient zu werden.

Die Regeln der Höflichkeit mögen in den verschiedenen Ländern variieren, in Thailand versteht man aber darunter etwas anderes als bei uns. Thais verstehen unter *suphap* vor allem das Bemühen, rein äußerlich auf andere einen guten Eindruck zu machen. *Suphap* heißt sich nach außen hin so gut wie möglich zu präsentieren, kurz seinen Status in den Augen der Mitmenschen so positiv wie möglich darzustellen. Das geschieht z.B. durch die Kleidung. Ordentlich angezogen zu sein ist *suphap*, in schäbigen Kleidern herumzulaufen ist *mai suphap*. Vor allem in den Städten neigen viele Leute dazu, sich über ihre Verhältnisse zu kleiden oder zu präsentieren, um sich den Anschein von Reichtum zu geben. Man beurteilt Fremde weitgehend nach der Kleidung. Sehr lässige Kleidung oder gar Badekleidung wird außerhalb der Strände nicht geschätzt. Das gilt vor allem beim Besuch von religiösen Stätten.

Einen kleinen Begriff von dem, was Thais für höflich halten, gibt auch ihre Art, Geschenke zu überreichen. Natürlich hat das Geschenk selbst seinen Wert und eine zur Hochzeit präsentierte Kaffeemaschine hat einen höheren Wert als ein Buch oder eine Flasche Whisky. Aber unabhängig davon, wie hoch der Wert eines Geschenks ist – es muss aufwändig verpackt sein, damit es möglichst kostbar aussieht. Ebenfalls *suphap* ist, ein Geschenk mit einer Gegengabe zu beantworten, zum Beispiel mit einem symbolisch überreichten kleinen Geldstück.

Die Thais legen wesentlich mehr Wert auf das Äußere ihrer Häuser als darauf, wie es innen aussieht. Wer es sich irgendwie leisten kann, zäunt sich sein Haus mit einem handgeschmiedeten Eisengitter mit vergoldeten Spitzen ein und verschließt den Eingang mit einer aufwändig aussehenden Türe mit teuer aussehenden Beschlägen. Wenn man aber in das Haus hineingeht, ist von Glanz nichts mehr zu sehen. Da das Innere des Hauses nicht dem Eindruck entspricht, den sie nach außen zu vermitteln suchen, laden die Thais kaum Fremde zu sich nach Hause ein.

Ebenfalls *suphap* ist es, so zu tun, als wäre alles in Ordnung, selbst wenn einem die Probleme auf der Seele brennen. Tut man so, als gäbe es keine, dann werden sie sicher von selbst verschwinden.
Suphap ist es auch, möglichst jede Frage eines Farangs mit „ja" zu beantworten, auch wenn „nein" oder „ich weiß nicht" die richtige Antwort wäre. Das resultiert dann meist in argen Missverständnissen und lässt den Farang oft aus der Haut fahren. Direkte Ablehnung zu vermeiden ist eine

Höflichkeitsgeste, die Europäer oft falsch deuten. Wer einen Thai um etwas bittet, wird zum Beispiel selten eine Absage bekommen, selbst wenn es nicht möglich ist, der Bitte zu entsprechen. Statt „nein" sagt man aus Höflichkeit lieber „vielleicht" und zeigt durch zögerndes Verhalten seine Ablehnung. Ein Lächeln hilft, manche problematische oder unsichere Situation zu überstehen, ebenso wie die häufig verwandte Formel *mai pen rai* (das macht nichts).

Interessant ist die Haltung der Thais gegenüber einem Betrunkenen, also einem Menschen, der zeitweise die Kontrolle über sein Verhalten verloren hat. Die Reaktion der Thais auf die im trunkenen Zustand zur Schau gestellten Allüren ist tolerant und ausgesprochen beruhigend. Man versucht den Betrunkenen mit großer Geduld zu beruhigen, bezeichnet ihn als Onkel oder Bruder und versucht ihm nicht zu widersprechen. Wenn am nächsten Morgen der Rausch verflogen ist, hat man sein, in keiner Weise der Thai-Höflichkeit entsprechendes Verhalten vergessen und macht ihm keine Vorwürfe für das, was er sich in trunkenem Zustand geleistet hat. Dahinter steckt wohl die Erfahrung, dass auch zurückhaltende Thais sehr aggressiv werden können, wenn eine gewisse Hemmschwelle überschritten ist. Es ist deshalb gefährlich, jemanden mit Vorwürfen oder Beschimpfungen über diese Schwelle zu treiben. Er könnte mit einem Revolver zurückkommen und den Beleidiger einfach über den Haufen schießen.

Es gibt allerdings auch Einheimische – man findet sie gar nicht so selten bei Behörden oder bei Polizisten –, die sich keine Mühe geben, ihr Benehmen den in Thailand üblichen Formen anzupassen. Sie wollen ihren Status auch dadurch dokumentieren, dass sie zeigen, welche Macht sie haben. Sie wollen Furcht einflößen, um das Gegenüber dadurch zu unterwürfigem Benehmen zu veranlassen.

Die Anrede

Thais haben einen vollen, im Personalausweis eingetragenen Namen, bestehend aus Familienname und Vorname. Dieser Name ist aber für Farangs oft schwer auszusprechen und wird auch im täglichen Verkehr zwischen Thais selten gebraucht. Dies ist verständlich, wenn man bedenkt, dass Familiennamen in Thailand oft außergewöhnlich lang sind. Man redet sich gegenseitig stattdessen mit dem Vornamen und meist sogar in dessen Kurzform oder mit dem Spitznamen an. Dies ist in der Regel ein einsilbiges Wort wie nok (Vogel), noi (klein), daeng (rot) oder fon (Regen). Wenn man als Fremder einen Einheimischen nach seinem Namen fragt, wird er in der Regel seinen Vornamen oder Spitznamen angeben. Der volle Name wird allgemein nur bei offiziellen Anlässen gebraucht. Es ist aber wichtig, dass man beim Zusammensein mit mehreren Leuten für jeden die gleiche Anredeform wählt, also nicht einen mit dem Spitznamen und einen anderen mit seinem vollen Namen anredet. Das gilt als unhöflich. Sehr viel öfter als bei uns wird der Titel als Anrede gewählt, selbst im Freundes- oder Familienkreis.

Der ältere Farang wird auch oft erstaunt, vielleicht sogar peinlich berührt sein, wenn ihn jeder mit „Papa" anredet. Das ist aber eine typische thailändische Höflichkeitsfloskel, da ein Thai jeden älteren Mann, der seiner Meinung nach in der gesellschaftlichen Rangordnung über ihm steht, mit *por* = Vater oder *lung* = Onkel anredet. Die Anrede „Papa" ist also für die Einheimischen die Übersetzung von *por* und damit eine höfliche Form der Anrede. Das Gleiche gilt natürlich auch für die Anrede Mama, mit der Thais oft ältere Touristinnen ansprechen.

Die hübschen Töchter

Jedem Farang, der nach Thailand kommt, egal ob er nun mehr an dem Land oder eher an den süßen Thai-Mädchen interessiert ist, wird der Betrieb an den Bars auffallen und er wird sich seine individuelle Meinung bilden. Der mit Ehefrau anreisende Pauschaltourist wird das Ganze vielleicht mehr oder weniger abstoßend finden (zumindest seiner Frau gegenüber), während der nur an den Mädchen interessierte „Sextourist" die ihm hier gebotenen Möglichkeiten in vollen Zügen genießt. Wenige machen sich aber Gedanken darüber, warum jeder Europäer, auch wenn er die ihm angebotenen Liebesdienste gerne nützt, im Grunde all dies als zutiefst unmoralisch empfindet, während die Thais augenscheinlich wenig Probleme damit haben, wenn die Mädchen an den Bars ihren Körper gegen Entgelt zur Verfügung stellen. Worin liegen nun die tieferen Ursachen dieser unterschiedlichen Beurteilungen?

1. Unsere westliche Einstellung zum Sex, vor allem zum käuflichen Sex, ist durch zwei Jahrtausende Kirchengeschichte geprägt. Keiner kann sich ganz davon frei machen, auch wenn er schon lange aus der Kirche ausgetreten ist. Die christlichen Kirchen und noch heute die katholische Kirche hielten Geschlechtsverkehr selbst zwischen Eheleuten immer dann für Sünde, wenn er nicht ausschließlich zum Zwecke der Nachwuchserzeugung erfolgte. Sex nur zur Befriedigung natürlicher menschlicher Bedürfnisse wurde grundsätzlich als verwerflich angesehen. Dies hinderte allerdings die Männer vom Kardinal bis zum Straßenkehrer nicht daran, sich zumindest heimlich diesen Genuss zu verschaffen. Aber jeder kann im Neuen Testament nachlesen, dass Jesus eine andere Meinung über die käufliche Liebe hatte, als die Kirche heute predigt. Er hielt mehr von der „Hure" Magdalena als von frommen Pharisäern und reichen Philistern.

Die anderen großen Religionen haben eine andere Einstellung zum Sex. Die muslimischen Kämpfer der Hisbollah gehen noch heute freudig für Allah in den Tod, weil ihnen ihre Mullahs lehren, dass nach ihrem Opfertod im Paradies die Houris mit offenen Armen (und wie sie wohl als selbstverständlich annehmen, auch mit offenen Schenkeln) auf sie warten. Wer das Wat Phra Kheo in Bangkok besucht, welches das thailändische Nationalheiligtum, den Emerald-Buddha beherbergt, der wird, wenn er an der das Kloster umschließenden Mauer entlang geht, dort mehr blanke runde Busen sehen, als im Playboy zu bewundern sind.

2. Thais haben ganz allgemein einen wesentlich pragmatischeren Charakter als Farangs. Die sich daraus ergebende Anpassung der Lehren Lord Buddhas an die Erfordernisse des täglichen Lebens kommen dem Ausländer oft arg wunderlich vor. Wenn er zum Beispiel sieht, wie die „käuflichen Mädchen", bevor sie ihren Dienst an der Bar antreten, eine Räucherkerze vor dem Buddha-Bild in der Ecke des Lokals anzünden und mit gefalteten Händen ein kurzes Gebet verrichten, dann kann er nur den Kopf schütteln. Wenn die Barmädchen einmal in der Woche ins Kloster gehen, um dort zu opfern, werden die Jünger Buddhas im gelben Gewand die Opfer der Mädchen gerne annehmen und sie mit geweihtem Wasser besprengen. Keiner wird aber den Versuch machen, die Mädchen zu ermahnen, von ihrem unmoralischen Tun abzulassen.
Erst recht hat der Fremde Mühe zu verstehen, welche Einstellung die Familien der Mädchen auf dem flachen Lande zu dem Tun ihrer Töchter in Pattaya und Phuket haben. Es ist keineswegs so, dass dort sexuelle Beziehungen zwischen jungen Männern und Mädchen toleranter beurteilt werden als bei uns. Ganz das Gegenteil ist der Fall. Zwei verliebte Thais, ja selbst Eheleute, werden sich nie in der Öffentlichkeit umarmen oder gar küssen und Geschlechts-

verkehr zwischen jungen Leuten ist erst dann erlaubt, wenn das Paar von den dafür zuständigen Mönchen oder vom Dorfschamanen in Gegenwart des ganzen Dorfes eingesegnet worden ist. Diese Verbindungen werden jedoch nicht durch gesetzliche Vorschriften, wie etwa dem Zwang, beim Verlassen der Familie für Frau und Kinder Alimente zu zahlen, zusammengehalten. Dies ist ein weiterer Unterschied zu den Verhältnissen in Europa und der Grund dafür, dass viele Thai-Männer sich nach ein paar Jahren eine andere Frau nehmen und Ehefrau samt Kindern einfach sitzen lassen. Es ist dann ausschließlich Sache der Familie der Frau, die Kinder zu ernähren und aufzuziehen. Hier helfen wieder die für Thais typischen Familienbande. Die Eltern werden in der Regel ganz selbstverständlich die Versorgung der Kinder übernehmen, wenn die Tochter in die große Stadt oder nach Pattaya muss, um das nötige Geld für ihren Lebensunterhalt und den ihrer Familie zu verdienen.

Meistens arbeiten mehrere Mädchen aus einem Dorf zusammen in einer Bar. Sie verdienen in Pattaya oder Phuket viel Geld. Manchmal hat eine sogar dort einen reichen Farang kennen gelernt und geheiratet. Nun sind sie in der Lage, ihre Familie zu unterstützen, was als sehr wünschenswert gilt. Womit sie ihr Geld verdienen oder wie sie den Farang kennen gelernt haben, wird tunlichst verschwiegen. Fragt man ein Mädchen, das in Pattaya oder Phuket an einer Bar arbeitet, ob denn ihre Eltern im fernen Isaan wissen, womit sie ihr Geld verdient, wird sie in der Regel lügen und sagen, ihre Eltern dürften nichts davon wissen, sonst kann sie nicht mehr nach Hause kommen. Tatsächlich weiß aber die Familie und auch sonst jeder im Dorf sehr gut, woher das Geld stammt, das die Tochter regelmäßig nach Hause schickt. Die Familie ist sogar damit einverstanden, dass sie sich entschlossen hat, nach Pattaya zu gehen und dort viel Geld zu verdienen, denn davon wird sie, wie üblich, einen Teil nach Hause schicken und so zum Unterhalt der Familie beitragen. Der Umstand, dass das liebe Kind nun, um das schöne Geld zu verdienen, mit x-beliebigen Farangs ins Bett steigen muss, ist der Familie zwar klar, wird aber einfach verdrängt.

Diese Moral werden wir nie begreifen. Da haben die Familien nicht die geringsten Bedenken, ihre Töchter nach Pattaya in die Prostitution zu schicken. Aber niemand würde mit einem vom Sündengeld der Tochter gekauften Motorrad losfahren, bevor es die Mönche im Kloster nicht gesegnet und mit geweihtem Wasser besprüht haben.

Wie Thais diese Dinge sehen, hat mir einmal meine Thai-Frau klargemacht, als sie sah, wie am Swimmingpool unseres Hotel in Pattaya ein paar junge Farang-Frauen sich oben ohne sonnten. Sie war der Ansicht, dass sich jede einheimische Frau schämen würde, sich so vor fremden Männern zu zeigen. Als ich sie daraufhin daran erinnerte, dass wir am Tag zuvor in einer Go-go-Bar blutjunge Thai-Mädchen gesehen hatten, die sich halb oder ganz nackt präsentierten, meinte sie, das wäre doch etwas ganz anderes. Schließlich würden die Mädchen dort arbeiten und bekämen gutes Geld dafür.

Als meine Frau einmal in Deutschland zu Besuch war, zeigte ihr meine 25 Jahre alte Nichte ihr Apartment. Auf die Frage meiner Frau, ob sie denn in der schönen Wohnung ganz alleine wohne, sagte das Mädchen arglos, dass des Öfteren ihr Freund bei ihr übernachte. Darauf wollte meine bessere Hälfte wissen, ob er ihr denn auch Geld dafür gäbe, was meine Nichte natürlich entrüstet verneinte. Meine Frau konnte dann nicht verstehen, dass die Eltern des Mädchens keine Einwände dagegen hatten, dass ihre unverheiratete Tochter nur so zum Vergnügen mit einem Mann schlief. Während das Zusammenschlafen zweier unverheirateter junger Leute bei uns heute ganz normal ist und bei niemanden Anstoß erregt, ist das in Thailand grundsätzlich tabu.

Die Bilder appetitlicher Nackedeis, die wir jeden Tag auf der ersten oder letzten Seite der BILD-Zeitung bewundern können, würde keine thailändische Tageszeitung bringen. Wenn es doch einmal notwendig ist, zur Illustration einer Nachricht ein Bild zu bringen, auf dem ein nackter Frauenkörper zu sehen ist, werden primäre und sekundäre Geschlechtsmerkmale mit Streifen überdeckt.

Diese Beispiele zeigen vielleicht, was in Thailand für anstößig bzw. erlaubt und nicht erlaubt erachtet wird. Die Sache kehrt sich aber völlig um, wenn diese Tabus zum Erwerb des Lebensunterhalts der Familie beiseitegeschoben werden. Hier kommt der für Thais typische Pragmatismus voll zum Zuge. Wenn abgewägt werden muss zwischen allgemein akzeptierten Moralvorstellungen und der Verpflichtung für den Lebensunterhalt der Kinder und der alten Eltern zu sorgen, die ja durch keinerlei Sozialversicherung abgesichert sind, hat letzteres Vorrang. Dies funktioniert auch ohne gesetzliche Grundlage. In Thailand gibt es auch kein Gesetz wie bei uns, mit dem der Staat notfalls durch Pfändung die Kinder zwingen kann, für ihre notleidenden Eltern aufzukommen. Nach der Auffassung der Eltern und natürlich auch des Mädchens werden die Sünden, die es auch nach buddhistischer Lehre bei ihrer Tätigkeit begeht, mehr als aufgewogen durch das Gute, das sie für ihre Familie tut.

Bei der moralischen Verurteilung der Mädchen, die in Thailand an den Bars ihr Geld verdienen, sollte man nicht nur die wirtschaftlichen Zwänge berücksichtigen, sondern fairerweise auch gleiche Maßstäbe anlegen. Der Mann bezahlt für Sex, das Mädchen lässt sich für Sex bezahlen.

Wieso soll nun das eine moralisch verwerflicher sein als das andere?

Land des Lächelns

Es gibt viele Gründe, warum die Menschen nach Thailand fahren: das tropische Wetter, die exotischen Küsten und paradiesischen Inseln, die gute Thai-Küche, das preiswerte Leben und auch oft das Vorhandensein hübscher und williger Mädchen. Es sind aber vor allem die Wärme und Freundlichkeit der Menschen, die Thailand so anziehend machen. Wenn man einen Thai anlächelt, wird man in der Regel ein freundliches Lächeln zurückbekommen, es sei denn, es handelt sich um einen Thai-Chinesen.

Jeder Thailand-Besucher hat schon den Begriff „Land des Lächelns" gehört oder gelesen. Dies findet er meist schon bei seiner Ankunft bestätigt. Thais lächeln oft und viel, was den Eindruck erweckt, dass sie besonders freundliche Menschen sind. Das trifft zwar im Großen und Ganzen zu, ist aber doch nicht die volle Wahrheit. Thais lächeln bei jeder passenden, aber auch bei in unseren Augen unpassenden Gelegenheiten. Für den Farang ist Lächeln ein Zeichen von Vergnügen und Wohlbefinden. In vielen Situationen wäre es unangebracht oder gar unhöflich zu lächeln. In Thailand ist das Lächeln ein normaler Gesichtsausdruck.

Man sagt, dass Thailänder ein besonderes Lächeln für jeden Gemütszustand haben. Das Problem für den Farang ist aber meist, dieses Lächeln richtig zu deuten und sich darauf einzustellen. Man muss einige Zeit im Land unter Einheimischen leben, um zu verstehen, dass das dauernde Lächeln ganz unterschiedliche Bedeutungen haben kann:

1. Thais sind mit der Fähigkeit gesegnet, für den Augenblick zu leben, und so jeden Augenblick des Lebens zu genießen. Unerfreuliche Dinge werden möglichst beiseitegeschoben oder einfach umgangen. So gesehen ist das Lächeln ein Ausdruck der Lebensfreude. Da die Thais gewohnt sind, in jeder Situation zu lächeln, sind sie oft der falschen Meinung, dass der gelangweilt oder mürrisch aussehende Farang – weil er gerade keinen Grund sieht zum Lächeln – wegen irgendetwas sauer sei. Wenn ich an einer Bar sitze und in aller Ruhe mein Bier trinke, werde ich todsicher gefragt, ob ich traurig oder böse bin, nur weil ich nicht lächle.

2. Das Lächeln ist aber oft auch ein Lächeln der Verlegenheit oder ein Vorhang, um Gefühle zu verbergen. Wenn ein Fremder im vollbesetzten Bus mit seinen Füßen versehentlich einer kleinen Thai auf ihre unbeschuhten Zehen tritt, kann es ihm passieren, dass sie ihn anlächelt, obwohl ihr die Tränen vor Schmerz in die Augen schießen. Es lächelt auch der Taxifahrer, der sich das Geschimpfe eines Touristen anhören muss, den er anstatt zum Hauptbahnhof zum Königspalast gefahren hat, weil er ihn falsch verstanden hat und nach seiner Erfahrung die meisten Touristen zum Königspalast wollen. Dabei hat das Lächeln eher eine Überlebensfunktion, wie beim Dackel, der sich auf den Rücken legt, um zu signalisieren, „Bitte tu mir nichts!".

3. Lächeln ersetzt in vielen Situationen ein „Dankeschön", vor allem für kleinere Dienstleistungen. Ein Lächeln, verbunden mit einem leichten Kopfnicken, drückt „ein bisschen Dankeschön aus". Wenn man ein Lächeln zurück bekommt heißt das so viel wie „Bitte schön".

4. Außerdem lächeln Thais immer dann, wenn sie etwas nicht verstehen. Wenn zum Beispiel der Farang einen Mann auf der Straße fragt, ob dies der nächste Weg zu

seinem Hotel ist, wird dieser zustimmend lächelnd nicken, auch wenn er kein Wort verstanden hat. Das führt den Fremden natürlich unweigerlich in die Irre.

5. Ein strahlendes Lächeln erhellt ihr Gesicht, wenn sie Zeuge einer Ungeschicklichkeit eines Farangs sind, zum Beispiel wenn er gegen ein tiefhängendes Reklameschild läuft oder über eines der vielen Schlaglöcher im Bürgersteig stolpert und auf die Nase fällt. Ein Farang wird kaum lachen, wenn er sieht, wie eine Person in voller Kleidung in den Swimmingpool fällt. In Thailand werden die Leute immer lachen, wenn ein anderer in eine solche oder ähnliche Situation kommt; nicht aus Schadenfreude, sondern weil sie das einfach komisch finden.

6. Schließlich ist Lächeln auch ein typischer Ausweg der Thais, um Konflikte zu lösen oder zu vermeiden. Sie stehlen sich mit einem Lächeln aus unangenehmen Situationen, ohne sich festlegen zu müssen. Dies macht den Farang oft wütend, entspricht aber der Thai-Philosophie, in jeder Situation *chai jen*, d.h. ein kühles Herz zu bewahren. Dieses Lächeln kann am besten mit „kein Kommentar" übersetzt werden.

Der skeptische Ausländer, der schon viele Jahre in Thailand verbracht hat, meint allerdings feststellen zu können, dass das typische Thai-Lächeln in dem Maße abnimmt, wie das Land von Farangs überlaufen wird. Vor allem in touristischen Gegenden haben sich die Thais im Umgang mit Touristen das Lächeln oft abgewöhnt und lächeln höchstens dann, wenn abends die Kasse gemacht wird.

In Thailand gehen die Uhren anders

Thais haben einen völlig anderen Zeitbegriff als wir und gehen sehr locker und entspannt mit den Begriffen Zeit und Pünktlichkeit um. Man muss sich in Thailand daran gewöhnen, dass alles in „Thai-Zeit" geschieht. Auch wenn man eine bestimmte Uhrzeit ausgemacht hat, findet ein Thai nichts dabei, eine Stunde später zu erscheinen oder einen zugesagten Termin zu Beginn einer Arbeit um eine Woche zu überziehen. Er kommt dann, wenn er „fertig ist", nicht zu irgendeinem durch den Uhrzeiger bestimmten Zeitpunkt.

Der Besucher Thailands muss sich daher nicht nur an den geographisch bedingten Zeitunterschied von sechs Stunden gewöhnen, sondern auch an die besondere Art der Thais, mit dem Begriff Zeit umzugehen. Mit unserer Auffassung „Zeit ist Geld" kann man hier wenig anfangen. Vor allem auf dem Land, wo ja die meisten Thais herstammen, mit denen man als Tourist zu tun hat, ist Zeit im Überfluss vorhanden, wogegen Geld mehr als knapp ist.

Man darf sich also nicht wundern, wenn die Zeitangaben der Thais nicht unbedingt wörtlich zu verstehen sind. Die Zusicherung „in ein bis zwei Stunden" bedeutet oft „irgendwann im Laufe des Tages" und „morgen" heißt nicht etwa am nächsten Tag, sondern an irgendeinem der nächsten Tage. Kommt es auf die genaue Zeit an, zum Beispiel weil man zu einer bestimmten Zeit einen Flug erreichen muss, mache man das unbedingt deutlich. Man sagt dann z.B. nicht „um 9 Uhr", sondern füge hinzu „Farang-Time, not Thai-Time". Auch bei einer wichtigen Terminabsprache ist es immer ratsam, klarzustellen, dass man „Farang-Zeit" meint und eine Verspätung nicht akzeptieren würde.

Man kann in Thailand auch nie sicher sein, dass etwas Geplantes oder Versprochenes getan wird, bis es tatsächlich geschieht. Ebenso wenig klappt es, irgendetwas wieder rückgängig zu machen.

Planung und Vorausdenken sind nicht so wichtig als in der Gegenwart zu leben. Es spielt keine Rolle, ob irgendetwas früher oder später geschieht. Geduld ist eine der wichtigsten Tugenden. Was sich hier und jetzt abspielt, ist von größerer Bedeutung als ein imaginäres Ziel in der Zukunft. Unsere Ungeduld, wenn wir über die angegebene Zeit hinaus auf etwas warten müssen, können Thais deshalb nicht verstehen.

Erst recht können sie nicht verstehen und sind vielleicht sogar beleidigt, wenn ein ungeduldiger Farang etwa anfängt zu schimpfen oder sich zu beschweren. Über wartende Langnasen, die auf Biegen und Brechen auf die Einhaltung eines angegebenen Termins beharren, kann man sich bestenfalls nur amüsieren. Sie verlieren nicht nur die Fassung, sondern auch ihr Gesicht. Wenn man etwas erreichen will, verhandelt man besser geduldig mit einem Lächeln im Gesicht und ohne Rücksicht auf die Zeit. Das gilt vor allem bei Behörden.

Arbeitskräfte sind in Thailand sehr billig. Deshalb fällt auf, dass bei Dienstleistungen, die man täglich in Anspruch nimmt, wesentlich mehr Leute beschäftigt sind als bei uns. Thais lieben allerdings ein gemächliches Leben und so sollte man sich für Besorgungen bei Behörden, Banken und in Geschäften reichlich Zeit nehmen. Regt man sich über das nach unserer Meinung langsame oder umständliche Vorgehen auf, kann das die Angelegenheit eher verzögern als beschleunigen.

Eine rühmliche Ausnahme vom weitherzigen Umgang mit der Zeit sind allerdings die meisten öffentlichen Verkehrsmittel im Land. Die Überlandbusse von den verschiedenen zentralen Busbahnhöfen in Bangkok und in den großen Städten fahren in der Regel pünktlich zur fahrplanmäßigen Zeit ab und sowohl Züge wie auch Flüge haben in der Regel nicht mehr Verspätung als bei uns.

Geld

Geld regiert die Welt, bei uns in Europa ebenso wie in Thailand. Während die Farangs sich aber in der Regel bemühen, dem Geldverdienen einen moralischen Anstrich zu geben, halten Thais das für nicht nötig. Ein anderer Aspekt ist, dass Geld in Thailand direkt Ansehen oder besser Gesicht bringt, egal womit dieses Geld verdient wurde. Thais respektieren denjenigen, der am meisten Gold am Hals hat, einen Mercedes fährt oder alle Freunde und Bekannten freigebig bewirtet und aushält.

Sie haben eine andere Art, mit dem Geld umzugehen. Für sie ist das reine Vorhandensein von Geld gleichbedeutend mit der Möglichkeit, es auch ausgeben zu können. Unsere Mentalität, Geld für schlechtere Zeiten oder für das Alter zurückzulegen, ist den meisten Thais unverständlich. Geld ist dazu da, sich selbst oder auch anderen Freude zu bereiten, und zwar möglichst heute. Wer weiß, ob man morgen noch lebt. Ein Bekannter von mir, der oft in Thailand war und auch seit vielen Jahren mit einer Thai verheiratet ist, hat das mal so ausgedrückt: „Thais gehen mit dem Geld um wie der Hund mit der Wurst".

Ist für kurze Zeit mal Geld vorhanden, dann wird auch gleich recht großzügig damit umgegangen. Da werden nicht nur Freunde und Nachbarn zu einem opulenten Mahl eingeladen, sondern sie kommen einfach von selbst und teilen die Freude über den plötzlichen Geldsegen mit den Gastgebern. Da ist es egal, ob ein Lotteriegewinn oder ein freigebiger Farang, den die Tochter ins Dorf geschleppt hat, der Grund ist. Je mehr Leute kommen, desto besser für den Geber. Er tut damit ja etwas Gutes und das wird bestimmt belohnt, wenn nicht jetzt, dann im nächsten Leben.

Nicht selten werden bei so einem Festessen auch gute Freunde des einen oder anderen Gastes, die man selbst nie zuvor sah, zum Essen bleiben oder mit in ein Restaurant gehen. Bei uns würde das als ungehörig und schlechtes Benehmen gelten, in Thailand hingegen ist es in der Tradition der Dorfgemeinschaften und der Religion mehr oder weniger selbstverständlich.

Verglichen mit Farangs sind die meisten Thais arm und sie werden alles Mögliche anstellen, um ein bisschen von dem Reichtum des Fremden mitzubekommen. Der Farang wird oft als ein ATM-Automat auf zwei Beinen angesehen. Im Westen sind die meisten Leute stolz darauf, dass sie ihr Geld mit ehrlicher Arbeit verdienen. Vielen Thais hingegen ist es egal, wie sie ihr Geld verdienen und der Stolz beschränkt sich auf das Geldverdienen als solches, nicht darauf, wie man das Geld verdient hat. Sie finden auch nichts dabei, irgendeine Story zu erfinden, die den Farang dazu bringt, seine Brieftasche zu öffnen.

Für den Thai ist geliehenes Geld so gut wie geschenkt. Bittet Sie also ein Einheimischer um ein Darlehen, erwarten Sie nicht, das Geld je zurückzubekommen, es sei denn, es handelt sich um eine verbriefte und einklagbare Forderung. Dass auch dann die Rückzahlungswahrscheinlichkeit nicht sehr groß ist, zeigen die vielen Milliarden US-Dollar uneinbringbarer Forderungen, auf denen die Banken beim letzten Crash 1997 sitzen geblieben sind. Selbst Firmen, denen es heute wieder besser geht und die in der Lage wären, ihre Schulden zurückzuzahlen, denken gar nicht daran und verstecken sich unter der großen Masse anderer Kreditnehmer, die wirklich zahlungsunfähig sind.

Weltmeister im Dauerschlaf

Farangs leiden oft unter Schlafstörungen. Zumindest müssen einige Bedingungen zum Einschlafen gegeben sein wie die richtige Tageszeit, Dunkelheit, Ruhe und eine horizontale Körperlage. Thais hingegen können in jeder Situation und Körperlage schlafen, liegend, stehend oder sitzend mit dem Kopf auf dem Tisch. Aber auch auf vollbeladenen Lkws lässt es sich gut schlafen, wie man immer wieder beobachten kann, wenn man auf Thailands Straßen unterwegs ist. Lärm und Hitze spielen keine Rolle und können niemand bei seinem Nickerchen stören. Die Bedienung in Restaurants und ebenso in Kaufhäusern bewegt sich in solch einem Tempo, dass man als ungeduldiger Farang oft die Ruhe verliert und der Bedienung am liebsten Beine machen würde. Tatsächlich wird man an den Straßenverkaufsständen nicht selten Verkäufer sehen, die, den Kopf auf ihr Warenangebot gebettet, die Zeit, bis sich ein interessierter Käufer meldet, zu einem Nickerchen nutzen.

Auch in Europa kennt man in den heißen Ländern die Siesta, wo man mit einem kleinen Schlummer die heiße Tageszeit überbrückt. Thais kennen keine solche günstige Tageszeit für ein Nickerchen, ihnen ist jede Stunde des Tages recht. Sie haben die beneidenswerte Fähigkeit, zu jeder Tageszeit und bei jeder sich bietenden Gelegenheit ein Schläfchen zu machen. Wenn es einen olympischen Wettbewerb im Schlafen gäbe, mit verschiedenen Schwierigkeitsklassen je nach Körperlage, störenden Umwelteinflüssen usw., würden Thais alle Medaillen abräumen.

Duschen

Thais sprechen über das Duschen wie über das Essen. Der Farang wird erstaunt sein, wie oft er gefragt wird, ob er schon geduscht hat oder jetzt duschen will. Sie wollen damit in der Regel nicht zum Ausdruck bringen, dass man stinkt, sondern es ist eine typische Art, Konversation zu machen. Obwohl vielleicht mancher es nicht gerne hört, aber die Thais sind dem Europäer in punkto körperliche Sauberkeit einiges voraus. Zweimal täglich duschen – morgens und vor dem Schlafengehen – ist die Norm, sofern die Möglichkeit dazu besteht. Es ist natürlich eine Notwendigkeit, die sich vor allem aus dem tropischen Klima erklärt. Wenn der Farang meint, einmal täglich duschen wäre genug, wird er schlicht für unsauber gehalten. Thailand ist voll von üblen Gerüchen, aber Körpergeruch gehört nicht dazu.

Nach dem Duschen wird sich kräftig mit einem Körperpuder eingepudert, oft nicht nur der Körper, sondern auch das Gesicht. Wenn man – vor allem auf dem Land – sehr oft Kinder mit weiß eingepudertem Gesicht herumlaufen sieht, so gehen sie nicht auf eine Karnevalsparty oder haben irgendeine Krankheit, sondern es ist einfach so Sitte.

In den meisten Häusern sind zwar keine Duschen vorhanden, aber eine Schöpfkelle und ein großes mit Wasser gefülltes gemauertes Becken, das in jedem Toilettenhäuschen eingebaut ist, erfüllt den gleichen Zweck. Man schöpft mit der Kelle das Wasser und gießt es sich über den Kopf. Ich muss sagen, dass ich für meinen Teil diese Methode den Duschen in den Hotels vorziehe. Dort sind die Duschköpfe oft so verstopft, dass man hin- und herspringen muss, wenn man richtig nass werden will.

Manchmal geht das thailändische Hygiene-Verständnis aber für den Geschmack der Europäer zu weit: Es gilt als gar nicht so unfein, sich vor anderen Leuten einen Popel aus der Nase zu holen. Wenn man, an einer Bushaltestelle stehend, eine dort ebenfalls wartende Thai-Schönheit bewundert, wird man plötzlich aus der Verzauberung gerissen, wenn der Engel anfängt, sich in der Nase zu bohren. Die Kinder auf dem Dorf bekommen ihre in der kalten Jahreszeit immer laufenden Rotznasen nicht mit einem Taschentuch, sondern mit dem Hemdzipfel abgeputzt. Hingegen gilt es als unfein, sich bei Tisch in ein Taschentuch zu schnäuzen. Ich bekam im Frisiersalon nach dem Haareschneiden auch schon mal angeboten, mir noch die Ohren säubern zu lassen, habe aber dankend abgelehnt, da ich nicht wusste, ob die Stäbchen nicht schon bei einem anderen Kunden benutzt worden waren.

Weiß oder schwarz?

Bei uns in Deutschland tragen die Frauen ihre Handtaschen oder Einkaufstaschen normalerweise in der Hand. In Thailand hingegen sieht man immer wieder Frauen, die die Taschen über den Kopf oder vor das Gesicht halten, was insbesondere beim Überqueren der mit rücksichtslos daherbrausenden Motorrad- oder Tuk-Tuk-Fahrern gefüllten Straßen Bangkoks nicht ungefährlich ist. Der Grund für die ungewöhnliche Handhabung dieser für jede Frau unentbehrlichen Utensilien ist die Angst, ein paar Sonnenstrahlen abzubekommen und dadurch einen etwas dunkleren Teint zu bekommen. Während Touristen sich in die pralle Sonne legen und rot gebrannt wie ein Krebs wieder nach Hause fliegen, fliehen die Thais vor Sonnenstrahlen, wo sie nur können. Sie können deshalb gar nicht verstehen, warum die Farangs so viel Geld für den Flug nach Thailand ausgeben, nur um bei der Rückkehr nach

Hause auszusehen wie ein Bauarbeiter, der den ganzen Tag in der Sonne schuften muss.

Wenn man eine Gruppe von Leuten bei der Feldarbeit sieht, ist es kaum möglich, Männer und Frauen zu unterscheiden, alle sind von Scheitel bis zu den Füßen eingepackt. Die Frauen haben ihr Gesicht trotz der Hitze so vermummt, dass nur noch die Augen hervorsehen und man könnte meinen, eine Antiterroreinheit sei dort im Einsatz. Die Arme werden durch langärmlige Blusen bedeckt und möglichst auch noch Handschuhe getragen. Alles nur um sich dagegen zu schützen, dass die brennende Sonne ihre schon braunen Gesichter noch tiefer braun färbt. Es muss zwar unheimlich heiß unter der Vermummung sein, aber Schönheit muss eben leiden. Wenn auf der Straße ein Pickup an einem vorbeifährt, dessen Ladefläche voll geladen ist mit einer buntgekleideten Truppe, die alle eine Skimaske vor dem Gesicht tragen, dann handelt es sich nicht um Banditen auf dem Weg zu einem Banküberfall, sondern um eine Gruppe von Arbeitern oder Arbeiterinnen, die zu ihrer Einsatzstelle transportiert werden.

Eine dunkle Haut ist ein Zeichen dafür, dass man im Freien eine minderwertige und schlecht bezahlte Handarbeit ausübt wie Feldarbeit oder Arbeit auf dem Bau. Sie ist somit ein negatives Statussymbol. Eine helle Haut ist in Thailand hingegen ein Zeichen dafür, dass man einen besser bezahlten Beruf ausübt und damit ein positives Statussymbol. Für Leute mit dunkler Hautfarbe aus den ärmeren Provinzen ist es schwer, in Bangkok einen anderen Job zu finden wie als Hilfsarbeiter.

In den Kosmetikgeschäften findet man dort, wo bei uns die Bräunungscremes stehen, ein ganzes Sortiment von Cremes und Seifen, die alle die Haut bleichen sollen. Die Kosmetikfirmen machen ein gutes Geschäft mit diesen

Schönheitscremes. Auch die Modelle bei Reklamespots im Thai-Fernsehen haben fast alle eine makellose weiße Haut wie Europäerinnen.

Andere Länder – andere Schönheitsideale. Die Vorstellungen darüber, was schön ist, können sich allerdings auch ändern. Unsere Urgroßmütter hatten vor 100 Jahren die gleichen Ansichten über Schönheit wie die Thais heute. Wenn eine bessere Dame damals bei Sonnenschein auf die Straße ging, dann grundsätzlich nur mit Sonnenschirm und ärmellangen Handschuhen, um bloß nicht braun zu werden und auszusehen wie ein Mädchen, das arbeiten muss.

Heilsame Gifte und unheilsame Brühen

Bis auf ihr Geld schätzen die Thais im Allgemeinen nicht besonders viel an den Farangs. Der Grund dafür ist zum einen ein traditions- bzw. kulturell bedingtes Misstrauen gegen alles Fremde (das gilt auch gegenüber den Nachbarn Myanmar und Kambodscha), zum anderen die in den Augen der Thais oft recht seltsame Art, wie sich Ausländer benehmen.

Eine Ausnahme stellen allerdings die Wundermittel aus dem Westen dar, die meist mit viel Reklame hier angepriesen werden. Mit dem Versuch, die Methoden der westlichen Wirtschaft kritiklos zu übernehmen, sind die Thais 1997 zwar böse auf die Nase gefallen und werden sich, so wie es jetzt aussieht, auch nicht so schnell wieder davon erholen. Bei allem, was mit Chemie und Medizin zu tun hat, sind westliche Produkte und Methoden in Thai-Augen den althergebrachten eigenen Mitteln aber weit überlegen. Das führt dann leicht zu hausgemachten gesundheitlichen Problemen, die für das Individuum nicht weniger schmerzlich sein können als der Crash von 1997 für die heimische Wirtschaft.

Hierfür seien nur zwei Beispiele angeführt:

Giftbrühen

In unserer Gegend im Isaan können nur die tiefer liegenden Felder für den Reisanbau genutzt werden. Die etwas höher liegenden Felder, von denen in der Regenzeit das Wasser schnell abläuft, waren bisher ausschließlich zum Anbau von Hanf zu nutzen oder lagen brach. Nachdem wir in den letzten Jahren begonnen haben, das Brachland tief umzupflügen und zum Zuckerrohranbau zu nutzen, können nicht nur diese Felder landwirtschaftlich besser genutzt werden, sondern die Menschen im Dorf haben auch außerhalb der paar Monate, in denen sie mit ihren Reisfeldern beschäftigt sind, Arbeit und Verdienstmöglichkeiten. Auf den lange Zeit brachliegenden und ausgeruhten Feldern wächst das Zuckerrohr zwar ganz erfreulich, noch schneller wächst aber das noch aus der Brachezeit im Boden verwurzelte Unkraut. Um dem jungen Zuckerrohr also überhaupt eine Chance zu geben, eine für die wirtschaftliche Verwertung ausreichende Größe zu erreichen, muss das schnell wuchernde Unkraut beseitigt werden. Das geschieht aber nun nicht, indem man das Unkraut mit den Wurzeln aus dem Boden reißt, was bei dem zur Regenzeit aufgeweichten Boden kein Problem und bei den geringen Löhnen von 80–100 Baht (1,80–2,20 Euro) pro Tag auch wirtschaftlich sinnvoll wäre, sondern indem man jede Menge Unkrautvertilgungsmittel auf den Feldern versprüht. Die Leute, die ein paar Tage lang die Giftbrühe verspritzt haben, klagen anschließend regelmäßig über Kopfschmerzen und Unwohlsein.

Injektionen

Wenn das Wetter umschlägt, es etwas kühler wird oder die Regenzeit beginnt, ist manchmal das halbe Dorf erkältet und läuft mit tropfender Nase herum. Ich habe mich anfangs immer gewundert, warum eine Bevölkerung, die doch die hiesigen Klimabedingungen seit Jahrhunderten überlebt hat und dagegen weitgehend resistent sein müsste, so empfindlich auf Wetterumschläge reagiert. Nun bin ich zwar kein Mediziner, sondern besitze nur so viel Wissen über Gesundheitsfürsorge wie jeder halbwegs intelligente Farang. Ich meine aber trotzdem eine Ursache für dieses Problem aufzeigen zu können. Die liegt in der Praxis, bei jedem Wehwehchen gleich Antibiotika zu spritzen. Selbst im tiefsten Isaan besitzt heute jede größere Dorfgemeinde eine Sanitätsstation mit ausgebildeten Schwestern oder einem Arzt. Sobald nun ein Kind etwas erkältet ist, Temperatur hat oder sich sonst irgendwie unwohl fühlt, rennen die Eltern gleich zur Sanitätsstation oder ins nächste Krankenhaus und lassen ihm eine Spritze verpassen. Der zweijährige Neffe meiner Frau – allgemein ein putzmunteres Kerlchen – hat im letzten Jahr mehrere Male eine Injektion bekommen, obwohl ihm nach meinen Kenntnissen nichts fehlte, was nicht mit ein paar Tagen Bettruhe, einer heißen Zitrone und ein paar Aspirin hätte geheilt werden können.

Die Folge dieser unmäßigen Injektionspraxis ist, dass der Körper bei Erkrankungen keine eigenen Abwehrkräfte mehr entwickelt und – vor allem bei den mit Chemie voll gepumpten Kindern – resistent gegen Antibiotika wird, sodass diese beim Auftreten ernsthafter Beschwerden keine Wirkung mehr haben.

Zu Beginn der Regenzeit muss meine Frau mit unserem Pick-up mindestens zweimal in der Woche irgendjemand aus dem Dorf, meist Kinder, ins Krankenhaus kutschieren, weil sich eine kleine Erkältung schnell zu ernsthaften Problemen entwickelt. Vielleicht wird jemand fragen: Warum mit dem Pick-up? Ganz einfach: Wenn hier einer ins Krankenhaus muss, dann begleitet ihn die halbe Familie, Vater, Mutter, Großeltern, Onkels und Tanten, nebst einem Haufen Kindern, sodass der Pick-up bei solchen Krankentransporten immer voll beladen ist. Muss der Patient stationär behandelt werden, bleiben immer ein oder mehrere Familienmitglieder dabei und schlafen während des Krankenhausaufenthaltes vor dem Krankenbett auf dem Boden oder auf dem Flur.

Lärm

Leise sprechen gilt in Thailand als ein Zeichen von guten Manieren. Es ist deshalb dem Farang nicht immer verständlich, dass die Thais außerhalb der verbalen Kommunikation unempfindlich gegen Lärm sind. Thais schlafen bei jeder sich bietenden Gelegenheit und lassen sich dabei auch durch Lärm nicht stören. Sie lieben es aber, selbst Krach zu machen, egal ob mit Lautsprechern oder knatternden Motorrädern und haben dabei kein Gefühl dafür, dass sie ihren Mitmenschen vielleicht den Schlaf rauben.

Überall in den Städten ist der Farang von einer für unsere Verhältnisse oft belästigenden Geräuschkulisse umgeben. Autos hupen ohne Unterlass, oft aus dem einzigen Grund, dass man das Auto und damit auch die Hupe bezahlt hat. Polizisten an Straßenkreuzungen und Einweiser an Parkplätzen trillern aus Leibeskraft mit ihren Pfeifen. Der Verkehrslärm ist genauso chaotisch wie der Verkehr selbst. Aus Geschäften, vom Musikkassettenverkäufer an der Straßenecke, aus vorbeifahrenden oder auch im Verkehrsstau stehenden Pick-ups, von allen Seiten her dröhnt Musik in erheblicher Lautstärke in die Ohren. Ganz schlimm wird es, wenn der Farang sich in die Barstraßen von Pattaya und Phuket traut, wo jede der dicht nebeneinander liegenden offenen Bars versucht, mit ohrenbetäubender Lautstärke der Nachbarbar die Gäste wegzufangen.

Auf dem Dorf sind es andere Lärmquellen, die dem Farang den Schlaf rauben. Die Thai-Hähne fangen aus mir unerfindlichen Gründen nicht beim Morgengrauen an zu krähen, sondern schon 3 Stunden früher, mitten in der Nacht. Wenn ein Hund im Dorf nicht schlafen kann, weil ihn die Läuse zu sehr jucken, beschwert er sich lauthals und alle Dorfköter geben ihrem Mitgefühl durch anhaltendes Bellen und Jaulen Ausdruck. Wenn in einem der dicht beieinander stehenden Bambushäuser eine Party läuft, ein paar gemietete Videofilme angesehen werden oder auch ein Sohn versucht, Gitarre zu erlernen, immer bekommen alle Nachbarn es in voller Lautstärke mit, egal zu welcher Nachtstunde. Wenn morgens um 6 der erste Pick-up durchs Dorf fährt, der irgendwelche Waren zu verkaufen hat, weckt er erst die ganze Bevölkerung mit ohrenbetäubender Musik und brüllt dann sein Warenangebot nebst Preisen durch den Lautsprecher.

Abfall

Thais haben Hemmungen, etwas nutzlos Gewordenes wie alte Zeitungen, defekte Elektrogeräte usw. wegzuwerfen. Man hat einmal Geld dafür bezahlt und deswegen wird nun alles aufgehoben, auch wenn man nichts mehr damit anfangen kann. Eine Frau trennt sich leichter von ihrem treulosen Ehemann als von einem defekten Föhn. Wenn man sich aber mal entschließt, etwas wegzuwerfen, dann fliegt es einfach aus dem Fenster oder wird hinter dem Haus deponiert. Verpackungsmaterial, leere Konservendosen, alte Batterien und gebrauchte Reifen usw. werden einfach irgendwo hingepackt, in der Hoffnung, dass Ratten und Regen sich schon darum kümmern werden. Das war früher problemlos möglich, weil man als Verpackung nur das hatte, was die Natur hergab, zum Beispiel Palmenblätter, oder was eigene Schalen hatte wie Obst, Nüsse oder Gemüse, die dann von selbst vermoderten. Seit jeher wurden all diese Abfälle aus Naturprodukten einfach aus dem Fenster oder in den Fluss geworfen. Dort wurden sie dann von den Fischen oder anderen Kreaturen gefressen, die damit für die Beseitigung sorgten. Kunststoffe, Flaschen und Blechdosen vermodern aber nicht und werden auch nicht gefressen. Überall liegen Müll, Blechbehälter und eine Unmenge von Plastiktüten oder Flaschen herum. Dazu kommt dann noch der Gestank, der sich bei den hohen Temperaturen daraus entwickelt. Die Umwelt sauber halten heißt hier, meist den Dreck vor der eigenen Haustüre wegzuschaffen und etwas entfernter zu deponieren. Irgendwie stört herumliegender Unrat niemanden, man hebt die Füße und steigt einfach darüber hinweg. Wenn er aber doch mal stört, dann wird er einfach verbrannt. Das ergibt dann bei dem großen Anteil an Kunststoffen einen infernalischen Gestank, der durch die Gegend und durch die offenen Fenster in die Häuser zieht.

Shrimps

Es gibt in Thailand selbstverständlich eine staatliche Umweltbehörde sowie Gesetze, die den Umweltschutz regeln. Nur fehlt es an der Durchsetzung. Wenn von amtlichen Stellen von der Notwendigkeit gesprochen wird, etwas zum Schutz der Umwelt zu unternehmen, so handelt es sich in der Regel um leere Absichtserklärungen, denen keine Taten folgen. Wenn aber doch einmal eine Verordnung zum Schutz der Umwelt erlassen wird, dann erfolgt die Durchführung nach Thai-Weise.

Ein Beispiel für die bedenkenlose Umweltverschmutzung ist die heute im Flussdelta um Bangkok bzw. überall dort, wo ausreichend Wasser vorhanden ist, betriebene Shrimpszucht. Vor ein paar Jahren fingen hier einige Bauern an, ihre Felder in Teiche umzuwandeln und statt Reis anzubauen, Shrimps zu züchten. Man kauft aus einem Zuchtbetrieb einige zigtausend fingernagelgroße Tierchen, setzt sie in dem künstlichen Teich aus und füttert sie täglich mehrmals mit einem von den Zuchtbetrieben verkauften Spezialmehl. Wenn nach zwei bis drei Monaten die Winzlinge Fingerlänge erreicht haben, pumpt man den ganzen Teich durch Fangnetze aus. Die sich in den Netzen ansammelnden Shrimps werden durch von Bangkok angereiste Aufkäufer übernommen und zum größten Teil exportiert. Das für die ersten Züchter ganz einträgliche Geschäft veranlasste dann immer mehr Bauern, Teiche anzulegen und sich auf die Shrimpszucht zu verlegen. Wo früher weite Reisfelder wogten, reiht sich heute Teich an Teich. Dies mit dem vorhersehbaren Erfolg, dass mit wachsendem Angebot die von den Aufkäufern gezahlten Preise immer weiter fielen, sodass sich oft die Zucht kaum noch lohnt. Es müssen ja nicht nur der Teich angelegt und die Setzlinge gekauft werden, sondern auch das Futter und verschiedene Chemikalien, die verhindern sollen, dass die ganze Brut krank wird und abstirbt. Verwendet wird dabei auch die im Euroland seit vielen Jahren verbotene Droge Chloramphenicol. Das Ganze verlangt von jedem Züchter Investitionen von einigen hunderttausend Baht, für die meist Kredite aufgenommen werden müssen. Dazu einige Monate Arbeit, denn die Tierchen müssen Tag und Nacht gefüttert und versorgt werden. Wenn nun – was gar nicht selten geschieht – die ganze Brut eingeht, weil sich ein Virus eingeschlichen oder der neidische Nachbar Gift in den Teich geschüttet hat, dann bleibt ein dickes Manko.

All das ist jedoch immer nur das Risiko für den Einzelnen. Was viel schwerer wiegt, ist die dadurch verursachte Umweltzerstörung. Das aus den Teichen bei der Shrimpsernte abgepumpte und mit den Ausscheidungen von zigtausenden Langusten, Chemikalien und Nahrungsresten verschmutzte Wasser wird einfach wieder in den nächsten Klong gepumpt. Dies mit dem Erfolg, dass sich zum Beispiel das an meinem Haus vorbeifließende und früher fischreiche Gewässer, in dem die Kinder badeten, inzwischen in eine stinkende Brühe verwandelt hat, in der kein Fisch mehr überleben und kein Mensch mehr baden kann. Dafür ist die ganze Wasseroberfläche mit einem dichten Netz von Wasserpflanzen überwuchert, die in dem Schmutzwasser reichlich Nahrung finden und den Bootsverkehr fast unmöglich machen.

Wenn sich die Shrimpszucht eines Tages überhaupt nicht mehr lohnt oder nicht mehr möglich ist, weil das dem Kanal entnommene Wasser inzwischen so verschmutzt ist, dass keine Shrimps mehr darin leben können, wird es kaum möglich sein, alle diese Löcher wieder in ertragreiche Reisfelder umzuwandeln. Die Gifte, die zur Bekämpfung der Krankheiten der Shrimps in die Gewässer gekippt werden, führen zur totalen Versäuchung des Bodens. Eine Shrimpsfarm kann nur eine gewisse Zeit betrieben werden, danach ist der Boden landwirtschaftlich nicht mehr zu nutzen. Keiner macht sich aber Gedanken darüber, womit die Kinder einmal ihren Lebensunterhalt verdienen sollen, wenn weder Shrimpszucht noch Landwirtschaft auf den Äckern der Familie mehr möglich sind. Dann wird man plötzlich feststellen, dass man sich selbst den Ast abgesägt hat, auf dem man sitzt und in Zukunft sitzen muss. Die Regierung hat inzwischen zwar das Anlegen von neuen Teichen verboten, aber wie üblich hält sich keiner daran, solange die Möglichkeit besteht, durch Nichtbeachtung der Verbote noch ein paar Baht zu verdienen. Das Problem sind vor allem die „Laissez-faire-Mentalität" der Thais und die offene Hand aller für Umweltschutzmaßnahmen zuständigen Behörden.

Vom Status der Unterhose

Ich habe zwar nie selbst meine Wäsche waschen müssen, aber ich kann mich noch an die Zeit erinnern, wo meine Mutter vor dem Waschtag die ganze Wäsche der Familie in verschiedene Haufen einteilte: Weißwäsche, Buntwäsche, Feinwäsche, Grobwäsche usw.

In Thailand musste ich nun lernen, dass auch hier die Wäsche eingeteilt wird. Dies geschieht aber nicht nach Material-, sondern nach Statuskriterien. Da der Kopf der höchste und der Fuß der niedrigste Körperteil ist, wird auch die Wäsche gemäß dieser Hierarchie eingeteilt, wenn schon nicht in der Waschmaschine, dann zumindest wenn sie auf der Leine aufgehängt wird. Socken dürfen also nicht höher aufgehängt werden als ein Oberhemd. Aber auch in der Waschmaschine gelten strenge Regeln. So darf z.B. ein Büstenhalter nicht mit einer männlichen Unterhose gewaschen werden. Überhaupt gehört weibliche und männliche Unterwäsche nicht zusammen in die Waschmaschine oder auf die Leine. Weibliche Unterwäsche muss man so aufhängen, dass sie von fremden Männern nicht gesehen werden kann. Sie wird deshalb auf der Leine mit einem Tuch abgedeckt, auch wenn das die Trockenzeit verlängert.

Hinter diesen Regeln stecken einige typische Thai-Besonderheiten, wie sexuelle Tabus und Aberglaube. So darf die unverheiratete Schwester meiner Frau, die allgemein bei uns die Wäsche macht, nicht meine Unterhosen waschen. Das steht nur einer verheirateten Frau zu. Solch ein Aberglaube ist z.B. auch, dass der um den Hals eines Mannes hängende Buddha seine schützende Kraft verliert, wenn der Mann unter einer Wäscheleine mit weiblicher Unterwäsche durchgeht.

In Thailand scheint es auch ein Gesetz zu geben, das verlangt, dass man das Haus nicht ohne Unterwäsche verlassen darf. Das ist auf dem Land, wo die Frauen allgemein im Sarong herumlaufen, allerdings auch verständlich. Der Sarong wird ja am oberen Ende nur etwas zusammengerollt und eingesteckt, sodass er – je nach Bauchumfang – eine fatale Neigung hat herabzufallen, wenn sich jemand schnell bewegt.

Farang in Thailand

Seit Jahrzehnten verbreiten Reiseagenturen das von Schriftstellern wie Conrad oder Malern wie Gauguin inspirierte Bild von dem ausgestiegenen Europäer, der in einer Hängematte unter Palmen liegend sich von samthäutigen, langhaarigen und vor allem nur spärlich oder gar nicht bekleideten exotischen Schönheiten mit Kokosmilch und Massagen verwöhnen lässt. In der letzten Zeit ist dann noch die Vorstellung dazu gekommen, nach Herzenslust – wie in den Emanuelle-Filmen zu sehen – möglichst gleich mit mehreren Thaischönheiten in einem überdimensionalen Swimmingpool zu planschen. Die Pauschaltouristen bekommen ihr Thailandbild aus dem Reisekatalog vorgeführt: Land des Lächelns = Land ohne Sorgen. So möchte man selber leben, ohne Stress und Probleme, ohne Kälte und Winter, unter freundlichen Menschen und dazu die Freiheit, mit Geld fast alles kaufen zu können. Manchem kommt da das Gefühl, den Thais überlegen zu sein und die Versuchung, diesen Hochmut auch an den Tag zu legen.

Dieses Land ist jedoch kein Paradies, weder für Thais noch für Farangs. Wer nach Thailand kommt, um das Paradies zu suchen, der muss sich darüber klar sein, dass Adam das Paradies wegen der Geschichte mit dem Apfel ein für alle Mal verspielt hat. Mit unserer Denk- und Verhaltensweise wird man dort nicht viel weiter kommen. Dies vor allem dann, wenn man nicht in der Lage ist, zu verstehen, dass die Menschen hier ihren seit Jahrhunderten durch Kultur und Religion bestimmten Lebensstil für richtig halten und nicht daran denken (zumindest außerhalb der Tourismuszentren), ihre Verhaltensweise den Vorstellungen der Farangs anzupassen. Man wird dieses Land nie begreifen und sich folglich auch darin nicht wohlfühlen, wenn man nicht zuerst die grundlegende Tatsache akzeptiert, dass Thais zwar nicht viel anders aussehen als wir, aber völlig anders denken und andere Wertvorstellungen haben. Daraus ergibt sich auch, dass sie andere Dinge als rechtens ansehen wie wir.

Der Farang auf dem Dorf

Mancher Farang, der das Dorf seiner Freundin irgendwo in Thailand besucht, wird vielleicht von dem völlig anderen Lebensrhythmus und der allgemein freundlichen, wenn nicht herzlichen Art, mit der ihm alle Dorfbewohner entgegenkommen, angetan sein und überlegen, dort auf Dauer sein Domizil zu nehmen. Dabei muss er sich aber über folgende Dinge klar sein:

Wenn die Menschen auf dem Dorf auch Fremden gegenüber ziemlich tolerant sind, so wird doch jeder Farang, der über längere Zeit auf dem Dorf lebt und sich wie ein Elefant im Porzellanladen benimmt, bald als „Farang ohne Gesicht" angesehen. Dies geschieht häufig dann, wenn er sich als überlegen aufspielt oder gar seine Arroganz deutlich zum Ausdruck bringt. Er wird nicht über längere Zeit unter den Menschen auf dem Dorf leben können, wenn er nicht gewillt ist, ihre von unserer westlichen Mentalität häufig grundverschiedene Einstellung zu den Dingen des täglichen Lebens zu akzeptieren.

Um in Thailand unter Thais zufrieden leben zu können, braucht man aber die Einheimischen nicht zu kopieren. Die Farangs, die das versuchen, machen sich in Thai-Augen nur lächerlich und geben nach einiger Zeit frustriert auf. Das Ziel ist einfach, sich in seinen Handlungen und Überlegungen so weit wie möglich den thailändischen Gegebenheiten und Mentalitäten anzupassen. Vor allem muss die Toleranzgrenze weit höher liegen als in Europa.

Selbst wenn er lange im Lande lebt, so ist es für den Farang sehr schwierig, wenn nicht unmöglich, immer zu verstehen, warum und aus welchen Motiven Thais handeln. All das, was hier geschieht, mit westlicher Logik begreifen und erklären zu wollen, ist so sinnlos wie der Versuch, das Meer auszuschöpfen. Das Wichtigste für den Farang ist nicht, die Thais zu verstehen, sondern sich auf ihre Eigenarten und Methoden einzustellen und dem bei seinen eigenen Planungen und Handlungen Rechnung zu tragen. Das heißt auch darauf zu verzichten, den Thais immer wieder vorzubeten, wie viel effektiver es wäre, wenn sie Dinge auf unsere westliche Art erledigen würden.

Es reicht aber nicht aus zu wissen, dass die Thais anders denken, fühlen und handeln wie wir. Man muss auch begreifen, dass sie die Sache von der anderen Seite sehen und sagen „die Farangs fühlen, denken und handeln anders wie wir Thais. Aber wenn sie in unserem Land leben, dann sollen sie sich gefälligst an die Spielregeln halten, die hier seit Jahrhunderten gelten und die dafür sorgen, dass unsere Thai-Gesellschaft funktioniert." Um in Thailand auf Dauer leben zu können, ist die Einsicht erforderlich, dass es für den Farang vielleicht möglich ist, einen einzelnen Menschen zu beeinflussen, aber dass er ganz bestimmt nie die gesamte gesellschaftliche Struktur dieses Volkes verändern können wird.

Thais haben ihre eigenen Methoden, die Dinge zu erledigen und ihre Angelegenheiten zu regeln. Man wird als Farang nicht in der Lage sein, daran etwas zu ändern. Wer es doch nicht lassen kann, befindet sich in der Lage eines Schwimmers, der versucht in einem schnell strömenden Fluss gegen die Strömung flussaufwärts zu schwimmen.

Er kann sich abmühen, wie er will, alle seine Kräfte verschwenden; er kommt keinen Schritt vorwärts oder wird sogar von der Strömung mitgerissen. Anstatt sich so abzuquälen, um dann doch am Ende resigniert aufzugeben, ist es besser, sich vom Strom treiben zu lassen und seine Energie darauf zu konzentrieren, nicht mit einem Hindernis zusammenzustoßen.

Wer unter Thais leben will, der muss sich an eine Menge Dinge gewöhnen, die ganz anders sind als seine bisherigen Lebenserfahrungen.

Da ist zunächst einmal der Glaube an die Geister. Bei jeder möglichen Gelegenheit werden die Geister angerufen oder ihnen ein Opfer gebracht. Die richtige Behandlung der Geister gehört genauso zum täglichen Leben wie Essen und Schlafen. Der Farang soll sich hüten, diesen Geisterglauben als Blödsinn zu verspotten. Die Geister könnten das übel aufnehmen und sich nicht nur an dem Farang, sondern auch an den Menschen, mit denen er zusammenlebt, rächen. Man muss auch akzeptieren, dass der Geisterglaube, ebenso wie die Religion, den Menschen in Thailand eine gewisse Lebens- und Handlungssicherheit gibt. Wenn man ihnen diese wegnimmt, werden sie haltlos und unsicher.

Das beinhaltet auch die Einstellung der Menschen zum Geld. Sie sind zwar in der Regel nach unseren Begriffen bettelarm, sobald sie aber etwas Geld in die Finger bekommen, wird dies auch sofort, ohne viel nachzudenken, wieder ausgegeben. Unsere Art, das Geld zusammenzuhalten und möglichst noch zu vermehren, wird von den Menschen hier oft als Geiz verstanden. Der Farang, der versucht den Menschen, mit denen er zusammenlebt, beizubringen, dass man Geld auf die hohe Kante legen muss, damit man im Alter davon zehren kann, wird auf totales

Unverständnis stoßen. In fast jedem Haus steht heute ein Farbfernseher, der auch praktisch ohne Unterbrechung von morgens bis abends läuft. Durch die ständige Werbung werden die Menschen zum Konsum von überteuerten Gütern animiert, sodass der arme Reisbauer ohne natürliche Abwehrkräfte gegen die Reizüberflutung moderner Medien häufig sein mühsam verdientes Geld für unnötige Dinge aus dem Fenster wirft und dann später feststellt, dass er den Dünger für das Reisfeld nicht bezahlen kann.

Sehr verschieden ist auch ihre Einstellung zur Arbeit. Unsere Überzeugung, dass ein gesunder Mensch in der Woche mindestens fünf Tage arbeiten muss, damit er sich wohlfühlt, kann man keinem Menschen in Thailand begreiflich machen. Gearbeitet wird nur dann, wenn es nötig ist, also in der Regel, wenn die Feldbestellung ansteht. Sobald man etwas Geld in die Finger bekommen hat, wird so lange nicht gearbeitet, bis das Geld ausgegeben ist.

Auch ihr Bestreben, unangenehmen Dingen auszuweichen, ist nicht immer in unserem Sinne. Die Probleme, denen man ausgewichen ist, werden einen später wahrscheinlich wieder einholen. Konflikte werden, so weit es geht, vermieden. Wer Auseinandersetzungen in der Öffentlichkeit austrägt, verliert sein Gesicht. Das gilt auch für Farangs, die allzu leicht ihren Ärger zeigen oder ihre Gastgeber kritisieren.

Ein Stein des Anstoßes für den Farang ist in der Regel, dass Menschen, mit denen er zusammenlebt, sich ganz selbstverständlich seiner Sachen bedienen oder sich aus dem Kühlschrank an dem gütlich tun, was er für seinen eigenen Bedarf mitgebracht oder gekauft hat. Dabei muss man aber berücksichtigen, dass das Wort Privatsphäre für Thais ein unbekannter Begriff ist. Sie haben meist ihr ganzes Leben lang mit mehreren Personen in einem Zimmer gehaust, wo jegliches Eigentum zum Gebrauch für alle da war. Es handelt sich hier nach ihren Begriffen also keineswegs um ein schlechtes Benehmen, sondern um ein Verhalten nach den in dieser Gesellschaft üblichen Regeln. Wer z.B. der Mutter seiner Frau verbietet, etwas aus dem Kühlschrank zu nehmen, der riskiert, dass dies als Angriff auf das gemeinsame Gut betrachtet wird.

Schließlich ist es auch notwendig, sich beim täglichen Umgang mit den Menschen hier immer darüber klar zu sein, dass sie eine andere Logik besitzen. Die uns beim Planen und Vorausdenken eigene Logik vom Ablauf der Dinge gilt nicht für Thais. Sie richten ihr Handeln weniger danach, was nach unserem Verständnis vernünftig oder logisch ist, sondern zunächst danach, was ihnen nach ihrer Meinung sofort sichtbaren Erfolg bringt. Sie sind deshalb schnell geneigt, den zweiten Schritt vor dem ersten zu tun, ohne zu überlegen, welche negativen Folgen das haben kann. Thais neigen auch stark dazu, Wünsche schon für die Wirklichkeit zu nehmen.

In Thailand ist man sehr patriotisch. Wenn sich die Einheimischen auch oft über den Verkehr und den Smog in Bangkok, über die wirtschaftliche Entwicklung und die Maßnahmen der Regierung beklagen – in den Zeitungen liest man das alle Tage –, so sollte man als Farang doch vorsichtig sein, massive Kritik an den Verhältnissen in Thailand zu üben. Thais könnten das als Beleidigung ihres Landes auffassen und entsprechend reagieren. In jedem Falle sind der König und die ganze Königsfamilie tabu. Es ist auch nicht ratsam, Witze über den König oder über die Religion zu machen. Man kann sonst schnell viel Ärger bekommen.

Um es länger im Lande auszuhalten und vor allem gut zurechtzukommen, muss man sich bemühen, die Sprache zu erlernen. Ansonsten läuft man Gefahr, ein Einsiedlerdasein zu führen. Es ist auf die Dauer stinklangweilig, wenn man sich nur mit seiner Frau, die von ihrer Bartätigkeit her vielleicht ein paar Brocken Englisch spricht, unterhalten kann. Thai ist eine Sprache, die nach meiner Erfahrung sehr leicht zu lernen ist. Schwieriger ist es allerdings mit der Schrift, bei der es dem normal begabten Europäer sehr schwer fällt, die 44 Konsonanten und 32 Vokale auseinanderzuhalten. Aber in der Regel will man ja keine Thai-Zeitungen lesen, die es auf dem Dorf sowieso nicht gibt.

Die gesprochene Alltagssprache ist einfach. Sie kennt keine Grammatik in unserem Sinne. Da gibt es weder Singular, Plural, Nominativ, Genitiv noch Zeitformen von Verben. Im Grunde genommen reicht es völlig aus, die Worte, wie sie im Wörterbuch stehen, in ihrer Grundform aneinanderzureihen; natürlich in der richtigen Reihenfolge. So wird in der Thai-Sprache das Adjektiv hinter das Substantiv gestellt, zum Beispiel wird „volle Flasche" in Thai zu „Flasche voll". Bei zusammengesetzten Substantiven steht das Kernwort am Anfang. Zum Beispiel wird „Segelschiff" in Thai zu „Schiff-Segel". Mit ein paar hundert Worten des Grundwortschatzes kann man sich schon ganz ordentlich unterhalten. Ein Problem für den Farang ist allerdings, dass es in der Thai-Sprache fünf Tonstufen gibt und dass das gleiche Wort je nach Betonung sehr unterschiedliche Bedeutung haben kann. Thailänder sprechen Vokale nicht aus, sie singen sie eher. Konsonanten sind für sie schwierig, sodass sie, wenn sie englische Wörter aussprechen, immer einen Vokal zwischen zwei Konsonanten legen. „Lipstick" klingt etwa wie „Libsadig" und „Problem" wie „Pompem". Auch ist das „R" in Thailand weitgehend unbekannt, sodass der Straßenhändler in Pattaya den Touristen fragt „you want a Lolex (Rolex)?".

Der Farang wird aber von den Thais meist vom Zusammenhang her richtig verstanden werden, auch wenn er ein Wort nicht richtig betont. Thai muss also nicht nur mit dem

Wörterbuch, sondern auch mit dem Ohr gelernt werden. Wenn man unter Thais lebt und den ganzen Tag über nur Thai hört, kommt die richtige Betonung von selbst. Vorsicht ist jedoch bei kurzen Fragen, die man an einen Einheimischen richtet, geboten. Da sind Missverständnisse vorprogrammiert. Wenn man jemand auf Thai um Feuer für seine Zigarette bittet, kann es vorkommen, dass der Angesprochene einen erstaunt ansieht, weil er verstanden hat, man wolle angesteckt und verbrannt werden. Als ich dem netten Mädchen in der Hotelrezeption einmal sagte, ich wolle morgen früh um 6 Uhr geweckt werden, weil ich schwimmen gehen wollte, hatte sie verstanden, ich wolle morgen früh um 6 von ihr gebadet werden und sie überlegte nun krampfhaft, ob sie beleidigt ablehnen oder fragen sollte, wie viel ich zahlen würde.

Es gibt in Thailand einige Phrasen, die man als Ausländer immer wieder hört. Viele dieser Phrasen enthalten das Wort *chai* = Herz.

Chai jen bedeutet wörtlich „kühles Herz" und wird von Thais oft gebraucht, um zu sagen, dass man Geduld haben und sich nicht aufregen soll, wenn etwas nicht so läuft, wie der Farang es erwartet.

Chai die bedeutet wörtlich „gutes Herz". Es wird von Thais nicht nur gebraucht, um sich für etwas zu bedanken, sondern oft auch in der Erwartung, dass der so wegen seines guten Herzens gerühmte Farang dies dann auch durch Taten beweist. Die jedem einigermaßen freigebigen Ausländer gegenüber ausgesprochene Bemerkung, er sei *chai die,* er habe also ein gutes Herz, ist aber mit Thai-Maßstäben zu bewerten. Mit dem Adjektiv „gut" wird alles das bezeichnet, was nützlich und gewinnbringend ist. Ein Farang ist nach Thai-Begriffen immer ein reicher westlicher Ausländer, der immer dann ein gutes Herz hat, wenn er etwas gibt – möglichst Bargeld. Je mehr er gibt, desto mehr ist er *chai die*, egal ob er ein Totschläger, Räuber oder Päderast ist.

Chai rorn bedeutet wörtlich „heißes Herz" und drückt aus, dass jemand schnell die Ruhe verliert und zornig wird.

Greng chai ist ein wichtiges Wort in Thailand und wörtlich kaum zu übersetzen. Am nächsten kommt dem etwa der „Respekt", den jeder im Status niedriger Stehende dem Höherstehenden zu erweisen hat.

Mai pen rai könnte man als das nationale Losungswort bezeichnen. Es heißt wörtlich „macht nichts" und kann dem Farang manches erklären, was ihm unverständlich erscheint. Egal was passiert, wenn man doch nichts mehr daran ändern kann, dann ist es eben *mai pen rai*. Wer in Thailand überleben will, der muss sich daran gewöhnen, diese Phrase jeden Tag ein paarmal zu hören und sie selbst nicht nur zu sprechen, sondern auch den Sinn zu akzeptieren.

Auch wer zu Hause keinerlei Probleme hat mit kleineren Wunden, muss sich in Thailand vorsehen. Hier reagiert sein Körper ganz anders auf kleinere Beschädigungen der Haut. Die Gefahr einer bakteriellen Infektion, gegen die sein Körper keine Abwehrkräfte entwickelt, ist hier sehr groß. Sogar kleine offene Wunden können sich sehr schnell zu eitrigen Infektionen entwickeln. Jede Wunde sollte deshalb sofort gereinigt und desinfiziert sowie mit einem in jedem Krämerladen zu kaufenden Heftpflaster geschützt werden.

Falls man ernsthaftere Beschwerden hat, so ist es meist kein Problem, eine geeignete Medizin auch ohne Rezept in der Apotheke zu kaufen – vorausgesetzt natürlich, dass man sich genau darüber im Klaren ist, was man benötigt.

Falls jemand mal zum Arzt muss, so sind die Behandlungskosten sehr niedrig. Das gilt – wenn es sich nicht um Spezialisten in Bangkok oder einer größeren Stadt handelt – meist auch für das fachliche Können der Doktores. Zum Ausgleich für die geringen Behandlungskosten ist die anschließend von ihnen verkaufte Medizin dann umso teurer. Der Arzt gibt einem Patienten nicht etwa wie in Deutschland ein Rezept mit, um sich die erforderliche Medizin in einer Apotheke zu kaufen, sondern er händigt ihm gleich selbst ein paar Tütchen mit Pillen aus. Dafür verlangt er dann aber das Mehrfache des Apothekenpreises.

Wenn man wegen einer ernsteren Erkrankung für eine Zeit ein Thai-Krankenhaus aufsuchen muss, dann ist es ratsam, sich nicht in einen Gemeinschaftssaal mit noch 20 Patienten legen zu lassen, sondern ein Einzelzimmer zu verlangen. Die Zimmer sind – zumindest in größeren Krankenhäusern – ganz komfortabel ausgestattet, mit Fernseher, Kühlschrank, Klimaanlage und eigenem Badezimmer und – im Vergleich zu den deutschen Krankenhausräumen – spottbillig. In öffentlichen Krankenhäusern liegen die Kosten für ein Einzelzimmer, einschließlich Arztbehandlung und Medikamente, unter 2000 Baht (ca. 45 Euro) am Tag. Private Krankenhäuser – vor allem in Bangkok – sind allerdings erheblich teurer und erreichen in einigen Fällen sogar deutsches Kostenniveau.

Für den Farang ist wichtig zu wissen, dass vor Aufnahme in ein Krankenhaus immer seine Kreditwürdigkeit geprüft wird, da er natürlich nicht unter die 30-Baht-Regelung fällt. Das kann vor allem bei Unfällen Probleme ergeben, da, bevor nicht klar ist, dass der Patient zahlen kann, eventuell nur die Notversorgung, aber keine kostenintensiven

Schritte zur Lebensrettung unternommen werden. Manchmal wird sogar die Aufnahme ganz verweigert. Der Farang sollte also immer entweder eine Kreditkarte oder die Bescheinigung seiner Auslandsversicherung bei sich tragen. Aber auch eine schöne Goldkette kann im Notfall die Kreditwürdigkeit sicherstellen und als Pfand hinterlegt werden. Es muss sich dabei jedoch um „Thai-Gold" handeln. Der in unseren Geschäften angebotene Goldschmuck mit 14 oder 18 Karat gilt bei Thais als wertlos und wird in Thailand niemals als Pfand angenommen.

Tabus und Benimmregeln

Wie in jedem Land, so gibt es auch in Thailand eine Reihe von Dingen, die man besser nicht tun sollte, wenn man die Einheimischen nicht verletzen oder bei ihnen als unhöflicher Mensch gelten will. Mit seinen eigenen Vorstellungen davon, was sich schickt und was nicht, hat man in Thailand genügend Gelegenheit, in Fettnäpfchen zu treten. Denn das, was bei uns selbstverständlich ist, kann dort zu Missverständnissen führen. Das Schöne an Thailand ist aber, dass dies in aller Regel mit einem Lächeln wieder bereinigt werden kann. Thais sind allgemein sehr großzügig, wenn es darum geht, fremde Lebensarten zu tolerieren.

Wie überall, wenn man sich in einer bisher unbekannten Gesellschaft bewegt, sollte man als Tourist aber einige Dinge beachten, die den Thais besonders wichtig sind und sich mindestens über die wichtigsten Benimmregeln informieren. Die in den Reiseführern aufgezählten Tabus treffen nicht immer zu, andererseits wird auch manche für Thais wichtige Benimmregel nicht erwähnt. Hier als Beispiel einige Tabus und Regeln schicklichen Benehmens, die von den Thais wirklich als wichtig angesehen werden:

Ein Tabu ist das Berühren des Kopfes. Nach Thai-Vorstellung ist der Kopf der Sitz der Seele und genießt deshalb besonderen Schutz. Thais kann man beleidigen, wenn man den Kopf eines Menschen anfasst. Auch bei fremden Kindern sollte man vorsichtig sein und ihnen nicht als freundliche Geste über den Kopf streicheln.

Die Füße sind der niedrigste Körperteil und gelten generell als schmutzig. Es ist deshalb unhöflich, mit dem Fuß auf etwas zu zeigen. Als ich einmal nach einem Einkauf mit beiden Armen schwer beladen durch die Türe schritt, fiel mir ein Teil auf die Erde. Da ich keine Hand frei hatte, zeigte ich mit dem Fuß auf das heruntergefallene Teil und bat meine Frau, es aufzuheben. Dabei erntete ich nur ein erstauntes Kopfschütteln.

Auch beim Sitzen mit übereinandergeschlagenen Beinen sollte man darauf achten, dass die Füße nicht versehentlich auf einen Menschen oder gar auf eine Buddha-Statue zeigen. Dies bereitet bei der asiatischen Sitzweise manchem Europäer Schwierigkeiten. Man darf auch nicht über am Boden sitzende oder liegende Menschen steigen, sondern muss um das Hindernis herumgehen. Die Missachtung der Füße erscheint dem Farang allerdings manchmal komisch in einem Land, dessen Nationalsport darin besteht, dass zwei Kämpfer im Ring versuchen, sich gegenseitig mit den Füßen k.o. zu schlagen.

Wenn ein Thai im Haus oder Tempel zwischen stehenden oder hockenden Menschen hindurchgehen muss, beugt er leicht den Oberkörper nach vorn und hält den rechten Arm schräg nach unten gestreckt, als ob er die Verbindung zwischen den anderen durchschneiden wolle. Wendet ein Ausländer diese respektvolle Geste an, so erntet er freundliche Blicke.

Es ist auch unschicklich, auf jemanden mit dem Finger zu zeigen. Auf Gegenstände und Tiere darf man mit den Fingern zeigen, nicht aber auf Menschen. Die linke Hand gilt als unrein; deshalb benutzt man ausschließlich die rechte Hand, um zu essen, etwas zu geben oder in Empfang zu nehmen. Wenn Thais jemanden heranwinken, wird das von Europäern oft gegenteilig verstanden, denn das Winken mit der nach unten abgewinkelten Handfläche ähnelt stark unserer „Hau ab"-Geste.

Dass man sich in einem Tempel anständig benehmen und auch nicht in kurzen Hosen oder durchsichtigen Blusen zum Besuch eines Tempels gehen sollte, steht in jedem Reiseführer und sollte eigentlich selbstverständlich sein. Ansonsten darf man aber getrost jeden Thai-Tempel besuchen. Dabei muss man sich aber bewusst sein, dass diese Orte für Thais zur Besinnung und zum Gebet genutzt werden und nicht, wie für Farangs, nur eine Sehenswürdigkeit darstellen. Fotografieren ist in der Regel erlaubt. Man sollte aber auf Blitzlicht verzichten, damit die Andacht der Tempelbesucher nicht gestört wird.

Buddha-Bildnisse und Statuen Buddhas, egal ob klein oder groß, ob vollständig oder beschädigt, sind heilig und mit entsprechendem Respekt zu behandeln. Alle religiösen Symbole, vor allem aber Buddhas, stehen in Thailand unter gesetzlichem Schutz. Eine Entweihung – auch aus Unwissenheit – kann empfindlich bestraft werden. Dies hat schon so mancher Tourist erfahren müssen, der, um interessante Urlaubsfotos zu schießen, auf Buddha-Statuen geklettert war:

Besondere Kleidervorschriften gelten für Farangs beim Besuch des Wat Phra Kheo in Bangkok. Dass kurze Hosen und T-Shirts keine angemessene Kleidung sind und beim Besuch des Tempels und des daran anschließenden

Königspalastes nicht zugelassen werden, ist noch verständlich. Aber auch Sandalen gelten hier für Farangs als unschicklich. Selbst teure, maßgeschneiderte Farang-Sandalen muss man gegen ein paar Überschuhe eintauschen, wenn man das thailändische Nationalheiligtum besuchen will.

Mönche genießen für die Zeit, in denen sie die gelbe Kutte tragen, besondere Privilegien. Sie haben überall den Vortritt und müssen – auch wenn es sich nur um junge Leute handelt, die ihre obligatorische dreimonatige Klosterzeit absolvieren – mit entsprechendem Respekt behandelt werden. Mönchen ist jeder körperliche Kontakt zu Frauen untersagt. Sie müssen deshalb jede Berührung mit einer Frau strikt vermeiden. Sie dürfen auch nichts aus der Hand einer Frau annehmen. Frauen dürfen allerdings ihre Gaben über einen anderen Mann überreichen, der sie dem Mönch in den dafür aufgehaltenen Schoß seiner Kutte legt oder sie vor ihm auf den Boden stellt. Er wird sie gerne annehmen, allerdings ohne einen Wai dafür zu machen.

Der König genießt allerhöchstes Ansehen bei den Thais. Wenn im Kino vor dem Hauptfilm ein Portrait des Königs gezeigt und die Nationalhymne gespielt wird, steht man auf und bezeugt damit seine Hochachtung vor dem König. Das gilt auch, wenn man unterwegs ist und um 8 Uhr morgens oder 18 Uhr abends aus den öffentlichen Lautsprechern die Nationalhymne ertönt. Selbst wenn man sich auf dem Hauptbahnhof Hua Lamphong beeilen muss, um einen Zug zu erreichen, bleibt man beim Erklingen der Hymne dort stehen, wo man sich gerade befindet. Der Zug wird während dieser zwei Minuten sowieso nicht abfahren.

Überreicht man einem Thai ein Geschenk, wird er sich oft zunächst weigern, es anzunehmen, obwohl er nichts lieber täte. Das ist aber auch nur eine Höflichkeitsgeste. Nach der zweiten oder dritten Aufforderung wird er das Geschenk gerne annehmen und sich manchmal mit einem symbolischen kleinen Geldstück bedanken. Das gilt als höflich, denn er (oder sie) hat damit das Geschenk sozusagen gekauft.

Die Zurschaustellung von Zärtlichkeiten zwischen den Männern und Frauen in der Öffentlichkeit ist verpönt. Wenn sich zwei verliebte junge Farangs auf der Straße abknutschen, gehen die Thais mit einem Kopfschütteln vorbei. Hingegen sieht man in Thailand sehr oft Frauen oder auch Männer Hand in Hand über die Straße laufen. Das ist kein Zeichen von Homosexualität, sondern einfach eine freundschaftliche Geste. Körperkontakte zwischen Männern und Frauen allerdings sind in der Öffentlichkeit tabu. Es gilt als äußerst unschicklich, Gefühle zwischen Mann und Frau nach außen zu zeigen.

Körperkontakt mit einer Person des gleichen Geschlechts ist hingegen normal und selbstverständlich. Auch bei der Begrüßung oder im Gespräch zwischen Männern wird ein Thai oft die Hand seines Gegenübers ergreifen oder ihm freundschaftlich den Arm um die Schulter legen. Ebenso gilt es als unpassend, eine Person des anderen Geschlechts anzufassen, selbst wenn man nur als freundlich gemeinte Geste den Arm berührt.
Nicht vergessen darf man, sich jedes Mal die Schuhe auszuziehen, bevor man in ein Haus eintritt. Thais kennen normalerweise keine Stühle, sondern alles sitzt auf dem Boden. Auch das Essen wird normalerweise auf dem Boden serviert. Aus diesem Grund wird großer Wert auf die Sauberkeit des Bodens gelegt. Es ist also eine grobe Unhöflichkeit, wenn der Farang mit Straßenschuhen darüber spaziert.

Während die Tabus im Zusammenhang mit Monarchie und Religion allgemein klar definiert sind, kann es bei den Anstandsregeln im gesellschaftlichen Verkehr zu regionalen Unterschieden kommen. In den großen Städten und in den Touristenzentren werden westliche Verhaltensweisen eher akzeptiert und oft auch kopiert. Ein Benehmen der Farangs, das in Bangkok nicht auffällt, muss aber nicht überall im Lande akzeptiert werden.

Sextourismus

Wenn man als Mann in Deutschland jemandem erzählt, dass man auf Urlaub nach Thailand fährt, geht ein wissendes Lächeln über das Gesicht. Das drückt in etwa aus: „Du bist also auch so ein Sextourist und Mädchenschänder". Woher kommt dieser Ruf Thailands? Natürlich ist es eine Tatsache, dass an den Bars von Bangkok, Pattaya und Phuket Tausende junger Mädchen den männlichen Touristen ihre Dienste anbieten. Sehr viele Männer, die alleine nach Thailand kommen, tun dies nicht, um die Kultur und die landschaftlichen Schönheiten des Landes kennen zu lernen. Vielmehr nutzen sie gerne die Möglichkeiten, die ihnen durch eine Legion von willigen und für wenig Geld verfügbaren Mädchen gegeben sind. Sex gegen Bezahlung ist gewiss kein ungewöhnliches Phänomen und existiert seit Menschengedenken überall auf der Welt. Es ist trotzdem ungewöhnlich, dass so viele Männer die weite Reise nach Thailand unternehmen, nur um hier etwas zu bekommen, was sie zu Hause viel einfacher und auch – wenn man die Reisekosten berücksichtigt – viel preiswerter haben könnten. Es muss also noch etwas anderes sein, was die Männer zu den Mädchen an den Bars in Thailand zieht.

Zum einen bietet die Vielzahl der verfügbaren Ladies in Thailand eine nahezu unbeschränkte Auswahl. Jeder Mann träumt irgendwann mal davon, einen eigenen Harem zu haben und hier kommt er dieser Fiktion ziemlich nahe. Es ist aber auch die unbeschwerte Art, die Fröhlichkeit und kindliche Verspieltheit der Mädchen, die vor allem für Männer anziehend wirkt, die zu Hause von emanzipierten Frauen enttäuscht wurden. Zudem haben die Mädchen ein angeborenes Geschick, dem Farang für die Zeit, während der sie mit ihm zusammen sind, ein Gefühl von Wärme und Fürsorge zu geben, das er bei den Frauen zu Hause nicht selten vermisst hat. Eine typische Eigenschaft der Mädchen an den Bars, nämlich das Bestreben, möglichst viel Geld aus „ihrem Farang" rauszuholen, kehrt die Verzauberung dann oft in das Gegenteil um. Dies vor allem bei den Männern, die, um ihr Ego zu pflegen, sich selbst einreden, dass das Mädchen die Verbindung mit ihnen nicht eingeht, um Geld zu verdienen, sondern weil sie in den Farang verliebt ist.

Wenn man seine Informationen zu diesem Problem nur aus der Boulevardpresse oder aus Reportagen von Privatsendern bezieht, dann kann man den Eindruck haben, dass die heile Welt der Menschen und vor allem der einheimischen Mädchen durch die Sextouristen völlig zu Grunde gerichtet wird. Diese Reportagen über den Sextourismus in Thailand laufen alle nach dem gleichen Schema ab: Da sind zum einen die bösen Sextouristen, die nur nach Thailand gekommen sind, um ihre fleischlichen Gelüste billig auszutoben. Sie proklamieren alle das gängige Klischee dieser Männer, d.h., sie sind alt, fett und hässlich, tragen Hawaii-Hemden, Bermudashorts und Badelatschen. Und dann sind da die armen, ausgebeuteten, einheimischen Mädchen. Sie sind allesamt jung, hübsch, unschuldig und stammen aus armen Familien. Und wenn man dann sieht, wie der fettbäuchige, dreckig grinsende Farang vor der Bar hockt, neben sich das kleine unschuldige und traurig dreinblickende Mädchen, das nun darauf warten muss, dass er sie mit in sein Hotel schleppt und dort seine schmutzigen Gelüste an ihr befriedigt, dann werden die Klischeevorstellungen voll bestätigt: Die Sextouristen richten die Moral dieses doch noch natürlichen Landes endgültig zu Grunde!

Diese Berichte über Sextourismus sollen oft den Eindruck erwecken, als bedürfe es der Touristen aus Europa und Amerika, um die thailändischen Frauen zu versklaven und zu entwürdigen. Dabei kommt nur ein relativ geringer Teil der in Thailand in der Prostitution tätigen Mädchen überhaupt mit Farangs in Kontakt, nach seriösen Thai-Schätzungen keine 10 %. Prostitution hat eine sehr alte Tradition in der Männergesellschaft Asiens und ist für niemanden, schon gar nicht für offizielle Stellen, ein Grund zur Aufregung.

Das Anbieten und Vermitteln von Liebesdiensten, z.B. in Bordellen, Bars und Massagesalons, ist in Thailand zwar gesetzlich verboten, genauso wie das Glücksspiel oder die Abholzung. Während jedoch Behörden und Polizei die illegale Durchführung von Glücksspielen und die Abholzung der Wälder relativ streng überwachen, sodass diese illegalen Tätigkeiten nur heimlich und unter Bestechung der zuständigen Behörden möglich sind, prosperiert das Anbieten und der Verkauf von Liebesdiensten in aller Öffentlichkeit. Und das trotz aller Lippenbekenntnisse der Regierung und trotz der Entrüstung, die den thailändischen Blätterwald durchzieht, wenn wieder mal eine europäische Zeitung Thailand oder speziell Pattaya als das größte Bordell der Welt bezeichnet hat.

Thais sind Pragmatiker und dies sind natürlich auch die für die Durchführung von Gesetzen verantwortlichen Leute in der Regierung. Sie wissen genau, dass sie dem Land eine wesentliche Deviseneinnahmequelle entziehen und sich selbst den Ast absägen würden, auf dem sie sitzen, wenn sie die Gesetze gegen die Prostitution genauso konsequent anwenden würden wie die anderen oben angeführten Vorschriften.

Von der Regierung und sonstigen offiziellen Stellen wird zwar immer betont, dass Sextouristen, die nur nach Thailand kommen, um ihre niedrigen Instinkte zu befriedigen und die Ehre der Thai-Frauen zu beschmutzen, unerwünscht sind. Tatsächlich hat aber der Sextourismus einen wesentlichen Anteil am Gesamtumsatz der Tourismusindustrie. Der Tourismus ist nun mal nach dem Reishandel die größte Devisenquelle des Landes. Natürlich kommen nicht alle Farangs wegen der Mädchen in Bangkok, Pattaya oder Phuket ins Land. Aber es ist eine unbestreitbare Tatsache, dass dieses meist als Sextourismus bezeichnete Kontingent der Besucher nicht nur einen erheblichen Anteil am ständig wachsenden Touristenstrom hat, sondern auch am freigiebigsten und unbedenklichsten Geld ausgibt.

Einige von Thailands berühmten Stränden sind allerdings zu einem Mekka touristischer Massenveranstaltungen schlimmer Art geworden. Die Tatsache, dass sich in manchen Orten wie Pattaya und Phuket viele Touristen einfinden, die an der thailändischen Kultur und an den Menschen an sich wenig Interesse zeigen, haben ihren Zoll gefordert. Bei vielen Bewohnern ist das einst berühmte thailändische Lächeln durch Gleichgültigkeit und allgegenwärtige Geldgier ersetzt worden. Sie interessieren sich nicht mehr für die Menschen, die aus dem Ausland kommen, sondern nur noch dafür, möglichst alle verlangten Dienstleistungen zu erbringen und dafür möglichst viel Geld zu bekommen. Das Angebot thailändischer Kultur und Lebensweise steht dabei nicht mehr auf dem Programm, ja wesentliche Teile thailändischer Lebensart scheinen bereits verloren gegangen zu sein.

Geld hat in Thailand eine andere Bedeutung als bei uns. Es bedeutet nicht nur, dass man sich für Geld eine Menge schöner Sachen kaufen kann, sondern es bedeutet auch Ansehen, vor allem auf dem Land. Dazu gehört natürlich zunächst einmal, dass man Geld hat, dann aber auch, dass man dieses zur Schau stellt. Dies geschieht zum Beispiel, indem die Tochter, die in Pattaya einen oder mehrere gut betuchte Sponsoren gefunden hat, beginnt, in ihrem Heimatdorf ein Haus im westlichen Stil zu bauen. In diesem fühlt sich zwar kein Thai wohl, aber es sieht furchtbar protzig aus. Eine nagelneue Singer-Nähmaschine macht sich ebenfalls ganz gut. Zwar kann kein Mensch in der Familie mit dem komplizierten Apparat etwas nähen, aber da sonst niemand im Dorf solch eine Wundermaschine besitzt, gewinnt die Familie eine Menge Gesicht, wenn sie das Prunkstück in ihrer Hütte zur Schau stellt.

Die Summen, die für solche Anschaffungen erforderlich sind, liegen für die in den Thai-Dörfern in ärmlichsten Verhältnissen lebenden Menschen normalerweise außerhalb jeder Möglichkeit. Tatsächlich gibt es heute aber in fast jedem Dorf ein, meist auch mehrere Mädchen, die in einer Bar arbeiten und damit in der Lage sind, nicht nur ihrer Familie ein besseres Auskommen zu sichern, sondern auch das Ansehen der Familie zu heben. Wen wundert es da noch, dass jedes hübsche Dorfmädchen davon träumt, auch so viele Goldketten zu haben und so viel Geld zu verdienen wie ihre Freundin, wenn diese einmal im Jahr, meist zu Songkhran, aus Pattaya zu Besuch nach Hause kommt.

Tatsächlich wird zwar in den meisten Fällen der Verdienst eines Mädchens, das es vielleicht einmal in der Woche, vielleicht aber auch nur einmal im Monat schafft, einen Farang an der Bar anzumachen, gerade ausreichen, um ihren eigenen Lebensunterhalt in Pattaya sicherzustellen.

Vielleicht kann sie gerade noch jeden Monat 2000 oder 3000 Baht nach Hause schicken, wofür die Familie dann auch ihr Kind oder ihre Kinder ernähren muss. Hat sie aber das Glück und trifft auf einen Goldesel, der so verliebt ist, dass ihm die 1000-Baht-Scheine nur so aus der Tasche fallen, dann wird sie keine moralischen Bedenken haben, diese seltene Chance auch zu nutzen. Es ist schließlich die einzige Möglichkeit, Karriere zu machen, die es für sie gibt. Die Laufbahn, die sie dann meist anstreben wird, besteht darin, eines Tages in ihr Dorf zurückzugehen, in einem schönen Haus zu wohnen, vielleicht einen kleinen Krämerladen zu betreiben und mitsamt ihrer Familie ein höheres Ansehen zu haben als vor ihrer Zeit in Pattaya. Womit sie dort das Geld verdient hat, wird niemanden stören.

Es ist nun keineswegs so, dass die Mädchen alle nur der Not gehorchend ihr Heimatdorf verlassen und nach Pattaya oder Phuket an die Bar gehen. Selbst wenn ein Mädchen einen Farang gefunden hat, der sie liebt und ihr monatlich eine zum Lebensunterhalt auf dem Dorf mehr als ausreichende Summe überweist, wird sie – wenn sie erst einmal den „Duft der großen weiten Welt" geschnuppert hat – in vielen Fällen lieber ihr Leben als Barmädchen weiterführen, als auf ihrem Dorf rumzuhocken. Es ist dann nicht etwa das Vergnügen, mit Farangs zu schlafen oder die pure Geldgier, sondern vor allem das schöne und angenehme Leben, das sie lockt. Sie braucht jetzt nicht mehr in der Sonnenglut auf dem Feld zu arbeiten oder in den Monaten, in denen keine Arbeit ansteht, nur rumzuliegen und sich zu Tode zu langweilen. In den Touristenzentren hat sie dagegen jeden Tag Unterhaltung, trägt schöne Kleider, bekommt Goldketten geschenkt, kann jede Nacht in die Disco gehen und statt hart zu arbeiten, kann sie den ganzen Abend an der Bar hockend Musik hören und mit ihren Freundinnen schwatzen.

Für den sogenannten Sextouristen läuft die Sache fast immer nach dem gleichen Schema ab. Der Farang hat im Herzen die in den Prospekten der Reisebüros und in den Südseeromanen und -filmen verbreiteten Klischees von Hula tanzenden Blumenmädchen und freier Liebe an palmengesäumten Stränden. Er kommt nun im Urlaub nach Pattaya und verliebt sich in ein mandeläugiges Barmädchen, das nicht nur im Aussehen, sondern auch mit ihrer zärtlichen und anschmiegsamen Art genau seinen mitgebrachten Klischeevorstellungen entspricht.

Es besteht ein großer Unterschied zwischen einem Mädchen, das in Deutschland auf den Strich geht und einem Thai-Mädchen, das der Farang an einer Bar aufgabelt. Sie wird ihre Bemühungen in der Regel nicht darauf beschränken, ihren Körper gegen Bezahlung zur Abreagierung der geschlechtlichen Gelüste des Mannes zur Verfügung zu stellen, sondern sich darüber hinaus Mühe geben, ihm ein Gefühl von Wärme und Zärtlichkeit zu schenken. Dies natürlich auch, weil sie hofft, so länger mit dem Farang zusammen bleiben zu können, gegen entsprechende Vergütung selbstverständlich. Der Tourist begeht nun oft den Fehler, diese Zärtlichkeit für wahre Liebe zu halten und sich selbst in das Mädchen zu verlieben. Er ist dann maßlos enttäuscht und fühlt sich betrogen, wenn er dann eines Tages feststellen muss, dass die ganze Sache für das Mädchen nur Arbeit und nicht Liebe war.

Der Mann will Liebe, das Mädchen will Geld. Das Mädchen spricht, wenn überhaupt, nur ein paar Brocken Englisch. Der Mann spricht nicht Thai und so ist es schwer, wenn nicht gar unmöglich, dem Partner klarzumachen, was man selbst fühlt und was man wirklich vom anderen erwartet. Man beschränkt sich also auf das, was auch ohne besondere Sprachkenntnisse zu vermitteln ist. Der Mann wünscht nicht nur Vergnügen im Bett, sondern wahre Zuneigung. Das Mädchen wünscht möglichst viel Geld von dem für ihre Begriffe reichen Farang. Wenn die Sache sich nur auf Stunden oder auch ein paar Tage gemeinsamen Vergnügens beschränkt, kann die Geschichte spätestens, wenn der Urlaub abgelaufen ist, ohne bleibende Wunden zu Ende gehen.

Viele Männer übertragen aber die Erfahrungen in ihrem Heimatland auf Thai-Verhältnisse. Der Mann hat ein Juwel entdeckt, das ihn wirklich liebt und engagiert sich nicht nur mit seinen Gefühlen, sondern auch finanziell bis über beide Ohren. Auch wenn er sonst mit Nächstenliebe nicht viel im Sinn hat, beginnt er bei ihr mit der Missionsarbeit. Das Kind sei doch so hübsch, noch so jung und gehöre nicht in eine Bar. Sie könne doch einen anständigen Beruf erlernen, noch einmal zur Schule gehen. Das Mädchen hört sich das dann immer gelassen an, macht ein sehr trauriges Gesicht und erzählt ihre Standardstory: Von der Familie, die in Armut und ohne Einkommen im Isaan lebt, ohne eigenes Land und überschuldet und von der Mutter, die mit lebensgefährlichen Blutungen im Krankenhaus liegt und nur durch eine komplizierte und teure Operation gerettet werden kann. Der Vater und der Bruder hätten sich bei Nachbarn für Feldarbeit verdingt. Aber deren Lohn würde nicht für Schuldenabbau und tägliches Essen, erst recht nicht für die ärztliche Behandlung der kranken Mutter ausreichen. Also hätte sie sich einen Job suchen müssen. Doch ohne gute Schulausbildung sei es heute in Thailand kaum möglich, einen anständigen Job zu finden.

In der Regel wird diese, sich aus wenigen austauschbaren Bausteinen zusammengesetzte Story, eventuell noch von ein paar Tränen unterstützt, auch die Brieftasche des Farangs öffnen. Häufig wird die finanzielle Hilfe für das arme Mädchen nicht mit der Abreise enden, sondern von Deutschland aus mit regelmäßigen Geldüberweisungen fortgesetzt. Wenn der Farang damit nur dem Mädchen,

114

das er liebt, helfen will und das Geld abschreibt, ist alles in Ordnung. Der Mann ist für seine Nächstenliebe zu loben. Die Thais würden sagen, er hat damit *tam boon* getan und müsste eigentlich seiner Freundin für die Gelegenheit, Gutes zu tun, noch dankbar sein. Wenn er aber erwartet, dass zum Dank für seine Geldüberweisung das Mädchen bis zu seiner nächsten Tour nach Pattaya nur an der Bar hockt, sich mit ein paar zusätzlichen Baht für Lady-Drinks zufriedengibt und jede Gelegenheit ausschlägt, mit einem Touristen mitzugehen, dann hat er sich schwer verkalkuliert.

Farangs gelten allgemein als zuverlässig und ehrlich, aber auch als laut, unerfahren und nichtsahnend, was die thailändischen Gepflogenheiten, Eigenarten und Lebensumstände betrifft. In Ulksendungen des Thai-Fernsehens wird der Farang oft als forscher, aber dussliger Geselle dargestellt, der verliebt mit seiner neu erworbenen Thai-Lady über die Straßen flaniert, als wäre sie Miss World. Die Tatsache, dass die Farangs immer wieder auf diese Damen hereinfallen, macht sie in den Augen der Thais zu unerfahrenen Dummköpfen.

Völlig falsch wäre es allerdings, aus dem Benehmen der Mädchen an den Bars auf die Moral der Thai-Frauen insgesamt zu schließen. Man darf auch nicht meinen, dass das Verhalten der Barmädchen und der meisten Thais, die in Pattaya oder Phuket ihr Geld mit Farang-Touristen verdienen, thaitypische Verhaltensformen sind. Sie sind entstanden aus dem täglichen Umgang mit Touristen, die sich oft auch nicht einmal nach den westlichen Anstandsregeln benehmen. Viele Thais legen hier für ihr Verhalten den Farangs gegenüber andere Maßstäbe an, als sie es in ihrem bisherigen Leben gewohnt waren. Sie fühlen sich in eine Welt versetzt, in der völlig andere Verhaltensnormen gelten, versuchen sich so gut wie möglich anzupassen und natürlich den höchstmöglichen Gewinn daraus zu schlagen. Es ist eine beklagenswerte Tatsache, dass das Level dieser Verhaltensnormen vor allem in den Touristenorten in den letzten Jahren immer mehr gesunken und aggressiver geworden ist. Daran sind aber nicht zuletzt diejenigen Farangs schuld, die meinen, sich hier fern der Heimat wie die Sklavenhalter benehmen zu können. Der Außenstehende, der sich über das Treiben in Pattaya oder Phuket entrüstet, sollte bedenken, dass es ohne Farangs, die das Geld hierher schleppen und sich mit den Mädchen amüsieren wollen, keine Lady-Bars und ohne Lady-Bars keine Sextouristen gäbe. So einfach ist das und es ist müßig, darüber zu streiten, wer eher da war, das Ei oder die Henne.

Wie man dieses Problem nun sieht oder sehen will, hängt natürlich von der Mentalität und den persönlichen Erfahrungen des Einzelnen ab. Der Farang, der sich in ein Mädchen in Phuket oder Pattaya verliebt, muss sich darüber im Klaren sein, dass es sich für sie nicht um die große Liebe, sondern um Geld handelt. Wer mit romantischen Vorstellungen hierherkommt und dann mit dem Bild von der großen Liebe im Herzen nach Hause fährt, wird in den meisten Fällen irgendwann ernüchtert und enttäuscht aufwachen.

Anstatt die eigenen angeborenen oder anerzogenen Verhaltensmuster auf Menschen zu projizieren, die in einem ganz anderen Kulturkreis, mit ganz anderen Wertvorstellungen groß geworden sind, sollte man versuchen, seine auf das Gemeinschaftsleben in unserer Gesellschaft zugeschnittenen Denkens- und Verhaltensmuster beiseitezustellen und objektiv zu betrachten, was die Barmädchen in Pattaya treiben. Sie versuchen eine Dienstleistung gegen Geld zu verkaufen. Ist das nicht auch das, was jeder von uns im Berufsleben tut? Wir verkaufen oder vermieten je nach

116

Fähigkeiten unseren Kopf oder unsere Hände und erwarten dafür die bestmögliche Entlohnung. Jeder, der Waren verkauft – von Aldi bis zum Mercedes-Händler – oder der Dienstleistungen anbietet – vom Friseur bis zum Bauunternehmer – versucht doch, dem Kunden so viel Geld wie möglich abzuknöpfen. Die Barmädchen gehen in der Regel – zumindest bei einigermaßen vertrauenerweckenden Typen – mit, ohne vorher nach dem Geld zu fragen. Dass sie nach vollbrachter Dienstleistung dann ihren Lohn erwarten, ist doch nur selbstverständlich. Wer sich so ein Mädchen mit ins Hotel nimmt, ist keineswegs besser als das Mädchen selbst. Er ist sogar schlechter, wenn er ihr den verdienten Lohn verweigert, weil er meint, das Mädchen wäre wegen seiner schönen Augen mit ihm ins Bett gekrochen.

Während Deutsche sparen, um ihre Wünsche selbst zu verwirklichen, suchen sich diese Thai-Ladies einen Goldesel, der ihnen die Wünsche erfüllt. Bei den Mädchen in den Bars ist deshalb ein Farang am beliebtesten, der möglichst grün ist, erstmals das Land betritt und von Tuten und Blasen keine Ahnung hat. Nur dann kann er zur leichten Beute werden. Das trifft vor allem auf solche Farangs zu, die sich auf den Rat ihrer in diesem Milieu erfahrenen Thai-Freundin verlassen und eine der vielen überzähligen Bars eröffnen. Weil sie keine Arbeitserlaubnis erhalten, hängen sie vor der Bar bei den wenigen Gästen herum und werden oft zum Alkoholiker (wenn sie es nicht bereits waren). Ihre einzige Überlebenschance ist es, ihr „Insiderwissen" an naive Greenhorns aus der Heimat weiterzugeben und zu versuchen, durch den Verkauf von Anteilen an ihrer Bar andere Dumme an ihrem trüben Schicksal zu beteiligen.

Sextourismus kann aber auch zum Verständnis der sich aus der Globalisierung ergebenden Probleme beitragen. Es ist eine der seltenen Gelegenheiten, wo Menschen aus verschiedenen Welten in engen Kontakt kommen können. Wer in Deutschland hat schon einen Begriff von den wirklichen Problemen der Dritten Welt, auch wenn er täglich 5 Stunden lang Nachrichten und Features sieht. Hier kommt er jetzt plötzlich in wortwörtlichem Sinne in hautnahen Kontakt mit Menschen eines ganz anderen Kulturkreises, deren Lebensstandard weit niedriger als unserer ist. Wenn er jetzt nicht nur an der Befriedigung seiner sexuellen Gelüste interessiert ist, sondern tatsächlich auch etwas über die Probleme der Dritten Welt erfahren will, muss er nur die Gelegenheit nutzen, mit seiner Freundin in ihr Dorf zu fahren. Er sollte aber Augen, Ohren und auch sein Herz aufsperren und nicht nur die Dinge registrieren, die sich nach seiner Meinung negativ von unseren Verhältnissen unterscheiden.

Thai-deutsche Beziehungen

Auch wenn es nicht der Regelfall ist, so kommt es doch nicht selten vor, dass sich aus solch einer Barbekanntschaft während des Thailandurlaubs, die zunächst von beiden Seiten nur als eine spezielle Dienstleistung gedacht war, eine dauerhafte Beziehung oder sogar eine Ehe entwickelt. Falls die Liebe so groß ist, dass der Mann das Mädchen mit nach Deutschland nehmen und heiraten will, muss er sich aber darüber klar sein, in welchem sozialen und kulturellen Umfeld seine Freundin aufgewachsen ist. Die Mädchen, die in den Bars arbeiten, stammen zum großen Teil aus dem Isaan und sind in einem kleinen Dorf groß geworden. Sie sind zwar 6 Jahre in die Dorfschule gegangen; oft barfuß, weil kein Geld für Schuhe da war. Sie haben aber in einer Klasse mit rund 50 Kindern nicht sehr viel lernen können. Dank des miserablen thailändischen Bildungssystems sind ihre Kenntnisse über die Welt außerhalb ihres Dorfes minimal. Zu Hause haben sie zwar nicht gerade Hunger leiden müssen. Reis pflanzt man selber an und ein paar Fische aus den Tümpeln und Flüssen wie auch Feldratten – das einzig jagdbare Wild – sorgten für die nötigen Beilagen, aber Bargeld war immer äußerste Mangelware. Um doch auf dem Land ein bisschen Bargeld zu verdienen, mussten sie sich vielleicht den ganzen Tag für 100 Baht bei glühender Hitze auf einer Zuckerrohrplantage abquälen oder durften, wenn sie Glück hatten, für das gleiche Geld in der nächsten Stadt in einer Fabrik arbeiten.

Nun kommt solch ein von der europäischen Kultur noch völlig unbelecktes Kind an eine Bar in Pattaya oder Phuket. Dort sieht sie dann, wie die Farangs für einen Drink so viel ausgeben, wie sie bisher mit harter Arbeit den ganzen Tag verdient hat. Sie hat also sofort den Eindruck, dass die Farangs nur so vor Geld stinken. Sie hat vor allem überhaupt keine Ahnung, dass die meisten Männer das ganze Jahr über hart dafür gearbeitet haben und sich jetzt in den paar Wochen Urlaub etwas gönnen wollen. Wenn nun solch ein – in den Augen des Mädchens – reicher Ausländer sich in sie verliebt und ihr gar vorschlägt, sie zu heiraten, so wird sie in den meisten Fällen damit einverstanden sein. Damit bietet sich ihr die einmalige Möglichkeit, aus ihrer Dauermisere herauszukommen. Dem Mann kann aber nur geraten werden, diesen Schritt nicht gleich nach zweiwöchiger Bekanntschaft zu unternehmen, sondern zunächst zu prüfen, ob sie beide überhaupt zusammen passen und miteinander in Deutschland leben könnten. Dafür reicht das Hotelbett in Pattaya nicht als Prüfstand aus.

Er muss zunächst die Familie seiner Zukünftigen kennen lernen, denn das Mädchen wird nie ihre enge Verbindung zur Familie aufgeben. Es ist also wichtig, dass er sich mit den Eltern versteht. Er sollte dann das Mädchen erst einmal für die nach den deutschen Visa-Bestimmungen möglichen 3 Monate zu Besuch mit nach Deutschland nehmen. Dabei wird er sehen, ob die in Thailand gefundene große Liebe auch dann noch hält, wenn der Mann jeden Morgen um 6 Uhr zur Arbeit fährt und erst abends um 8 Uhr todmüde nach Hause kommt. Währenddessen hockt das Mädchen den ganzen Tag über allein vor Fernsehsendungen, von denen sie kein Wort versteht, in der Wohnung und traut sich nicht allein auf die Straße zu gehen, weil sie kein Wort Deutsch spricht und die Leute nicht lachen, sondern alle „so böse gucken". Damit solch eine thai-deutsche Ehe hält, ist es erforderlich, dass das Mädchen ehrlich versucht, sich den deutschen Lebensumständen anzupassen und vor allem die Sprache zu erlernen. Der Mann muss sich dagegen aufrichtig bemühen, ihre thai-typischen Verhaltensweisen, von der Angst vor Geistern bis zur Notwendigkeit, Geld nach Hause zu schicken, zu verstehen und zu tolerieren.

Wenn beide intelligent genug sind und schwer an sich arbeiten, dann kann eine solche Ehe auch dann gut funktionieren, wenn ein größerer Altersunterschied besteht. Das Mädchen bringt ihre Jugend und ihre Fähigkeit, den Mann zu versorgen (nicht nur im Bett) und der ältere Mann seine Lebenserfahrung und die finanzielle Sicherheit in die Verbindung ein. Dabei nutzt dann keiner den anderen aus, sondern gibt, was er hat.

Wer allerdings ohne genügend Kenntnisse und Informationen meint, er könne sich an der Bar in Pattaya eine zarte und gehorsame Siamkatze einkaufen und so ein Stück von dem Urlaubszauber Thailands mit in den Alltag nach Deutschland nehmen, der hat mit Zitronen gehandelt. In harmonischen Zeiten kann die Thai-Frau von einem Liebreiz und einer Anmut sein, die jeden Mann bezaubert. Bei Streitigkeiten kann diese Anmut aber in exzessive Wutausbrüche umschlagen, welche hierzulande in dieser Form unüblich sind. Wer die Höflichkeit und die harmoniesüchtige Konfliktscheu seiner Frau als Unterwürfigkeit fehlinterpretiert, kann eines Tages eine böse Überraschung erleben.

In Deutschland fängt die Ehe meist mit der großen Liebe an und geht dann beim Thema Geld zu Bruch. Thai-deutsche Ehen oder Bekanntschaften fangen fast immer mit dem Geld an und nicht selten entwickelt sich daraus dann eine stabile und für beide Teile befriedigende Partnerschaft. Jeder, der plant, eine Thai-Frau zu heiraten und nach Deutschland zu holen, sollte dieser aber über seine finanziellen Verhältnisse reinen Wein einschenken. Viele Thai-Frauen haben völlig falsche Vorstellungen von den Vermögensverhältnissen ihres künftigen Ehemanns.

Auch sollte sich der Mann im Klaren darüber sein, dass seine Frau nicht nur erwartet, versorgt zu werden, sondern auch die finanzielle Möglichkeit braucht, ihre Familie in

Thailand zu unterstützen. Es bleibt dann seinem Verstand und vor allem natürlich seinen finanziellen Verhältnissen überlassen, wie weit er da mitspielt. Wenn aber manche Männer sich brüsten, dass sie nicht im Traum daran denken, eine Mark für die Familie im Isaan rauszurücken, dann wissen sie gar nicht, was sie ihrer Frau damit antun. Sie dürfen sich nicht wundern, wenn die Verbindung daran zerbricht. Das Verlangen der Frau, ihre Familie zu unterstützen, ist auch das wesentliche Merkmal, was thai-deutsche von deutsch-deutschen Verbindungen unterscheidet. Ansonsten erwartet auch in Deutschland die Ehefrau vor allem Versorgung für sich und ihre Kinder. Die Bedürfnisse des Mannes kommen erst in zweiter Linie. Wer das nicht glaubt, der wird spätestens dann eines Besseren belehrt, wenn der Rausch der großen Liebe verflogen ist und es zu ernsten Eheproblemen kommt.

Kleiderordnung

In Thailand gehört eine möglichst ordentliche Kleidung zu dem, was in Asien allgemein mit dem Begriff „Gesicht" gemeint ist. Gesicht ist in Thailand alles. Die erste Möglichkeit, die der Thai hat, um einen Fremden einzuordnen, ist seine Kleidung.

Jeder Angestellte in Bangkok, egal ob in einem Büro oder in einer Bank arbeitend, kommt in Schlips und Kragen zur Arbeit. Wer sich gut anzieht, zeigt damit auch, dass er ein höflicher Mensch *(khon suphap)* ist. Durch eine ordentliche Kleidung bekommt man nicht nur selber Gesicht, sondern zeigt auch dem Kunden, mit dem man zusammentrifft, dass man ihn respektiert. Sogar die Lehrer tragen einen Schlips in der Schule. Ohne den Binder würden sie bei den Kindern an Respekt verlieren.

Auch wenn es noch so heiß ist, der Farang, der in Bangkok Geschäfte machen will, muss sich gefälligst einen Binder um den Hals würgen und sich in ein langärmeliges Hemd, besser noch ein Jackett zwängen. Als Prinz Philipp in Thailand zu Besuch war, machte es großen Eindruck, dass er den ganzen Tag in einem makellos weißen Anzug herumlief, obwohl er bei der herrschenden Hitze darin beinahe eingehen musste.

Für den Touristen gilt allgemein eine nicht ganz so strikte Kleiderordnung. Aber wenn man sich wie ein Hanswurst kleidet, wird man auch als solcher eingeschätzt und behandelt werden. Das gilt auch für die Farangs, die nachts in T-Shirts, Boxershorts und Badelatschen durch die Go-go-Bars und Diskotheken Pattayas schlürfen. Man lächelt sie zwar an und bedient sie mit Drinks – denn sie sind ja Gäste und bringen Geld –, schätzt sie aber im Stillen als „Farang-Kie-Nok" ein (*kie-nok* = Vogelscheiße).

Obwohl, wie schon gesagt, für den Farang-Touristen eine legerere Kleiderordnung gilt, gibt es doch Gelegenheiten, wo das Verständnis der Thais von angemessener Kleidung den Farang verständnislos mit dem Kopf schütteln lässt. So gelten in einem Land, in dem wegen der Hitze Sandalen die bequemste Fußbekleidung sind und wo 80 Prozent der Bevölkerung Sandalen tragen, für Farangs Sandalen beim Besuch des Königspalastes als unschicklich.
Als ich vor einiger Zeit mit einer deutschen Bekannten, die in Bangkok zu Besuch war, das Wat Phra Kheo und den Königspalast besuchte, wurde ihr – trotz ordnungsgemäß teuer gekauftem Ticket – der Eintritt verweigert, weil sie Sandalen ohne Hackenriemen, also sogenannte Slipper trug. Da die Einheimischen problemlos mit Slippern passieren konnten, kam uns diese Kleiderordnung doch etwas diskriminierend vor. Dennoch half auch mein in bestem Thai vorgebrachter Protest nichts: Wir mussten zurück

zu einem Raum, in dem wir ein paar vorschriftsmäßige Schuhe für meine Bekannte leihen konnten. Für mich war es aber eine Überraschung, dass wir für die geliehenen Schuhe kein Geld zahlen, sondern nur die modischen Slipper als Pfand da lassen mussten, die wir dann bei Rückgabe der Leihschuhe wieder in Empfang nehmen konnten. Es war also nicht der Versuch, den Farangs wieder ein paar zusätzliche Baht abzuknöpfen, sondern die Bestimmung, dass alle Besucher das Wat in angemessener Kleidung betreten müssen. Und Slipper sind eben für Thais angemessen, für Farangs aber nicht.

Heiß oder kalt?

Thailand ist ein freundliches und warmes Land. Die Farangs kommen vor allem im Winter hierher, wenn das kalte und nasse Wetter ihnen das Leben zu Hause verleidet.

Das Unangenehme, das wir bei Kälte empfinden, fühlen im umgekehrten Sinn die Thailänder bei Hitze. Auch wenn die Menschen auf dem Land, wenn es erforderlich ist, in der Lage sind, bei Temperaturen über 40 Grad 10 Stunden lang auf dem Feld zu arbeiten; nachts muss selbst in der kühlen Jahreszeit, wenn die Temperaturen unter 20 Grad absinken, in den Hütten der Ventilator laufen, weil man sonst nicht schlafen kann. Ein während der ganzen Nacht laufender Ventilator hat aber auch gleichzeitig den Effekt, die Mücken zu verjagen.

Hotelräume, Büros und Kinos haben allgemein Klimaanlagen. Mit diesen Geräten verhält es sich aber ebenso wie mit schallerzeugenden Lautsprechern. Wenn sie nicht bis zur vollen Kapazität ausgenutzt werden, so sind Thais der Meinung, nicht auf ihre Kosten zu kommen. Verstärker müssen so weit aufgedreht werden, bis die Boxen zittern und Klimaanlagen in öffentlichen Gebäuden sind dazu da, um Kühlschranktemperaturen zu erzeugen.

Wenn man als Tourist mit nassgeschwitztem Hemd ein Büro oder eine Bank betreten muss, läuft man Gefahr, sich nach 10 Minuten Aufenthalt einen Schnupfen einzuhandeln. Wer ein Kino besucht, tut gut daran, sich eine Jacke oder einen Pullover sowie ein paar Socken mitzunehmen, weil er sich während der zweistündigen Vorstellung vorkommen wird wie auf einem Alpengletscher. Das Gleiche gilt übrigens für Fahrten mit klimatisierten Überlandbussen, wo ein nur mit kurzen Hosen und einem T-Shirt bekleideter Farang kaum in der Lage sein wird, eine längere Fahrt durchzustehen, ohne sich eine Lungenentzündung zu holen.

Natürlich sind Klimaanlagen gut geeignet, um die tropischen Temperaturen in Aufenthaltsräumen auf ein erträgliches Maß herunterzudrücken. Die Thais sind aber der Meinung, dass Klimaanlagen dazu da sind, arktische Temperaturen zu erzeugen. Wenn ich nach Gründen für diese Manie suche, dann fällt mir außer der Neigung der Thais, mechanische Geräte – egal, ob das ein Motorfahrzeug, eine Musikbox oder eine Klimaanlage ist – bis zur Kapazitätsgrenze auszunutzen, nur noch ein anderer Grund ein. Das ist die Notwendigkeit, als Angestellter, egal ob in einer Firma oder im öffentlichen Dienst tätig, entsprechend seinem Status gekleidet zu sein. Das erfordert eben selbst im tropischen Klima Thailands Schuhe und Strümpfe sowie Schlips und Jacke. Kälte kaufen ist eine Prestigeangelegenheit für die Schreibtischstrategen in Thailand und je höher der Rang, desto kälter muss der Raum sein.

Ein Elefant im Badezimmer

Als ich vor vielen Jahren Thailand zum ersten Mal besuchte, versuchte ich auch ein paar Worte der Landessprache zu erlernen. Es kommt nämlich immer gut an und spart einem beim Handeln Geld, wenn man ein paar Brocken Thai kann. Taxifahrer und Händler nehmen dann an, dass man kein Neuling im Land ist, der sich ohne Widerspruch abzocken lässt. Als ich zum zweiten oder dritten Mal in Pattaya war und glaubte, mich schon einigermaßen verständigen zu können, musste ich feststellen, dass Thai doch nicht so einfach zu verstehen ist, wie es zunächst erscheint. Das zeigt auch die folgende Geschichte:

Eines Morgens lief nach dem Duschen das Wasser in meinem Badezimmer nicht mehr ab und ich musste den Rest meiner Morgentoilette im Wasser watend erledigen. Auf dem Weg zum Strand machte ich dem netten Mädchen an der Rezeption klar, dass der Abfluss in meinem Badezimmer verstopft war und bekam von ihr ein strahlendes Lächeln und ein verstehendes Nicken als Antwort. Als ich aber nachmittags vom Strand zurückkam und mir das Salz abduschen wollte, musste ich feststellen, dass die Brühe immer noch auf dem Boden meines Badezimmers schwappte. Ich ging also wieder zur Rezeption und brachte, diesmal etwas unwirsch, meine Reklamation von neuem vor. Ich bekam wieder ein strahlendes Lächeln und die Antwort *chang mai mah*. Zurück in meinem Zimmer versuchte ich verwirrt herauszufinden, ob ich mit meinen rudimentären Thai-Kenntnissen das Mädchen richtig verstanden hatte und konsultierte mein Wörterbuch. Tatsächlich *chang* hieß Elefant, *mai* hieß neu und *mah* hieß Hund. Ich lag die halbe Nacht wach und grübelte, was das Mädchen nun wohl gemeint haben mochte. Was hatte ein neuer Elefant oder Hund mit dem verstopften Abfluss in meinem Badezimmer zu tun?

Am nächsten Morgen, nachdem ich nun schon knietief in einer übelriechenden Brühe watend meine Morgentoilette erledigt hatte, versuchte ich dem netten Kind an der Rezeption noch einmal meine Notlage klarzumachen und bekam wieder mit strahlendem Lächeln die Antwort *chang mai mah*. Ich wusste nun nicht mehr, wer falsch tickte, das Mädchen oder ich, und ging anstatt zum Strand erst mal in eine Bier-Bar, um mit ein paar Glas meinen Frust herunterzuspülen. Als ich hier einem Farang-Bekannten, der schon länger in Thailand lebte und ganz gut Thai sprach, mein Leid klagte, fing der plötzlich an zu lachen und klärte mich auf: *chang* heißt nicht nur Elefant, sondern auch Handwerker, *mai* heißt nicht nur neu, sondern auch nicht und *mah* heißt nicht nur Hund, sondern auch kommen. Das Mädchen hatte also gesagt „der Handwerker ist noch nicht gekommen". Es kommt eben ganz auf die richtige Betonung an. Als der Engel an der Rezeption mich nun abends, als ich vom Strand zurückkam, strahlend mit den Worten empfing *chang mah laeo*, verstand ich nun richtig, dass sie sagte: „der Handwerker ist gekommen" und konnte genauso strahlend antworten *die mahk mahk! =* sehr gut! Tatsächlich funktionierte der Abfluss in meinem Badezimmer nun wieder und ich konnte mich in Ruhe ausgiebig duschen.

Brautgeld

Wer eine Thai heiratet, der heiratet ihre ganze Familie mit und hat damit die Verpflichtung, zu deren Unterhalt beizutragen, ob ihm das passt oder nicht. Eine Sache, die den Farangs besonders seltsam vorkommt, ist die Geldsumme, die die Eltern erwarten, wenn sich jemand mit ihrer Tochter – ob legal oder auch nur mit dem Segen der Eltern bzw. Buddhas – zusammentut. Wir sind genau das Gegenteil gewohnt, nämlich dass der Brautvater seiner

Tochter eine Aussteuer mit in die Ehe gibt. Die Summen, die in Thailand als Brautgeld gezahlt werden, richten sich weniger nach der Schönheit des Mädchens als nach der sozialen Stellung und dem Vermögen ihrer Familie. Während auf dem Land Summen zwischen 20 000 und 50 000 Baht (450–1 100 Euro) üblich sind, werden in besseren Kreisen in der Stadt auch Summen von einer halben Million und mehr genannt. Das Brautgeld hat aber auch eine symbolische Bedeutung. Es zeugt von dem Respekt des Bräutigams gegenüber der Familie der Braut.

Für den Farang, der in Pattaya oder Phuket ein Mädchen kennen gelernt hat, mit der er auf Dauer zusammenleben oder die er heiraten will, ist die Versuchung natürlich groß, sich um die nach seiner Meinung nicht erforderliche Zahlung zu drücken und das Mädchen ohne diese lästige Formalität mit nach Europa zu nehmen. Er muss sich aber darüber klar sein, dass das Mädchen ihrer Familie gegenüber ihr Gesicht verliert. Das kann eine schwere Belastung für das harmonische Zusammenleben bedeuten. Das gilt auch für die moralische Verpflichtung der Tochter, ihrer Familie in Thailand regelmäßig Geld zu schicken. Solch eine regelmäßige Zahlung birgt natürlich die Gefahr, dass Vater und Brüder des Mädchens nun meinen, ausgesorgt zu haben und sich einen schönen Lenz machen. Die monatliche Summe sollte deshalb nicht zu hoch, darf aber auch nicht zu gering sein, um eine Familie, deren Tochter mit einem Farang verheiratet ist, nicht vor den Nachbarn bloßzustellen. Nach meiner Erfahrung sind ca. 3 000–4 000 Baht (70–90 Euro) monatlich ein Betrag, der nicht ausreicht, um die ganze Familie auf der faulen Haut liegen zu lassen, aber doch so hoch ist, dass die Tochter als gutes Mädchen und der Schwiegersohn als ein Mann gilt, der weiß, was sich gehört.

Auswandern nach Thailand

Es ist durchaus verständlich, dass diejenigen, die nur zu Besuch nach Thailand kommen, in der kurzen Zeit, die ihnen zur Verfügung steht, möglichst viel Interessantes und Angenehmes mitnehmen wollen. Die einen möchten Sonne und Meer genießen, die anderen interessieren sich für die Kultur dieses Landes und sehr viele begnügen sich mit dem, was ihnen Pattaya und Phuket nach Sonnenuntergang zu bieten haben, also mit Bars und Mädchen.

Nicht wenige, die dieses Land als Urlauber kennen gelernt haben, denken aber daran, sich irgendwann einmal hier für dauernd niederzulassen. Das sind dann die Farangs, die man hier allgemein mit dem Begriff „Expats" bezeichnet. Der Ort, an dem sie sich in Thailand niederlassen und womit sie dort ihre Zeit verbringen, wird dann von dem bestimmt, was sie hier zu finden erwarten und natürlich von ihren finanziellen Verhältnissen.

Will man in Thailand eine ausreichende finanzielle Grundlage haben, muss man sie mitbringen. Wer finanziell noch nicht so abgesichert ist, dass er sein Leben mit Müßiggang verbringen kann, wird versuchen, seinen Lebensunterhalt hier zu verdienen. Dieses Unterfangen ist weder einfach noch lukrativ. Es gehört in der Regel ein gewisses Kapital dazu, um hier in ein Geschäft – meist einen Dienstleistungsbetrieb für Touristen wie Restaurant, Bar, Tauchschule usw. – einzusteigen. Wenn jemand hier als Spezialist in einer Thai- oder Farang-Firma eine Anstellung findet, mag er genug für seinen Lebensunterhalt verdienen. Um aber in Thailand zu arbeiten – egal ob als Selbstständiger oder Angestellter –, braucht man eine Arbeitserlaubnis, die nur sehr restriktiv und nur in wenigen Branchen, vor allem im Tourismusbetrieb, erteilt wird. Wer aber selbstständig ein Geschäft aufmachen will, der braucht schon einiges

Kapital und das Geschäft wird in der Regel auf den Namen seiner Frau laufen. Das heißt in der Konsequenz, wenn die Frau wegläuft, dann ist auch das Geschäft hinüber und das Geld weg.

Die coolen Aussteiger, die man in Pattaya oder Phuket als angeblich erfolgreiche Barbesitzer antreffen kann, entpuppen sich oft als großmäulige Pleitegeier, deren einziges Bemühen es ist, ihren Blutalkoholspiegel nicht unter 2 Promille absinken zu lassen. Ihr Hauptinteresse gilt dem Aufspüren gut betuchter Touristen mit viel Vertrauen und Naivität, um diese dann als Partner am eigenen „erfolgreichen Unternehmen" teilhaben zu lassen. Die Idee, sich mit seinem Geld an einer Bar zu beteiligen, ist aber so ziemlich der sicherste Weg, sein Geld zu verlieren. Der Farang, der als Tourist nach Pattaya oder Phuket kommt und sich dann überreden lässt, sein Geld als Partner in einer Bar zu investieren, weil er hofft, Geld zu verdienen und sich nebenbei noch billig mit Alkohol abfüllen kann, wird rasch enttäuscht werden. Bald wird er merken, dass er dieses Vergnügen wesentlich billiger haben kann, wenn er seinen Anteil schnell wieder verkauft und zum Trinken in eine andere Bar geht.

Kommen wir nun zur zweiten Kategorie der Expats, den Leuten, die durch Rente oder Vermögen finanziell so abgesichert sind, dass sie es nicht mehr nötig haben zu arbeiten. Die meisten dieser Gruppe werden sich in einem der Touristenzentren, also vor allem in Phuket oder Pattaya, ein Häuschen oder eine Eigentumswohnung kaufen oder auch langfristig mieten. Sie leben in diesem Land, das keinen Winter und keine Kälte kennt und in dem die Lebenshaltungskosten wesentlich geringer sind als in Deutschland, im Wesentlichen ihr Leben weiter, das sie auch zu Hause als Rentner führen würden. Da sie hier in Farang-Enklaven leben, kommen sie aber fast nur mit dienstbaren Geistern in Kontakt, die vom Tourismus leben und ihr Verhalten darauf abstellen. Von der Existenz des Großteils der Landesbewohner und vor allem von der bodenständigen Kultur und Tradition bekommen sie kaum etwas mit.

Nun gibt es aber noch eine Gruppe von Expats, die wollen auf ihre alten Tage versuchen, den Traum zu verwirklichen, den wohl fast jeder schon mal geträumt hat: Auszusteigen und in exotischer Umgebung zu leben! Dass dabei der Traum, à la Gauguin unter Palmen am Strand zu liegen und sich von barbusigen Südseeschönheiten verwöhnen zu lassen, eben nicht mehr als ein Traum ist, wird jeder bald feststellen. Durchaus realistisch ist es aber, durch einen grundlegenden Wechsel seiner bisherigen Lebensumstände und das weitgehende Eintauchen in eine neue Kultur, die sich von der eigenen fundamental unterscheidet, neue Energien und Lebensfreude zu gewinnen. Es ist selbstverständlich, dass man, um dabei zurechtzukommen, einiges investieren muss. Ich denke dabei nicht nur an Geld, sondern vor allem an das Bemühen, die fremde Sprache zu erlernen und dem Lebensstil der eingeborenen Bevölkerung die guten Seiten abzugewinnen. Dies kann einem dann durchaus zu einem ruhigen und zufriedenen Leben verhelfen.

Wer daran denkt, auf Dauer hier unter Thais zu leben, sollte sich aber selbst zunächst die folgenden Fragen stellen:
1. Bist du an der Religion des Landes interessiert?
2. Magst du die Küche des Landes?
3. Willst du die Sprache des Landes lernen?
4. Magst du die Menschen dieses Landes (nicht nur ein Mädchen)?
Wer nicht alle Fragen mit einem ehrlichen „Ja" beantworten kann, der sollte es sich sehr gut überlegen, bevor er zu Hause die Zelte abbricht und in ein fernes Land mit einer anderen Kultur zieht. Wenn er sich dann aber dazu

entschließt, dann muss er sich im Klaren darüber sein, dass ein Farang, der hier in Thailand als Expat leben will, außer einer gesicherten finanziellen Grundlage (Kapital oder Rente) auch bereit sein muss, die Thai-Mentalität zu akzeptieren.

Wer das eine nicht hat oder zum anderen nicht bereit ist, bleibt besser zu Hause. Wer meint, es genügt, wenn sein Geld für das Ticket und die ersten paar Wochen ausreicht, um zunächst mal hier Fuß zu fassen, der sollte diesen Traum schnell wieder vergessen, bevor er die Kohorte der gestrandeten Existenzen vergrößert, die an den thailändischen Bars rumhängen. Oder aber er sollte in Pattaya bleiben, sich dort mit seinem mitgebrachten Geld amüsieren und wenn es aufgebraucht ist, wieder nach Hause fahren.

Religion und Aberglaube

Der Buddhismus

Es gibt zu diesem Thema in unseren deutschsprachigen Buchhandlungen ausreichend deutschsprachige Literatur für jeden, der sich tiefer für die Lehren Lord Buddhas interessiert. Da es aber nicht möglich ist, das Land und seine Bewohner zu verstehen, ohne zumindest einiges über die Religion der Menschen und die hierdurch bestimmten Handlungsweisen zu wissen, soll hier kurz auf manche Aspekte des Buddhismus eingegangen werden, die dem Farang das Verständnis des Landes und der Menschen erleichtern.

Der Buddhismus ist keine Offenbarungsreligion wie das Christentum, sondern lehrt die Erkenntnis vom wirklichen Wesen aller Dinge und Geschehnisse, mit denen der Mensch in seinem Leben zu tun hat. Der Mensch soll erkennen, was wirklich hinter dem für ihn Sichtbaren steckt, um so mit seinem Leben und dem daraus resultierenden Leiden besser fertig zu werden. Er soll vor allem erkennen, dass alle irdischen, materiellen Bedürfnisse, die den Menschen verlocken, keine wirkliche Befriedigung schaffen, sondern das Verlangen nur ständig steigern. Die Überwindung der aus der Nichtbefriedigung irdischer Bedürfnisse entstehenden Leiden ist nur möglich durch die Befreiung von diesen Bedürfnissen.

Alle die Regeln, die Lord Buddha vor über 2 500 Jahren aufgestellt hat, einschließlich der daraus entwickelten Bräuche – z.B. dass jeder ordentliche junge Thai vor seinem Militärdienst ein paar Monate ins Kloster geht – sind im Grunde keine religiösen Vorschriften, die, wie bei den anderen großen Religionen, auf Weisung eines allmächtigen Gottes eingehalten werden müssen. Es sind vielmehr praktische Lebensregeln, die dem leidgeplagten Menschen ermöglichen sollen, mit den Widrigkeiten dieses Lebens besser fertig zu werden, d.h. sie gelassen und ohne Aufbegehren zu ertragen. Vor allem aber sollen sie dazu verhelfen, durch eine vorbildliche Lebensführung im nächsten Leben eine höhere Daseinsstufe und endlich, am Ende vieler Lebenszyklen die endgültige Erlösung, das Nirwana zu erreichen. Da der Eingang ins Nirwana sehr schwierig und für den normalen Menschen nicht im ersten Anlauf zu schaffen ist, wird er sich darauf beschränken, in diesem Leben durch gute Taten die Voraussetzungen zu schaffen, um im nächsten Leben eine höhere Daseinsstufe zu erreichen. Durch sein Verhalten im jetzigen Leben, durch gute und durch böse Taten, kann jeder Mensch seine Lebensform in der nächsten Wiedergeburt günstig beeinflussen.

Die von Buddha aufgestellten Regeln für ein rechtes Leben sind zwar manchen christlichen Geboten ähnlich. Doch handelt es sich dabei um keine göttlichen Gebote, sondern um den freiwilligen, aus Einsicht entstandenen Entschluss des Menschen, sich des Tötens lebender Wesen, des Aneignens fremder Dinge, des Lügens und eines unsittlichen Lebenswandels zu enthalten. Im Buddhismus gibt es keine Sündenvergebung durch Gnade, sondern nur die allmähliche Läuterung durch persönliche Anstrengung. Gerade weil dieser von Buddha aufgezeigte Weg von den eigenen Verdiensten und nicht von der Gnade eines allmächtigen und unbegreiflichen Gottes abhängt, ist er für den Menschen verständlich und nachvollziehbar. Buddhismus verlangt keinen blinden Glauben an irgendein Dogma, sondern fordert im Gegenteil den Menschen auf, die Lehren Buddhas mit seinem Verstand zu prüfen und nur das zu akzeptieren, was ihm richtig erscheint.

Der Buddhist betet keinen Gott an. Indem er nach den Regeln Buddhas lebt, gewinnt er ein von den Widrigkeiten dieser Welt befreites Leben, vor allem aber Verdienste, die ihm bei der Wiedergeburt angerechnet werden. Genau besehen ist der heute praktizierte Volksbuddhismus eine Mischung aus den Lehren Buddhas und den alten Religionen (Animismus, Brahmanismus), die bereits vor der eigentlichen Entstehung des Buddhismus in Thailand vorhanden waren.

Gemäß der Tradition soll jeder männliche Thai etwa mit Vollendung des zwanzigsten Lebensjahres, möglichst vor seiner Heirat, für einige Zeit in den Mönchsorden eintreten, um ein tieferes Verständnis für die Lehren Buddhas zu bekommen. Im Volksglauben gewinnt er hierdurch auch einen großen Verdienst, der vor allem der Mutter zugute kommt. Aber auch diejenigen, die die Kosten der Ordination bestreiten oder unterstützen, erlangen großen Verdienst. Ein junger Mann, der nicht Mönch geworden ist, gilt insbesondere in den kleineren Dörfern immer noch als unreif. Durch Einführung einer modernen Arbeitswelt ist die Dauer für den Aufenthalt im Kloster nicht mehr festgelegt. Sie kann einige Wochen, Monate oder ein ganzes Leben betragen. Die normale Verweilzeit im Kloster für die jungen Männer ist aber 3–6 Monate.

Warum geht ein junger Mann überhaupt ins Kloster und nimmt die harten Beschränkungen des Mönchslebens auf sich, wo es doch außerhalb des Klosters so viel Gelegenheit für *Sanuk* gibt? Obwohl auch manchmal die Flucht vor der Armut oder der Wunsch nach der Unterweisung in den Lehren Buddhas der Grund sein mögen, ist die hauptsächliche traditionelle Motivation jedoch der Wunsch *tam boon* für die Mutter zu erwerben. Die Mädchen haben diese Möglichkeit nicht, sie werden ihr Bedürfnis den Eltern, vor allem der Mutter, im Alter ihre Wohltätigkeiten zu vergelten, anders befriedigen müssen. Das dem deutschen Ehemann manchmal unverständliche Verlangen seiner Thai-Frau, ihrer Familie etwas von dem, was sie jetzt besitzt, zukommen zu lassen, resultiert aus dieser moralischen Verpflichtung.

In früheren Zeiten hatte die Mönchsgemeinde vielfältige Aufgaben in der Thai-Gesellschaft und die Klöster waren der Mittelpunkt des sozialen Lebens der Gemeinden. Sie waren gleichzeitig der Ort, wo die Kinder lernten, wo man sich Rat bei Problemen des täglichen Lebens holte, wo Kranke behandelt wurden, aber auch, wo man sich die richtigen Lotteriezahlen vorhersagen lassen konnte. Mit der Ausdehnung der Regierungsdienste, vor allem im Schul- und Gesundheitswesen, sind die Aufgaben der Klöster erheblich reduziert worden. Die religiösen Funktionen sind jedoch nach wie vor dieselben. Die Klöster sind der Ort, zu dem die Laien kommen, um durch *tam boon* Verdienste zu erwerben, um gemeinsam zu beten und zu meditieren, um die Toten einzuäschern und um bei den vielen buddhistischen Feiertagen eine farbenprächtige Prozession zu veranstalten.

Ein Beispiel für die Bedeutung der Mönche sind die Riten beim Tode eines Familienangehörigen. Das beschränkt sich nicht, wie bei uns, auf ein paar salbungsvolle Worte bei der Totenmesse und am Grabe. Die Mönche kommen mehrere Abende, oft eine ganze Woche lang jeden Abend zum gemeinsamen Beten mit den Angehörigen in das Trauerhaus. Dies geschieht zum einen, um der Seele des Toten zu helfen, den Weg aus dem Chaos in die nächste Reinkarnation zu finden, zum anderen, um die Lebenden vor bösen Geistern zu schützen, die sich beim Tode eines Menschen immer einfinden. Mönche werden aber auch gebraucht, um ein neues Haus einzusegnen, um ein Paar zu trauen, ein neu in den Dienst gestelltes Flugzeug oder ein neu gekauftes Auto zu segnen und vor allem natürlich, um den jungen Männern den traditionellen Weg in das obligatorische dreimonatige Mönchsleben zu zeigen.

Abgesehen von den traditionellen und vom Sangha abgesegneten Funktionen haben manche Mönche auch den Ruf, besondere okkulte Kräfte zu haben. Sie fertigen und verkaufen Amulette und heiliges Wasser, sie verleihen Buddha-Statuen besondere schützende Kräfte und haben Macht, böse Dinge von den Menschen abzuwehren. Obwohl Buddha den Mönchen diese okkulten Beschäftigungen ausdrücklich verboten hatte, gibt es heute regelrechte Wallfahrten zu Klöstern, in denen solch ein wundertätiger Mönch residiert.

Ein anderer Aspekt ist die Vermengung der reinen buddhistischen Lehre mit dem Geisterglauben. Dies war allerdings von Buddhas Zeiten her in vielen Regionen eine Überlebensfrage für den Buddhismus. Die Lehren Buddhas wurden ja in einer Zeit und unter Menschen verbreitet, wo Brahmanismus, Geisterglaube und seltsame Naturreligionen weit verbreitet waren. So existieren Buddhismus und Geisterglaube seit vielen Jahrhunderten nebeneinander und durchdringen oder überdecken sich teilweise gegenseitig. Buddha war die sich daraus ergebende Gefahr durchaus bewusst und so hat er in seinen Mönchsregeln ausdrücklich festgelegt, dass kein Mönch übernatürliche Fähigkeiten vortäuschen oder sich an Geisterbeschwörungen beteiligen darf.

Besonders auffallend ist die Verehrung aller Buddha-Bilder, egal, ob es sich um wundertätige Buddha-Statuen oder um Buddha-Amulette handelt. Thais sind davon überzeugt, dass jede Buddha-Statue ein individuelles Leben hat. Eine Beleidigung dieser Statue, etwa indem man sich draufsetzt oder sie beschädigt, ist ein schweres Vergehen und nach Thai-Gesetzen strafbar. Daraus ergibt sich auch das offizielle Verbot, Buddha-Statuen aus dem Land auszuführen, da die meisten Touristen die Figuren nur als Souvenir betrachten und deshalb kaum mit dem erforderlichen Respekt behandeln. Wer ohne Ausfuhrgenehmigung eine Buddha-Figur im Gepäck hat, dem kann es passieren, dass sie bei der Durchleuchtung auf dem Flughafen entdeckt und konfisziert wird. Auch ein Amulett darf beim Schlafengehen nicht einfach auf den Nachttisch geworfen und am nächsten Morgen wieder um den Hals gehängt werden. Das Abnehmen und Wiederanlegen muss von einem kurzen Segensspruch begleitet werden.

Buddhismus in Thailand heute

Wer als Thailandreisender die Mentalität der dort lebenden Menschen etwas besser verstehen will, der tut gut daran, sich darüber zu informieren, was Buddhismus in Thailand heute bedeutet.

Für viele Europäer hat der Buddhismus etwas Mystisches. Sie denken beim Wort Buddha an Mantra, meditierende Mönche und uralte traditionelle Lebensweisheiten. Treffen sie dann in Thailand auf Menschen, die genau das Gegenteil von dem praktizieren, was Buddha einst gelehrt hat und was mancher Farang davon zu wissen glaubt (u.a. die Missachtung von Besitz, die Achtung vor allem Lebenden und eine abgeklärte Haltung zu allen Problemen des Alltags), dann sind sie oft erstaunt, wie wenig das Bild der thailändischen Gesellschaft der Vorstellung gleicht, die sie selbst vom Buddhismus haben.
Der Buddhismus ist in Thailand Staatsreligion und untrennbarer Bestandteil thailändischer Kultur und Lebensauffassung. Als Staatsreligion ist alles, was Buddha, seine Lehren und seine Jünger betrifft, gesetzlich gegen jede

Herabwürdigung geschützt. Für die meisten Thais ist Thai-Sein gleichbedeutend mit Buddhist-Sein. Buddha ist in Thailand überall, im Bewusstsein der Menschen und in unzähligen Bildern, Schreinen und Tempeln. So wie sich ein gläubiger Katholik vor einem Kreuz oder einer Marienstatue bekreuzigt, so macht jeder Buddhist vor einer Buddha-Statue einen Wai, aber auch jeder Mönch wird mit einem ehrfurchtsvollen Wai geehrt. In Thailand gibt es ca. 400 000 Mönche. Während es durchaus möglich ist, eine Zeit lang in entfernteren Gegenden des Landes herumzufahren, ohne einen Repräsentanten des Staates zu sehen, ist es kaum möglich, einen Tag im Lande unterwegs zu sein, ohne auf Klöster und Mönche zu treffen. Mönche sind ein wichtiger Teil der Gesellschaft.

Während die Haltung der Thais zur staatlichen Bürokratie immer von Zurückhaltung und Misstrauen bestimmt wird, sind die Gefühle gegenüber Mönchen immer positiv und vertrauensvoll. Die staatliche Bürokratie hat die Macht zu regieren und zu befehlen, wohingegen die Mönche eine Lebensform repräsentieren, wie sie Buddha empfiehlt. Buddhismus ist daher in Thailand nicht nur eine Religion, so wie heute bei uns die verschiedenen Formen des Christentums, sondern verkörpert für die Thais auch die Einheit der Thai-Nation, ihre Traditionen und ihre Wertvorstellungen.

Nach der staatlichen Bürokratie ist die buddhistische Organisation „Sangha" (keineswegs mit unseren christlichen Kirchen zu vergleichen) zahlenmäßig die zweitgrößte aller Thai-Institutionen. Die Sangha steht heute unter staatlicher Kontrolle und es existiert ein eigenes Ministerium für religiöse Angelegenheiten. Es gibt aber keine Kirchensteuer. Die Klöster sind ganz auf Spenden der Gläubigen angewiesen. Mit Ausnahme der unteren Chargen gleicht die Rangordnung in der Sangha mit ihren Titeln, Rängen und Ehrenbezeichnungen der hierarchischen Struktur der staatlichen Bürokratie. Auf höchster Ebene der Sangha gibt es einen Ältestenrat mit einem Patriarchen an der Spitze. Rat und Patriarch werden zwar von den Äbten gewählt, bedürfen aber der Bestätigung des Königs, der der Schutzpatron der Gläubigen ist.

Die reine Lehre, die Buddha einst gepredigt hat, ist heute nach zweieinhalb Jahrtausenden doch stark verwässert. Zum einen nimmt das Besitzstreben, das Buddha als falsch und alle Leiden verursachend aufzeigt, im praktischen Leben der meisten Thais heute einen überragenden Platz ein. Die gesellschaftlichen Werte werden auch in der Sangha, der mönchischen Gesellschaft, reflektiert. Anstatt die Lehren Buddhas nicht nur zu predigen, sondern auch zu leben, haben nicht wenige Klöster und Mönche in den vergangenen Jahren an der Seifenblasenökonomie Thailands teilgenommen und davon profitiert. In dem Maße wie die Gesellschaft den Weg gegangen ist, materielle Werte über alles zu stellen, macht der Trend zur ungenierten Bereicherung auch vor den Klöstern nicht Halt. Entgegen den Lehren Buddhas legen viele Mönche und Tempel ein gesundes Verlangen nach Macht und Geld an den Tag. Obwohl Lord Buddha das Streben nach irdischen Gütern in seinen 227 Geboten für Mönche ausdrücklich untersagte, hat sich die Gier nach Besitz auch in den Klöstern stark durchgesetzt. Dem kommt das Bedürfnis der Thais entgegen, bei jeder Gelegenheit *tam boon* zu machen, also für das nächste Leben etwas zu investieren. Die Tempel bauen mit dem Geld der Gläubigen immer größere und prächtigere Gebäude und produzieren immer mehr wundertätige Amulette, um damit Geld zu machen.

Immer öfter liest man in den Zeitungen aber auch Berichte über Verfehlungen von aus der Masse der Mönchsgemeinschaft herausragenden Personen wie Äbten, die Millionen

Spendengelder unterschlagen oder die ihrer Geliebten ein Kind gemacht haben. Interessanterweise wird die letztere Verfehlung allgemein in der Öffentlichkeit viel strenger verurteilt als die Millionen-Unterschlagungen.

Das Problem, das Thailand heute mit Drogen hat, macht auch vor den Klostertoren nicht Halt. Nach offiziellen Schätzungen nehmen ca. 10 % der Mönche Drogen. Diese Zahl ist allerdings relativ zu sehen, da viele Eltern, deren Söhne ein Drogenproblem haben, diese für eine Zeit ins Kloster schicken, in der Hoffnung, dass sie dort geheilt werden.

Allerdings sind auch Strömungen mit dem Ziel im Gange, die ganze Organisation zu reformieren und wieder auf die Lehre Buddhas zu konzentrieren. Der bekannteste Reformer, Buddhadasa Bikkhu, predigt den Verzicht all dessen, was an weltlichen Dingen in das Mönchstum eingedrungen ist, insbesondere die Geldgier und das Anbeten von Dingen, die nichts mit Buddha gemein haben. Es gibt eine Reihe neuerer buddhistischer Bewegungen, die sich die Besinnung auf die eigentlichen Lehren Buddhas auf die Fahnen geschrieben haben. Einige wichtige sind die Suan-Mokh-Schule des Buddhadasa Bikkhu, die Waldmönche, die fundamentalistische Santi Asoke und die Dhammaka-ya-Bewegung.

Einige Leute wollen versuchen, die alten Praktiken des Buddhismus der modernen Welt anzupassen. Sie setzen zwar auch Buddhist-Sein und Thai-Sein gleich, aber sind gerade deshalb der Meinung, dass die traditionellen Riten den heutigen sozialen Verhältnissen und den Erfordernissen einer globalen Weltordnung angepasst werden müssen. Sie kommen meist aus intellektuellen Kreisen, die sich über die sozialen Probleme Gedanken machen, die in Thailand gelöst werden müssen. Allerdings stellen sie nur eine kleine Minderheit dar. Jeder Protest, jeder Versuch, etwas an den orthodoxen Praktiken zu verändern, stößt vor allem auf den Widerstand der Sangha, da deren herausragende und bestimmende Personen mit der eingefahrenen Praxis bestens zurechtkommen. Die Traditionalisten haben kein Interesse an geistlichem oder intellektuellem Tiefgang, sondern ausschließlich am Überleben. Sie wollen an den alten Praktiken und Riten nichts ändern und werfen den Reformern vor, die Lehren Lord Buddhas zu missachten oder beschuldigen sie sogar der Ketzerei. Für die große Mehrheit der Buddhisten ist der Buddhismus eine Lebensart und – egal, ob mit Geisterglaube vermischt oder nicht – der einzige Weg für den Menschen, um Schutz und Führung in dieser Welt zu finden. Das bietet ihnen ihre Religion in einer Welt, in der alles im Fluss ist. Sie sind Buddhisten, nicht so sehr, um ein religiöses Leben zu führen, sondern um etwas zu haben, an das sie sich klammern können und wo sie Verdienste für das nächste Leben erwerben können.

Es erleichtert das Verständnis des Thai-Charakters, wenn man sich vor Augen hält, dass die Wahrheiten Buddhas und die im Laufe der Jahrhunderte davon abgeleiteten Verhaltensregeln für die allermeisten Thais so selbstverständlich sind wie bei uns für die Menschen des Mittelalters der Inhalt der Bibel und das daraus abgeleitete Weltverständnis. Der über die praktische Ausübung des Buddhismus in Thailand erstaunte Farang möge sich aber daran erinnern, wie weit die Praxis der christlichen Kirchen und insbesondere der hervorragenden Repräsentanten des Glaubens über die Jahrhunderte von dem abgewichen ist, was Jesus einst lehrte. Wie bei uns, ist heute auch in Thailand für viele Menschen Religion nur eine Folge von über das Jahr zu absolvierenden rituellen Handlungen, mit denen man sich selbst von den täglichen Verstößen gegen die Elemente des Glaubens freispricht.

Buddha und die Geister

Jeder Farang, der länger mit Thais zusammenlebt, wird sich über das Nebeneinander von Buddha-Verehrung und Geisterglaube wundern und sich die Frage stellen, ob die Thais denn nun Buddhisten oder Animisten sind. Wenn man dieser Frage etwas näher auf den Grund geht, bekommt man auch ein besseres Verständnis dafür, was die Thais fühlen und denken, kurz was ihr Leben bestimmt.

Da ist zunächst einmal der Glaube an die Geister. Wir Farangs neigen dazu, den Begriff Geister mit unserem deutschen Begriff Gespenster gleichzusetzen. Das ist aber der erste schwere Fehler, den man machen kann, wenn man das Benehmen der Thais verstehen will. Für sie ist das, was wir mit unseren fünf Sinnen wahrnehmen, nur ein Teil des Universums (was übrigens verblüffend dem heute wissenschaftlich anerkannten Verständnis des Kosmos entspricht). Neben all den Lebewesen, die Gestalt haben und mit den fünf Sinnen wahrgenommen werden können, ist die Welt mit Wesen bevölkert, die keine für uns sichtbare Gestalt haben, aber unser tägliches Leben und Schicksal erheblich beeinflussen können.

Betrachten wir einmal die wohl populärsten Geister: Da gibt es die ortsgebundenen Geister, von denen der Erdgeist *Chao Thi*, dem vor jedem Haus ein Wohnsitz zur Verfügung gestellt wird, am bekanntesten ist. Die Menschen glauben, dass jedes Stück Land von einem Geist bewohnt wird, dem beim Bau eines Hauses eine Ersatzwohnstadt zur Verfügung gestellt werden muss. Da ist weiter der über das Haus und seine Bewohner wachende Luftgeist *Phra Phum*. Jeder bekommt ein eigenes Häuschen, wobei das Haus des Erdgeistes *Chao Thi* kleiner als das des Luftgeistes *Phra Phum* sein muss. Beide können den Bewohnern des Hauses Glück und Wohlergehen sichern, aber auch das Gegenteil, also Unglück und Krankheit bringen. Es ist daher wichtig, die Hausgeister bei guter Laune zu halten und ihnen zu zeigen, dass man sie schätzt. Das geschieht, indem man ihre Häuschen in Ordnung hält, ihnen regelmäßig kleine Schälchen mit Nahrung und Getränken hinstellt und ihren Wohnsitz auch ab und zu mit einem Blumenkranz schmückt. Da die Hausgeister die Macht haben, das tägliche Leben der Menschen positiv zu beeinflussen, wendet man sich auch an sie, wenn man irgendeinen Wunsch hat. Man trägt ihnen sein Anliegen in einem stillen Gebet vor und verspricht bei Wunscherfüllung ein kleines Geschenk, etwa einen schönen Holzelefanten oder auch eine Flasche Reisschnaps. Das Ganze ist mehr oder weniger ein Geschäft: Man bestellt etwas und muss dann natürlich bei Lieferung, also bei Erfüllung der Bitte, seinen Teil der Abmachung ebenfalls einhalten. Tut man das nicht, hat man sich den Unbill der Geister zugezogen und das kann bitterböse Folgen haben. Es ist aber keine Sünde, einen Geist zu betrügen, sondern schlichtweg Dummheit. Man setzt sich nämlich seinem Zorn und eventuell seiner Rache aus.

Zu einer anderen Kategorie der ortsgebundenen Geister gehören solche, die an einem besonders verehrungswürdigen Ort wohnen und große Macht haben, wie z.B. der Geist, der in dem Standbild eines Hindu-Gottes oder auch einer Buddha-Statue wohnt. Während der Einfluss der Hausgeister sich mehr oder weniger auf die Menschen beschränkt, die in dem Haus wohnen, können die an einem verehrungswürdigen Ort residierenden Geister auch überregional tätig werden. Wer eine größere Reise antritt, kann sich gegen die Gefahren auf dieser Reise also absichern, indem er vorher solch einen Geist um Schutz bittet und ihm selbstverständlich eine angemessene Gegenleistung verspricht. Dafür eignet sich z.B. ein schönes Geschenk oder oft auch eine Tanz- oder Theatervorführung, die einige dieser Geister besonders mögen. Mancher Farang wird sich schon an den Vorführungen der Tempeltänzerinnen am Erawan-Schrein oder am Likeh-Theater am Stadttempel, gegenüber dem Königspalast in Bangkok erfreut haben, ohne zu wissen, dass diese Vorführungen nicht das Geringste mit dem Buddhismus zu tun haben. Sie dienen rein der Erfüllung geschäftlicher Abmachungen zwischen einem Individuum und einem einflussreichen Geist! Der Geist kann übrigens auch weiblichen Geschlechts sein, er wird dann vor allem von Frauen angerufen, die z.B. ein Kind haben möchten oder Probleme mit ihrem untreuen Ehemann haben. Weibliche Götter mögen als Geschenke vor allem *Lingams*. Folglich sind deren Schreine auch meist mit diesen aus Holz geschnitzten Penissen in allen Größen überladen. *Lingams* als Sinnbild der Zeugungskraft sind hinduistischer Herkunft, werden von den Thais aber seit Menschengedenken als Glücksbringer in den Bereichen Produktivität und Wachstum angesehen. So haben viele Geschäftsleute einen Lingam in der Geldschublade. Auch in manchen Bars wird der westliche Besucher sich wundern, warum zu Beginn des Abends die Chefin mit einem Holzpenis herumläuft und jedem Mädchen damit auf die Schulter klopft. Dies tut sie nicht etwa, um ihr eine gute Empfängnis, sondern um ihr ein gutes Geschäft für den Abend zu wünschen.

Ein Geist ist auch beteiligt, wenn eine Frau schwanger wird. Er fängt eine der vielen umherirrenden Seelen ein, bestimmt seine Form und sein Geschlecht und pflanzt es in den Leib der Mutter ein. Um zu verhindern, dass der Geist das Neugeborene, das er geschaffen hat, wieder zurückfordert, ist eine ganze Reihe von Maßnahmen erforderlich bzw. zu empfehlen. So singt man beim Schaukeln des in einen Weidenkorb gebetteten Kindes „Drei Tage gehört das Kind dem Geist, am vierten Tage ist es ein Menschenkind". Eine ältere Frau, die „Kauffrau" genannt, kauft dann dem Geist das Baby mit einem Geldstück ab und sagt dabei „Das Baby gehört jetzt mir". Um Hand- und Fußgelenke des Babys wird eine weiße Kordel gebunden, um eventuelle weitere gierige Geister zu verjagen. Erst jetzt ist der Sprössling sicher und kann mit einer Art Taufe in den Kreis der Familie aufgenommen werden. Das geschieht, indem dem einige Woche alten Baby eine Locke abgeschnitten wird und die Hausgeister angerufen werden, um das Kind zu schützen.

Solche verehrungswürdigen Geister wohnen aber nicht nur an speziellen Orten, sondern sie sind überall um uns herum, im Boden, im Wasser und in der Luft. Auch große und alte Bäume haben einen Geist. Die Geister in alten Bäumen werden oft besonders geehrt, indem man den Bäumen bunte Bänder umhängt oder auch Räucherstäbchen und Gaben für den Geist vor die Bäume stellt. Wenn man die Augen aufhält, findet man überall in Thailand solche Stellen, wo einem dort lebenden Geist gerade geopfert wird. In der Nähe meines Dorfes bekommt der Betonpfahl einer Stromleitung regelmäßig bunte Bänder und Räucherstäbchen. Auf den in einer scharfen Kurve stehenden Pfahl waren einige Male Motorradfahrer aufgeprallt und zu Tode gekommen. Jetzt will man durch diese Gaben den bösen Geist in dem Betonpfahl beruhigen und milde stimmen.

Schließlich gibt es auch noch die bösen Geister, die den Menschen ärgern oder ihm übel wollen. Sie haben keinen festen Wohnort, sondern irren in der Gegend umher und suchen sich ihre Opfer. Diese Geister kann man kaum durch Geschenke beeinflussen. Sie haben ja keinen Standort, an dem man die Gaben deponieren könnte. Man kann aber einen guten Geist gegen sie mobilisieren und um seinen Schutz gegen die bösen Geister bitten. Schutz gegen böse Geister bieten auch geweihte Amulette oder Tätowierungen. Die Tätowierungen, die man bei Thai-Männern oft sieht, dienen also nicht der Zierde wie bei Farangs, sondern haben eine Schutzfunktion.

All die Opfer und Gebete an Orten, an denen ein guter oder einflussreicher Geist wohnt, haben aber nur Bedeutung für das tägliche Leben, keineswegs für das Jenseits. Es sind reine geschäftliche Transaktionen nach dem Motto: ich bestelle, du lieferst, ich bezahle. Da die Thais gewohnt sind, dass jeder Mensch mit einigem Einfluss, egal ob ein Beamter oder Polizist, erst einmal Geld sehen will, bevor er etwas unternimmt, wird auch dem Geist bei der Bestellung eines Wunsches schon eine kleine Gabe, sozusagen als erste Rate für das Geschäft gezahlt.

Kommen wir nun zum Buddhismus. Hier sind zunächst zwei Dinge festzuhalten. Zum einen war Buddha kein Thai, sondern ein in der brahmanischen Überlieferung aufgewachsener indischer Fürstensohn. Seine Wertvorstellungen waren also ganz andere als die der heutigen Thais. Zum andern ist der Buddhismus zwar Staatsreligion in Thailand, die Praxis der Religionsausübung hat aber mit der Lehre, die Buddha einst verkündet hat, genauso wenig zu tun wie die Dogmen der katholischen Kirche mit dem Urchristentum. Hinzu kommt, dass die Thai Pragmatiker und keinesfalls Dogmatiker sind. Sie haben also nicht nur die Lehre Buddhas über 2 ½ Jahrtausende ihren eigenen Wertvorstellungen angepasst, sodass für viele heute die althergebrachten Riten nur noch leere Formen sind. Sie halten von den Geboten Buddhas oft nur so viel ein, wie es ihnen gerade nützlich erscheint.

Der allgemein verbreitete Glaube, dass man durch häufigen Tempelbesuch und Spenden an die Mönche *(tam boon)* dafür sorgen kann, im nächsten Leben besser gestellt zu sein, ist auch ein typisches Thai-Wunschbild. Gute Taten werden gewissermaßen als Einzahlung in eine Art Sparkasse für das nächste Leben gesehen. Nach Buddha sollten die guten Werke und die Beschäftigung mit seinen Lehren jedoch dazu dienen, auf einer höheren Bewusstseinsstufe wiedergeboren zu werden und nicht etwa um für das nächste Leben ein Guthaben anzuhäufen.

Wenn man also berücksichtigt, dass die Geister für das relativ kurze Leben auf dieser Erde zuständig sind und man ihr Wohlwollen und ihren Schutz ständig neu erkaufen muss, die Einhaltung der Lehre Buddhas aber das Karma und damit das nächste Leben bestimmt, dann kommt einem der Dualismus, der das Thai-Leben bestimmt, gar nicht mehr so seltsam vor. Buddhismus und Geisterglaube stehen also keineswegs im Gegensatz zueinander, sondern ergänzen sich.

Auch die Mönche, denen eine der vielen für sie geltenden Vorschriften verbietet, an Geisterbeschwörungen teilzunehmen, legen den vor allem auf dem Lande zu jeder Feierlichkeit gehörenden Geisterzeremonien keineswegs etwas in den Weg. In der Regel gehört bei ländlichen Feiern, zum Beispiel einer Hauseinweihung oder Hochzeit, der Vormittag den religiösen, buddhistischen Riten. Wenn dann die Mönche abgezogen sind, nachdem sie vorher gespeist wurden (vor 12 Uhr, weil sie nachmittags keine festen Speisen zu sich nehmen dürfen), wird der Nachmittag dazu genutzt, nicht nur die vielen geladenen Gäste zu bewirten, sondern auch die Geister freundlich zu stimmen.

Geisterhäuschen

Besuchern Thailands fallen die vor jedem Haus auf hohen Pfählen stehenden Geisterhäuschen auf. Das kleinere dieser Häuschen dient dem Erdgeist *Chao Thi,* den man beim Bau des Hauses aus dem Boden vertrieben hat, als Wohnsitz. Er ist der eigentliche – wenn auch nicht grundbuchamtlich eingetragene – Besitzer des Landes, auf dem das Haus steht. Will man also auf einem Grundstück ein neues Haus bauen, so ist es erforderlich, dem aus dem Boden des Bauplatzes vertriebenen Erdgeist ein neues Domizil anzubieten, damit er nicht mit den Menschen zusammen in dem neuen Haus wohnen muss. Daneben steht noch ein größeres Häuschen für den *Chao Phum,* den Luftgeist, der das Haus und seine Bewohner schützt und bewacht. Vor dem Aufstellen der Geisterhäuschen wird zunächst der Dorfschamane befragt, der einen günstigen Platz aussucht und angibt, in welche Himmelsrichtung die Häuschen ausgerichtet sein müssen. Dabei gibt es natürlich ein paar Regeln. So darf der Schatten des neuen Hauses auf keinen Fall auf das Geisterdomizil fallen. Wenn diese Regeln nicht beachtet werden, kann es sein, dass die Geister nicht geneigt sind, ihr neues Zuhause zu beziehen und das kann dann böse Folgen für die Hausbewohner haben. Der Schamane gibt auch an, welches ein günstiger Tag für die Errichtung der Häuschen ist. Ebenso gibt es für die Form eines solchen Häuschens Regeln. Da die Geister aber alle scheinbar den gleichen Geschmack haben, ist es möglich, solche Häuser in Serienproduktion aus Beton herzustellen. In den Baustoffhandlungen werden neben allen Dingen, die man zum Hausbau braucht, auch fertige Geisterhäuschen in verschiedenen Größen und Preislagen angeboten.

Ein Geisterhäuschen ruht auf einer Säule aus Holz oder Beton, hoch genug, um Respekt auszudrücken, aber auch niedrig genug, um Opfergaben überreichen zu können. Die Plattform muss immer mindestens in Augenhöhe angebracht werden, denn eine niedrigere Bauweise könnte die Geister erzürnen.

Auf der Plattform der Geisterhäuschen stehen kleine Ton- oder Holzfiguren, wie Tänzerinnen, Elefanten oder Pferde. Oft ist sogar eine regelrechte Puppenstube eingerichtet, um den Geistern das Wohnen angenehm zu machen. Einmal in der Woche und vor allem zu festlichen Gelegenheiten werden kleine Schälchen mit Essen und Trinken dazu gestellt, damit es den guten Geistern an nichts mangelt. Auch ein Fläschchen Coca-Cola oder ein Gläschen Mekhong-Whisky werden ihnen zuweilen mal angeboten.

Des Öfteren sind die Häuschen, vor allem wenn sie direkt an der Straße stehen, mit farbenfrohen Lichterketten geschmückt, die bei Dunkelheit blinken. Für den Farang sehen sie dann wie hübsche bunte Vogelhäuschen aus. Auch vor Behörden, Banken, in Parks und sogar vor manchen Bars haben sie ihren festen Platz. Vor einigen großen Hotels oder Einkaufszentren hat man wahre Paläste für die Geister errichtet.

Wenn ein Geisterhäuschen vernachlässigt wird, so wird dessen Bewohner dafür sorgen, dass es dem auf dem Grundstück stehenden Haus auch nicht mehr gut geht. Verlässt der Geist gar sein vernachlässigtes Häuschen, so kann dies großes Unglück über die Hausbewohner bringen. Diese Geisterhäuser sind übrigens keineswegs ein buddhistischer Brauch, wie viele Farangs denken. Sie sind brahmanischen Ursprungs und von den Thais vor langer Zeit übernommen worden.

Häufig sieht man solche Geisterhäuschen auch an unfallträchtigen Straßenstellen oder den Orten von Verbrechen, da hier nach dem Glauben der Menschen ein besonders böser Geist sein Unwesen treiben muss. Die Errichtung der Geisterhäuschen an solchen Stellen geschieht dann meist durch Personen, die damit ein Gelübde erfüllen.

Einige dieser Geisterhäuser haben mittlerweile auch besondere Bedeutung erlangt – so zum Beispiel der Schrein beim Erawan-Hotel in Bangkok. Beim Bau des Hotels gab es ungewöhnlich viele Unfälle. Nach Befragung der dafür zuständigen Experten kam man zu dem Schluss, dass die Ortsgeister verstimmt seien, weil man auf dem Grundstück einige Bäume gefällt hatte, auf denen diese normalerweise geruht hatten. Um sie wieder zu besänftigen, war es also erforderlich, so schnell als möglich einen großräumigen Schrein für sie zu bauen, wonach die Arbeiten ohne weitere Probleme zu Ende gebracht werden konnten. Der Schrein mit dem Bild des Hindugottes Shiva, der ursprünglich aufgestellt wurde, um Unglück von der Baustelle fernzuhalten, ist aber heute zu einem regelrechten Wallfahrtsort geworden. Wegen der wundertätigen Kräfte, die man ihm zuschreibt, wird er täglich von Tausenden von Menschen besucht. Das Hotelmanagement musste um den Schrein herum einen besonderen Tempelhof errichten, um Platz für die vielen Bittsteller zu schaffen. Die Besucher erhoffen sich Glück in den alltäglichen Dingen des Lebens, wenn sie hier ein Opfer darbringen. So werden an diesem Ort regelmäßig große Mengen Blumengebinde und kleine Holzelefanten niedergelegt, die laufend wieder beseitigt werden müssen, um der wahren Flut der Opfergaben Herr zu werden. Eine Truppe von einem Dutzend Tempeltänzerinnen in traditionellen Kostümen steht darüber hinaus für die bereit, die den hier wohnenden Geist durch eine dargebrachte Tanzdarbietung günstig stimmen wollen.

Wenn wir Farangs auch gerne dazu neigen, dies als Aberglaube abzutun, so sollten wir uns doch mal daran erinnern, dass auch bei uns in den katholischen Gegenden zu Beginn jedes neuen Jahres die Anfangsbuchstaben der Heiligen Drei Könige Caspar, Balthasar und Melchior mitsamt der Jahreszahl über die Haustüren geschrieben werden, in der Hoffnung, dass auch hier die Heiligen Drei Könige das Haus und seine Bewohner beschützen.

Amulette und Buddhas

Jeder Thai trägt zumindest ein Amulett an einer Kette um den Hals. Es sind aus Gold, Eisen oder Ton gefertigte kleine Anhänger mit dem eingeprägten Bild Buddhas oder auch einer Hindu-Gottheit. Manche Amulette zeigen auch besonders verehrungswürdige Mönche. Die meisten tragen nur ein Amulett. Man sieht aber auch Leute, die bis zu 20 und mehr Amulette um den Hals hängen haben. Je gefährlicher der Job ist (zum Beispiel Lkw-Fahrer, Bauarbeiter auf schwankenden Gerüstkonstruktionen usw.), umso mehr geben zusätzliche Amulette dem Träger ein Gefühl von Sicherheit.

Die Amulette werden in Tempeln gefertigt, die sie in der Regel gegen eine kleine Gebühr abgeben. Sie sollen gegen alles Böse schützen oder auch einfach nur Glück bringen, sowohl in der Lotterie wie in der Liebe. Verschiedene Amulette haben unterschiedliche Kräfte. Einige schützen gegen Unfall, andere helfen gegen das Verlieren von Sachen und manche machen den Träger auch attraktiv für Frauen. Vor allem aber verleihen sie allgemeines Wohlbefinden und halten böse Geister fern.

Amulettverkäufer findet man überall, an den Ecken der belebten Straßen, auf dem Markt, vor Tempeln, ja sogar im Computermekka, dem Panthip-Building in Bangkok gibt es neben mehr als hundert Computershops mit einem

Riesenangebot auch eine ganze Reihe von Ständen, die mit Amuletten aus Metall oder Ton in allen möglichen Größen und Ausführungen überladen sind. Auf Befragen gibt der Verkäufer gerne Rat und Auskunft, welches Amulett gegen was hilft.

Man sieht an diesen Ständen sachverständige Käufer, die die einzelnen Amulette mit einem Vergrößerungsglas prüfen und einschätzen. Der Wert der Amulette wird vom Alter, der Geschichte und dem Ruf des Tempels bestimmt, dem das Amulett entstammt. Wir sind in Thailand und der Markt ist natürlich überschwemmt mit Kopien der wertvolleren Stücke. Es gibt auch eine ganze Reihe von Spezialmagazinen, die sich, wie bei uns die Magazine für Numismatiker und Philatelisten, nur mit Amuletten beschäftigen. Der Amulettmarkt ist einer der größten Märkte in Thailand, alleine in Bangkok wird der Umsatz an Amuletten auf ca. 10 Millionen Baht täglich geschätzt.

Die Preise solcher Amulette gehen von ein paar Baht bis zu mehreren hundert Baht. Besonders wertvolle Stücke – wertvoll nicht wegen des Materialpreises, sondern wegen der besonderen Wirkung, die man diesen Exemplaren zuschreibt – werden auch mit mehreren tausend oder gar zehntausenden Baht bezahlt. Manche Amulette, die ihre wundertätige Kraft bewiesen haben, können sogar extrem wertvoll werden. Der Farang wird meist überfordert sein zu erkennen, warum ein Amulett kostbarer als das andere ist. Die Thai-Experten erkennen jedoch an der Form und an dem auf der Rückseite jedes guten Amuletts angebrachten Stempel nicht nur, aus welchem Tempel dieses Amulett stammt, sondern auch, wann es geprägt wurde und wie hoch etwa sein aktueller Wert ist. Amulette aus Gold werden allerdings nur in Goldgeschäften gehandelt. Hier handelt es sich nicht um echte, einem Tempel entstammende Amulette, sondern um reine Schmuckstücke, die auch nur ihren Goldwert haben.

Bei den meisten Autos und Bussen hängen ein oder mehrere Amulette über dem Innenrückspiegel. Als wir ein Auto kauften, fuhren wir zuerst damit zum Tempel, wo ein Mönch mit einem Gemisch aus geweihtem Wasser und Kreide magische Zeichen an die Decke des Fahrerhauses malte und ein Amulett über den Innenrückspiegel hängte.

Auch Buddha-Statuen, die in den verschiedenen Tempeln zu erwerben sind, haben die gleiche Wirkung wie Amulette. Sie beschützen aber in der Regel nicht nur die Person, sondern das ganze Haus und seine Bewohner.

Buddha-Statuen werden vom Tempel aber nicht verkauft, sondern gegen eine entsprechende Gebühr – die der Farang meist als Kaufpreis missversteht – nur permanent ausgeliehen. Man kann einen Buddha also nicht kaufen, sondern er bleibt formell im Besitz des Tempels. Die Begriffe „kaufen" oder „verkaufen" sind demzufolge nicht angebracht.

Amulette mit einem Buddha-Bild oder Buddha-Statuen sind nicht etwa irgendwelche Schmuck- oder Gebrauchsgegenstände, sondern religiöse Objekte, die Respekt verdienen. Wenn ein Thai sein Amulett ablegt oder umhängt, wird er jedes Mal mit dem Amulett in den gefalteten Händen einen Wai machen. Buddha-Statuen dürfen in einem Raum niemals an einer Stelle aufgestellt werden, wo mit den Füßen darauf gezeigt werden kann. Sie müssen auch so hoch platziert sein, dass sie über den Köpfen der Bewohner stehen. Beim Aufstellen der Betten und der Sitzgelegenheiten muss darauf Rücksicht genommen werden.

In den Informationen für Besucher Thailands wird auch immer darauf hingewiesen, dass antike Buddha-Statuen nicht außer Landes gebracht werden dürfen. Ein Grund dafür liegt darin, dass man befürchtet, die Buddhas würden dort nicht mit dem gebotenen Respekt behandelt. Kleine Buddha-Amulette können von Touristen aber problemlos mitgenommen werden.

Thais leben mit Geistern

Bei uns wird der Begriff „Geister" meist mit Gespenstern gleichgesetzt. Die Thais dagegen verstehen darunter mehr das, was wir als Engel bezeichnen würden. Davon gibt es eben gute, die den Menschen beschützen, und auch böse, die ihm schaden. Wenn den aufgeklärten Farangs der Glaube an überirdische Mächte auch meist abhanden gekommen ist, so ist der Glaube oder noch besser die Überzeugung, dass überirdische Mächte unsere Geschicke lenken, nicht auf Thais beschränkt. In der Bibel ist immer wieder von Engeln die Rede, die den Menschen erschienen sind. Nach Ansicht eines Kirchenvaters, des Bischofs Ambrosius von Mailand, sind „die Luft, die Erde und das Meer erfüllt von Engeln". Auch viele aufgeklärte Farangs werden beim Lesen der Zeitung einen kurzen Blick auf das tägliche Horoskop werfen, auch wenn sie selbst behaupten, das sei alles Humbug.

Das tägliche Leben der Thais wird mindestens genauso durch unsichtbare wie durch sichtbare Mächte und Kräfte bestimmt. Thais sind zwar Buddhisten, aber der Glaube der Menschen ist stark mit animistischen Elementen durchsetzt. Der Farang, der mit dem Geisterglauben der Thais in Kontakt kommt, neigt dazu, darüber aufgeklärt zu lächeln oder sich gar an den Kopf zu fassen. Wer sich aber ernsthaft mit den Lebensumständen der Thais befassen will, sollte den Geisterglauben nicht mit einem Lächeln abtun. Wer eine Thai heiratet, hat nicht nur wie allbekannt die Familie, sondern auch ihren Geisterglauben am Hals.

Wer aber einem Thai seinen Glauben an die Geister nimmt, der nimmt ihm die Möglichkeit, sein Geschick günstig zu beeinflussen und damit seine Sicherheit und einen Teil seiner Lebensqualität. Jeder Farang, der mit einer Thai zusammenlebt oder sich gar in Thailand niederläßt, tut gut daran, sich darüber zu informieren und darauf einzustellen.

Wie sehr der Geisterglaube auch in das tägliche Leben nüchterner Geschäftsleute und Banker hineinspielt, zeigt folgende kleine Episode. Nach dem großen Krach, bei dem 1997 alle Banken in Schwierigkeiten kamen, entschloss sich auf Anraten eines Experten die Geschäftsleitung der zweitgrößten Bank des Landes, der Thai-Farmers-Bank, zwei mächtige Steinlöwen, die den Eingang zum pompösen Hauptsitz der Bank in Bangkok flankierten, um ein paar Meter versetzen zu lassen, weil sie nicht genug Sonne bekamen. So sollten die darin wohnenden Geister freundlicher gestimmt werden. Weiterhin stellte der Experte fest, dass die Haupteingangstreppe eine gerade Anzahl an Stufen hatte. Um eine glückbringende ungerade Stufenzahl zu bekommen und um so ein günstiges Klima für die die Treppe benutzenden Bankkunden zu schaffen, musste also noch eine Stufe hinzugebaut werden.

Es gibt für alle wichtigen Vorhaben günstige und ungünstige Tage. Als wir beschlossen hatten, uns einen Pick-up zuzulegen, wurde zuerst der Dorfschamane befragt, welcher Tag denn am günstigsten für die Auslieferung des Wagens wäre. An Hand meines Geburtsdatums und nach Konsultation der Tabellen in einem dicken Buch wurde uns ein Datum etwa zwei Wochen später genannt. Erst dann gingen wir zum Autohändler. Bei den Verhandlungen spielte das richtige Datum genauso eine Rolle wie der Preisnachlass und wurde auch im Kaufvertrag festgeschrieben. Nun ergab es sich aber, dass der Händler eine Woche vor dem vereinbarten Termin anrief und mitteilte, dass das gekaufte Fahrzeug schon angeliefert sei und bei ihm auf dem Hof zur Abholung bereitstünde. Jetzt war guter Rat teuer, denn ich hätte das Fahrzeug am liebsten sofort abgeholt. Wir gingen aber erst zum Schamanen, erklärten ihm die neue Lage und baten ihn noch mal zu prüfen, ob wir das Fahrzeug nicht schon am nächsten Tag abholen könnten. Nach nochmaligem Studium seiner klugen Bücher war er auch der Meinung, dass der nächste Tag zwar nicht ganz so günstig wie der ursprünglich genannte Termin sei, dass die Sache aber gut gehen würde, wenn wir den Wagen erst nach 15 Uhr abholen würden. Wir gingen also am nächsten Nachmittag zum Händler, holten den Wagen ab und fuhren beruhigt damit nach Hause.

Farangs sind oft scharf auf Antiquitäten, die ihnen in Thailand überall angeboten werden. Die Verkäufer werden Stein und Bein schwören, dass die angebotenen Stücke alle echt sind und wundertätige Kraft haben. Es sind aber fast alles Imitationen, die auf antik getrimmt sind. Wenn man doch manchmal auf dem Markt ein echtes altes Stück findet, dann stammt es meist aus dem Besitz eines Verstorbenen oder Verunglückten, von dem sich die Erben trennen, weil sie sich vor dem Geist des Verstorbenen oder auch anderen bösen Geistern fürchten, die in dem alten Stück wohnen.

Schwarze Magie in Thailand

Auf der ganzen Welt beschäftigen alle Menschen die gleichen, grundlegenden Probleme des täglichen Lebens: Geburt und Tod, Liebe und Hochzeit, Arbeit und Steuern und häufig auch die Sorge um das tägliche Brot. Es gibt aber charakteristische Unterschiede darin, wie die verschiedenen Völker mit diesen Problemen fertig werden.

Der Glaube an die Macht der schwarzen Magie ist in allen Schichten der Thai-Gesellschaft anzutreffen. Hier einige Beispiele für die Selbstverständlichkeit, mit der dieser Glaube und entsprechende Beschwörungszeremonien auch in Regierungskreisen gang und gäbe sind:

Im Juni 1997, als Thailand in die Asienkrise taumelte, veranstaltete Khunying Phankrua Yongchaiyudh, die Frau des damaligen Premierministers Chavalit, eine öffentliche Beschwörungszeremonie, um das auf den Einfluss des Dämons Rahu zurückzuführende Missgeschick vom Land und seiner Regierung abzuwenden. Die über das Ereignis berichtenden Zeitungen waren allerdings der Meinung, dass die Prozedur vor allem dazu dienen sollte, dem schon arg angeschlagenen Premier sein Amt zu erhalten.
Die Zeremonie begann mit Gebeten von 12 älteren Mönchen aus Rayong, gefolgt von der Aussetzung von 9 Fischen in einem See. Der Tag für die Zeremonie war von einem Sterndeuter gewählt worden, weil an diesem Tag Rahu vom Sternbild der Jungfrau in das Sternbild des Löwen wechselte. Genützt hat es aber alles augenscheinlich sehr wenig, denn schon kurz darauf kam es zum großen Crash und Chavalit musste sein Amt als Premierminister aufgeben.

Wie tief der Glaube an die schwarze Magie in den Menschen verankert ist, zeigen Meldungen, die man in den

Zeitungen immer wieder lesen kann. Man ruft gegen ein Übel, das mit gesetzlichen Mitteln nicht auszurotten ist, gerne offiziell die Geister zu Hilfe. So hat der Gouverneur von Bangkok in einer öffentlichen Zeremonie alle Polizisten verflucht, die sich bestechen lassen. Auch gegen den in der thailändischen Hauptstadt verbreiteten Mülltonnen-Diebstahl will der Gouverneur von Bangkok mit dieser ungewöhnlichen Methode vorgehen. Er belegte sämtliche Abfallbehälter der Stadt mit einem Fluch. Nachdem alle sonstigen Mittel sowie die Drohung mit Strafverfolgung nichts gebracht haben, greift er jetzt auf die Kraft der „schwarzen Magie" zurück. Der „Bangkok Post" sagte er: „Wir werden einen Fluch auf die Tonnen schreiben: Wer diesen Behälter mit nach Hause nimmt, wird damit seine Familie in den Ruin treiben."

In Trang versandte der Gouverneur Khun Sanguan kürzlich Einladungsschreiben an alle staatlichen und privaten Agenturen der Stadt, um sie für das Wochenende zu einer Geisterbeschwörungszeremonie an einer unfallträchtigen Straßenkreuzung einzuladen, an der in den letzten Jahren viele Menschen bei Verkehrsunfällen ums Leben gekommen waren. Die Anwohner glaubten, dass die Kreuzung von bösen Geistern besetzt sei, die mehr Opfer wünschten, damit sie die Kreuzung besser bewachen könnten. Mönche sollten mit Gebeten die Geister bewegen, den Ort zu verlassen.

Das nördlich von Bangkok gelegene Suphan Buri hat eines der ärgsten Drogenprobleme in Thailand. Polizei und Behörden, die vergeblich alles getan haben um das Drogenproblem zu bekämpfen, haben nun frustriert die „schwarze Magie" zu Hilfe gerufen. An einer vom Provinzgouverneur initiierten Geisterbeschwörung nahmen 20 000 Menschen teil. Es wurde in Pfannen trockener Chili und Salz verbrannt, in dem Glauben, dass brennende

Hitze und Schmerz über die hier verfluchten Drogenhändler kommen würden. Kurzfristig litten aber nur die dicht dabei stehenden Zuschauer unter dem in Augen und Nase stechenden Qualm.

Diese der Thai-Presse entnommenen Stories sind deswegen erwähnenswert, weil die metaphysische Seite Thailands bei der Betrachtung der Probleme des Landes dabei recht gut verdeutlicht wird. Wenn man als Farang plötzlich damit konfrontiert wird, neigt man dazu, ungläubig den Kopf zu schütteln.

Die verlorene Welt im Isaan

Die im Nordosten Thailands vorhandenen Khmer-Tempelruinen ergeben einen imposanten Eindruck von der Größe und mysteriösen Macht des vor tausend Jahren hier herrschenden Khmer-Imperiums. Sie verbinden Thailand mit einer glorreichen Vergangenheit, geben einen Eindruck vom Stand der religiösen Entwicklung in dieser längst vergangenen Zeit und erklären auch den Einfluss, den die Khmer-Kultur auf diese Region hatte. Nirgendwo in Thailand ist er sichtbarer als in den Provinzen Nakhon Ratchasima, Surin, Buriram, Sisaket und Ubon Ratchani.

Jedermann hat schon von Angkor Wat gehört oder gelesen, der riesigen Tempelruine in Kambodscha, die erst Anfang des letzten Jahrhunderts von französischen Archäologen entdeckt und in jahrzehntelanger Arbeit freigelegt wurde. Im Wat Phra Kheo, neben dem Königspalast in Bangkok, dem Aufbewahrungsort des thailändischen Nationalheiligtums, des Emerald-Buddhas, steht ein großes Modell dieser weltberühmten Tempelanlage. Viele Touristen fliegen von Bangkok nach Phnom Penh in Kambodscha, um von dort eine anstrengende Busreise zur Besichtigung von Angkor Wat zu unternehmen.

Weniger bekannt ist es hingegen, dass es auch im Isaan, im Grenzgebiet zu Kambodscha eine ganze Reihe sehenswerter Khmer-Ruinen gibt. Sie stammen aus der Zeit, als das Großreich der Khmer zu Beginn des letzten Jahrtausends weit über die Grenzen des heutigen Kambodscha hinausreichte und weite Teile des heutigen Laos und Thailand umfasste. Solche alten Tempel oder Ruinen werden allgemein Prasat genannt.

Die brahmanischen Herrscher Kamputscheas hatten, wie die Pharaonen, unter Einsatz von riesigen Sklavenhorden ihre Macht durch prächtige sakrale Monumente verewigen wollen. Mit dem Untergang des Brahmanismus und dem Vordringen des Buddhismus wie auch mit dem Niedergang der Macht der kamputscheanischen Gottkönige wurden die Monumente dieser Kultur von den Menschen verlassen und schnell vom gefräßigen Dschungel so überwuchert, dass sie bald in Vergessenheit gerieten. Die Eingeborenen, die noch von diesen Ruinen wussten, fürchteten sich vor den dort hausenden Geistern und hüteten sich, in ihre Nähe zu kommen.

Erst als sich in der französischen Kolonialzeit europäische Archäologen für diese alten Kulturzeugnisse zu interessieren begannen, wurden die Ruinen langsam der Vergessenheit entrissen. In dem Maße, wie die für die Freilegung der Ruinen von den Archäologen angeheuerten Eingeborenen ihre Scheu vor den Geistern in den Ruinen verloren, begannen sie auch, interessante Skulpturen oder Teile davon, wie Köpfe von Naga-Schlangen, mit denen die Mauern reichlich geschmückt waren, abzuschlagen und an europäische Liebhaber zu verhökern. Wo die Ruinen nicht zu weit von einem Dorf lagen, wurden sie sogar als Steinbruch für den Bau von Häusern und Straßen genutzt.
Erst nach dem letzten Kriege begann die Regierung in Bangkok sich dieses alten Kulturguts auf thailändischem Boden bewusst zu werden und erließ Gesetze zum Schutz der Ruinen. Mithilfe und vor allem mit den Geldern der UNESCO begann man damit, die Anlagen vollständig freizulegen und so weit wie möglich zu restaurieren.

Die bekannteste und größte dieser Tempelanlagen ist wohl Phra-Viharn, etwa 150 km südwestlich von Ubon. Die Ruinen liegen direkt an der Grenze, schon auf kambodschanischem Gebiet, können aber nur von thailändischem Boden aus betreten werden. Das Gebiet war lange Zeit zwischen Thailand und Kambodscha umstritten, wurde aber 1965 durch den Internationalen Gerichtshof Kambodscha zugesprochen. Ein kambodschanisches Visum ist für den Besuch dieser Tempel nicht erforderlich, wohl aber eine gute Kondition, um bei glühender Hitze mehrere hundert zum Teil verfallene Stufen zu erklimmen und zu den auf der Spitze des Berges liegenden Ruinen zu gelangen. Die Größe der Anlage ist erstaunlich, vor allem wenn man bedenkt, mit welchen technischen Mitteln vor 1000 Jahren die riesigen Steinblöcke herangeschafft und aufeinander getürmt wurden. Die Anlage ist von Thailand erschlossen, aber noch nicht restauriert worden (es ist ja kambodschanisches Staatsgebiet). Täglich unternehmen mehrere tausend, an Wochenenden auch mehrere zehntausend Thais die mühsame Pilgerfahrt zu der weitab von bewohnten Gebieten auf dem Berggipfel liegenden Kultstätte. Außer den zu besichtigenden Überresten der alten Tempelanlage hat man von dort oben einen guten Blick weit in das kambodschanische Hinterland. Die kambodschanische Armee hat deshalb dort oben einen Beobachtungsposten und ein paar Unterstände eingerichtet. Die steil zum Gipfel führende Pilgerallee war früher auf beiden Seiten mit Mauern, auf denen Symbolfiguren standen, gesäumt. Heute reihen sich dort die Verkaufsstände kambodschanischer Händler und man kann, wie auch rund um den großen Parkplatz, Andenken und Waren jeglicher Art zu erstaunlich billigen Preisen erstehen.

In der Nähe von Korat – ca. 60 Kilometer nordöstlich der Provinzhauptstadt – befindet sich Prasat Hin Phimai, eine gut rekonstruierte Khmer-Tempelanlage, die etwa um 1100 n. Chr. erbaut wurde. Die Anlage ist die erste einer zur Zeit der mächtigen Khmer-Könige erbauten Kette von Tempeln entlang der über 300 km langen Königsstraße, die vom heutigen Korat nach Angkor Wat in Kambodscha führt. Sie ist zugleich ein beeindruckendes religiöses Monument des Khmer-Reiches. Der Tempel gehört zu den besten Beispielen der klassischen Khmer-Baukunst und ähnelt Angkor Wat im heutigen Kambodscha im Stil, wenn auch nicht in der Größe. Der Tempel liegt genau im Zentrum der alten Stadt Phimai, die von einer 650 m breiten und 1000 m langen Mauer umschlossen wurde. Der Hauptschrein ist reichhaltig mit Skulpturen der Hindu-Götter Shiva und Vishnu sowie Szenen des großen Hindu-Epos Ramayana verziert. Mauern mit vier großen und majestätischen Toren umschließen das fast quadratische eigentliche Tempelgebiet. Das südöstliche Tor war früher mit einer direkten und gepflasterten Straße über Hunderte von Kilometern mit der Hauptstadt des Khmer-Königreichs und der riesigen Tempelanlage Angkor Wat im heutigen Kambodscha verbunden.

Eine weiter bedeutende Tempelanlage an dieser Strecke ist Phanom Rung, in der Nähe von Prakonchai, Provinz Surin. Dieser Khmer-Tempelkomplex wurde zu Ehren des Hindu-Gottes des Universums auf einem 1300 m hoch liegenden erloschenen Vulkankegel errichtet und wird auch manchmal als das Angkor Wat Thailands bezeichnet. Er ist wohl das bedeutendste kulturhistorische Bauwerk in Nordost-Thailand, wird aber von ausländischen Touristen kaum besucht. Die Harmonie zwischen dem Tempelkomplex und der umgebenden Landschaft hinterlässt beim Besucher, auch wenn er sich wenig für Archäologie und Geschichte interessiert, einen unvergesslichen Eindruck. Ein 200 Meter langer und 12 Meter breiter Prozessionsweg, der exakt auf Angkor Wat in Kambodscha ausgerichtet ist, führt hinauf zu einer Brücke mit vier Naga-Schlangen. Eine steile Treppe windet sich über fünf Ebenen weiter nach oben zum Heiligtum. Jede dieser Ebenen auf der langen Treppe bietet einen immer spektakuläreren Ausblick auf das darunter liegende Gelände und die umgebende Landschaft. Von ganz oben hat man eine phantastische Aussicht auf die malerische Umgebung.

Die Anlage ist nicht so groß wie Phra-Viharn, wer aber die vielen Stufen bis zu den Ruinen erklommen hat, weiß am Ende, dass Khmer-Tempel nicht nur interessant zu besichtigen sind, sondern auch dem europäischen Touristen einige Kondition abverlangen. Zum Glück kann man sich auch hier in den vielen um den Parkplatz herum gelegenen kleinen Thai-Restaurants bei einer guten Flasche Bier und einem gebratenen Hähnchen von den Strapazen erholen.

Wesentlich leichter fällt die Besichtigung der ebenfalls 7 km östlich von Phanom Rung gelegenen Tempelanlage Prasat Muang Tam. Diese relativ kleine Anlage liegt zu ebener Erde, neben einem von den Khmer seinerzeit angelegten künstlichen See. Der Tempel ist inmitten einer gepflegten Parkanlage vollständig restauriert worden und gibt einen guten Eindruck der damaligen brahmanischen Klosteranlagen.
Wer sich für Tempelruinen im ehemaligen Zustand interessiert, als sie noch vergessen im Regenwald schlummerten, der sollte die Anlage Prasat Tameang in der Nähe von Baan Kruat, Provinz Buriram besuchen. Sie befindet sich noch im ursprünglichen Zustand und vermittelt einen Eindruck von dem gigantischen Puzzlespiel, das eine Restaurierung solch wild durcheinander liegender Haufen tonnenschwerer Steinblöcke erfordert.

Bestattung auf dem Dorf

Ist jemand im Dorf gestorben, erfährt man dies dadurch, dass plötzlich eine eintönige und etwas schwermütige Musik aus neben dem Trauerhaus aufgebauten Lautsprechern ertönt. Die eintönige Musik läuft nun den ganzen Tag über und hört erst nach dem Abtransport des Verstorbenen zur Einäscherung im Kloster auf.

Am Abend versammelt sich das ganze Dorf beim Hause des Verstorbenen, um der Familie ihr Beileid zu bekunden. Jede Familie bringt eine Schale Reis mit, der in einen bereitstehenden Sack geschüttet wird. Spendet man Geld, so wird der Betrag von einem Schriftführer fein säuberlich mit dem Namen des Spenders in einem Heft eingetragen. Diese genaue Buchhaltung ist bei allen festlichen Angelegenheiten, egal ob Hochzeit oder Beerdigung, erforderlich, weil die eigene Spende daran ausgerichtet wird, was die nun betroffene Familie selbst bei anderen Familienfeiern gegeben hat.

Wer jetzt aber im Hause eine trauernde, in Tränen aufgelöste Familie erwartet hat, der muss seine deutschen Vorstellungen revidieren. Auf einem Podest im einzigen Raum des Hauses steht der mit Blumen und brennenden Kerzen geschmückte Sarg. Rundherum sitzen auf dem Boden die Trauergäste und sind kräftig dabei zu zocken. Auf meine Frage, ob das denn nicht reichlich pietätlos sei, werde ich von meiner Frau belehrt, dass das im Isaan so üblich ist. Glücksspiele sind in Thailand zwar verboten, aber bei einem Todesfall wird dieses Gesetz offensichtlich außer Kraft gesetzt. Auf dem Hof hinter dem Haus ist eine Videoanlage aufgebaut. Davor sitzt die halbe Dorfgemeinde und schaut einer Thai-Burleske zu, die mit ohrenbetäubendem Lärm aus den Lautsprechern schallt. So viel Spaß man aber dabei auch haben mag, am Abend, wenn es dunkel wird, kommt die Geisterangst hoch. Vor allem die Kinder haben dann Angst, alleine auf die Toilette hinter dem Haus zu gehen oder alleine zu schlafen.

Es ist in Thailand üblich, bei solchen Veranstaltungen zu protzen, selbst wenn man es sich nicht leisten kann. Die Familie stürzt sich dafür in Schulden, die sie dann lange abzuzahlen hat, falls sie es überhaupt schafft. Wenn der Verstorbene Ländereien hinterlassen hat, wird ein Stück Land verkauft, um das Fest zu finanzieren. Dann kann eine solche Trauerfeierlichkeit bis zu 7 Tagen dauern und jeden Abend um 7 Uhr kommen die Mönche, um den Geist des Toten aus dem Haus zu beten.

Am Tage der Einäscherung fängt das Programm schon am frühen Morgen an: In der Nacht haben die Frauen bereits begonnen, für die Trauergäste zu backen und zu kochen. Am Anfang der Trauerfeier stehen schier endlose Gebete und Rezitationen der Mönche. Um 11 Uhr wird das Essen für die Mönche aufgetragen, die ja nach 12 Uhr keine Speisen mehr zu sich nehmen dürfen. Nachdem die heiligen Männer gesättigt sind, langt auch das übrige Volk kräftig zu. Dann beginnt sich der Trauerzug zu formieren. Vorneweg ein paar Mönche in ihren gelben Gewändern, jeder hält eine weiße Kordel in der Hand, die am Sarg festgemacht ist. Der mit einem weißen Tuch bedeckte Sarg steht auf einem Karren, der von einem der kleinen, für alle Zwecke einsetzbaren, gabelgesteuerten Minitraktoren gezogen wird. Die Mönche ziehen also symbolisch den Sarg zum Kloster, wo der Tote verbrannt wird. Hinter dem Sarg gehen die engsten Familienangehörigen und halten sich dabei alle an einer vom Sarg herabhängenden weißen Kordel fest, um ihre Verbundenheit mit dem Verstorbenen zu demonstrieren. Dahinter folgt die restliche Trauergemeinde.

Hinter dem Kloster ist ein Scheiterhaufen aufgerichtet. Der Holzsarg wird dreimal um den aufgeschichteten Holzstoß getragen, dann darauf abgestellt und – nach ausführlichen Gebeten der anwesenden Mönche und Besprühen mit gesegnetem Wasser – vom ältesten Sohn des Verstorbenen angezündet. Während nun der Scheiterhaufen mit dem im Sarg liegenden Verstorbenen langsam niederbrennt, sitzt die ganze Trauergemeinde unter schattigen Bäumen darum herum, isst, trinkt und spielt Karten, bis das Ganze so weit abgebrannt ist, dass die Asche des Verstorbenen in einem

Topf eingesammelt und für die Nachfeier am Abend mit nach Hause genommen werden kann. Es gibt allerdings auch sehr viele Tempel in Thailand, die ein Krematorium haben. Der Bau solcher Krematorien ist jedoch teuer und deshalb haben Tempel in den ärmeren Dörfern eben nur einen Scheiterhaufen.

Sanuk

Spaß an der Freude

Was dem Farang an der Lebensart der Thais besonders gefällt, ist die Freude am Leben, ihre Fähigkeit zu überschäumender Fröhlichkeit und Begeisterung, auch wenn ihnen die Sorgen über den Kopf wachsen. Thais besitzen die uns fehlende Fähigkeit, auch an kleinen Dingen Freude zu finden und jede Gelegenheit zu einem Fest zu nutzen. So können sie den trüben Alltag vergessen und aus ihren für unsere Begriffe mühseligen Lebensumständen so viel *Sanuk* wie möglich herausholen. Wenn man im Wörterbuch nachschlägt, dann wird *Sanuk* mit „Spaß, Vergnügen" übersetzt. Für die Menschen in Thailand ist *Sanuk* aber mehr als nur Spaß; es drückt vielmehr ihre Lebensphilosophie aus. Das heißt nicht etwa, dass sie nur oberflächlich dahinleben und die Realitäten des Lebens nicht sehen wollen. *Sanuk* ist vielmehr ein Ausdruck für ihre angeborene Lebensfreude, ohne die das Leben eine eintönige und trostlose Sache wäre. Man hört das Wort auch oft in der Verbindung *Sanuk Sanam*. *Sanam* bedeutet Freude, *Sanuk Sanam* ist also der Spaß an der Freude.

Für Thais sollte alles, was man tut, dazu zählt auch die Arbeit, ein Element von *Sanuk* haben. Alle Erfahrungen werden in *Sanuk* und *Mai Sanuk* (= kein Spaß) eingeteilt. Gut essen, mit Freunden zusammensitzen, einen Film sehen und natürlich feiern, das ist *Sanuk*. Arbeit dagegen ist *Mai Sanuk*, vor allem wenn sie eintönig ist und nicht mit Freunden zusammen durchgeführt werden kann, sodass wenigstens die Gelegenheit zu einem Schwätzchen oder Späßchen bestünde. Bei der Arbeit versucht man deshalb, möglichst in Gruppen zusammenzuarbeiten, um so viel Spaß wie möglich zu haben. Anders als bei uns, wo Lachen, Scherzen und Geschwätz bei der Arbeit als unproduktiv angesehen werden, sind diese Zutaten in Thailand eine Notwendigkeit.

Es gibt auch keine Zeit und keinen Ort, der für *Sanuk* reserviert ist. Spaß zu haben richtet sich in Thailand nicht nach dem Ort oder nach dem Kalender, sondern ist überall angebracht. Wenn ich von einer Reise oder auch von einer geschäftlichen Angelegenheit zurückkomme, ist die erste Frage, die jeder an mich richtet, „Hast du *Sanuk* gehabt?". Wenn es kein *Sanuk* war, dann hat die ganze Sache keinen Zweck gehabt!

Jeder Thai wird der Feststellung „Thais lieben *Sanuk*" sofort freudig zustimmen. Auch Essen und Trinken dient in Thailand nicht nur der Nahrungsaufnahme, sondern ist *Sanuk*, vor allem wenn es zusammen mit Freunden geschieht. Das Bestreben, *Sanuk* zu haben, ist mit ein Grund für das ständige Lächeln der Thais. Ein Farang, der nicht lächelt, weil er gerade keinen Anlass sieht, wird unweigerlich gefragt, ob er böse oder traurig ist.

Musik

Die thailändische Musik klingt fremd für das westliche Ohr. Es gibt keine Harmonie in unserem Sinn. Vor allem die Lieder des Isaan klingen für unsere Ohren wie eine eintönige Litanei auf- und abschwellender Töne, mehr Rezitation als Gesang. Neuere Unterhaltungsmusik, die man von morgens bis spät im Radio hört und die bei Festen vom Band abgespielt wird, lehnt sich zwar mehr an westliche Musikformen an, bewahrt sich aber stets einen landestypischen Charakter und klingt für uns immer noch sehr fremd. Das bei Dorffesten aufspielende Orchester besteht meist aus einem 3-saitigen Streichinstrument, dem der Geiger hohe, jaulende bis quietschende Töne entlockt, einem klarinettenartigen Holzblasinstrument, mehreren kleinen Trommeln oder Becken und zwei kleinen Schlagschalen, eventuell auch noch einem Schlagzeug. Bei den auf dem Land besonders beliebten Mor-Lam-Shows wird auch die Khaen, eine Mundorgel, gespielt. Für den westlichen Hörer besteht ein von diesem Orchester gespieltes Musikstück aus immer wiederkehrenden, gleichklingenden Passagen, die kein Ende finden und häufig von einem Sänger begleitet werden. Die Liedtexte handeln vom Leben auf dem Land und von den Problemen der in die Städte gezogenen Landbewohner und natürlich von Liebe und Treue. Die jüngere Generation ist allerdings mehr an westlichen Schlagern interessiert und so dröhnt bei einem Fest auf einem Isaan-Dorf aus den Lautsprechern nacheinander zuerst ein thailändisches Liebeslied und dann „Oh La Paloma Blanca".

Bei jedem Fest ist Musik in vollster Lautstärke der wichtigste Bestandteil. Was in unseren Ohren an Melodie fehlt, das wird durch Lautstärke kompensiert. Beim Musikhören hat man den Eindruck, dass alle Thais schwerhörig geboren wurden oder der Meinung sind, nicht voll auf ihre Kosten zu kommen, wenn die Verstärker nicht so weit aufgedreht sind, dass die Boxen zittern. Dass eine Feier bevorsteht, erkenne ich immer daran, dass schon am Tag davor, egal ob Hochzeit oder Mönchsweihe, ein paar Burschen mit einer überdimensionalen Lautsprecheranlage aufkreuzen und sie so vor dem Festhaus aufbauen, dass der größtmögliche Teil des Dorfes beschallt wird. Nachmittags wird dann die Anlage ausprobiert und weil Musik so schön ist, läuft sie in voller Lautstärke bis nach Mitternacht. Morgens früh um 6 Uhr wird die Anlage wieder aufgedreht und läuft dann ohne Unterbrechung bis tief in die Nacht. Dabei ist es egal, wenn die halbe Dorfbevölkerung nicht schlafen kann.

Wer also meint, dass es in Bangkok oder Phuket laut ist, wo neben dem Straßenverkehr auch noch an jeder Straßenecke ein Verkäufer von Musikkassetten seine Ware lautstark zu Gehör bringt, der sollte nicht auf eine Festlichkeit im Isaan gehen – zum Beispiel Mönchsweihe oder Hochzeit –, ohne sich vorher ausreichend mit Ohropax eingedeckt zu haben. Ich bringe mir immer eine große Packung von Deutschland mit. So kann ich auch die Dorffeste ohne ernsthafte gesundheitliche Schäden an meinen Hörorganen überstehen. Wenn der Spruch von Wilhelm Busch „Musik wird störend oft empfunden, weil meist sie mit Geräusch verbunden" zutrifft, dann bestimmt für den in einem Isaan-Dorf weilenden Farang.

Seifenopern

Im Thai-Fernsehen laufen unendlich lange Seifenopern, zum Teil seit vielen Jahren. Sie behandeln mythologische Märchen oder heldenhafte Geschichten aus dem Leben der Bauern. Hier als Beispiel für solch eine Story die Geschichte von Buo, dem heroischen Wasserbüffel:
Daeng, ein Junge aus dem Isaan, und sein Wasserbüffel Buo sind unzertrennliche Freunde und streifen den ganzen Tag zusammen über die Felder und den Fluss entlang. Buo frisst sich den Bauch voll mit allem Grünzeug, das sich aus dem öden Boden heraustraut und Daeng jagt derweilen alles, was sich bewegt. Ratten sind seine bevorzugte Jagdbeute, aber auch Käfer und Heuschrecken oder dicke weiße Maden sind nicht zu verachten. Manchmal trifft er auch auf einen Ameisenbau mit Tausenden von weißen Ameiseneiern, eine ganz besondere Delikatesse! Das idyllische Leben der beiden wird aber gestört, als ein chinesischer Tycoon aus Bangkok beschließt, am Ufer des Flusses ein Chemiewerk zu bauen. Die Bauern, die Angst um ihre magere Ernte haben, protestieren zwar, aber der

Tycoon hat nicht nur die zuständigen Politiker und Behörden bestochen, sondern bringt auch eine Schlägertruppe mit, die den Bauern bald jeden Protestversuch schlagkräftig austreibt.

Als die Fabrik gebaut und in Betrieb ist, kommt es, wie es kommen muss. Die Fische im Fluss gehen an den giftigen Abwässern ein, die die Fabrik ungeklärt in den Fluss leitet und die mit dem Flusswasser vergifteten Felder bringen keinen Ertrag mehr. Als nun auch Buo, der Wasserbüffel, von dem vergifteten Flusswasser trinkt, läuft er Amok und rennt zur Fabrik, um dort ein fürchterliches Blutbad anzurichten. Schließlich wird er aber von der Übermacht überwältigt und getötet. Die Mörder veranstalten mit seinem Fleisch ein großes Festessen, an dem auch der böse Tycoon aus Bangkok teilnimmt. Sie haben aber nicht daran gedacht, dass das Fleisch vergiftet ist und sterben noch in derselben Nacht eines qualvollen Todes. Das war Buos Rache!

Da jetzt niemand mehr da ist, um die Fabrik zu verteidigen, können die wütenden Bauern sie dem Erdboden gleichmachen und die Umwelt sowie der Dorffrieden sind gerettet.

Dem tapferen Buo aber wird von den dankbaren Dorfbewohnern ein Denkmal errichtet, das daran erinnern soll, dass zum Schluss immer das Gute über das Böse siegt.

Karaoke

Wie bei uns, gibt es auch in Thailand eine ganze Reihe von Telefondiensten. Zeitansage, Wetterbericht, Horoskope usw. können an- oder abgerufen werden. Eine neue interessante Einrichtung sind aber Karaoke-Nummern.

Man ruft sie an, hört die Musik und kann dazu laut seinen Gesang in den Hörer schmettern. Ich weiß allerdings nicht, was daran so interessant sein soll, nur seine eigene Stimme zu hören. Ein schönes Lied in der Badewanne gesungen, erfüllt für mich den gleichen Zweck und spart mir die Telefonkosten. Während bei uns diese Abart der geräuschvollen Unterhaltung weniger bekannt ist, ist der Karaoke-Telefondienst aber ein typisches Zeichen für das Karaoke-Fieber, das, von Japan kommend, in den letzten Jahren Thailand ergriffen hat. Thais hören gerne Musik und lieben es, zu singen. Selbst in ländlichen Gegenden gibt es überall kleine Restaurants, von den Farangs auch „Sing-a-Song" genannt, wo man nicht nur essen und trinken, sondern auch einer wechselnden Reihe von jungen, mehr oder weniger talentierten Sängerinnen zuhören kann. Es kommt dann nicht selten vor, dass ein Gast auf die Bühne klettert, sich das Mikrophon greift und die anderen Gäste mit einem eigenen Beitrag erfreut oder auch ihnen auf die Nerven geht. Hierbei gehen dann leider meist zwei Thai-Leidenschaften eine unheilige Allianz ein: die Freude am Singen und die Freude am Alkohol.

In größeren Orten und natürlich vor allem in den Fremdenverkehrszentren gibt es schon länger sogenannte Karaoke-Bars, wo man, im Halbdunkeln sitzend, auf einer großen Leinwand die Texte zu dem gerade laufenden Song ablesen und mitsingen kann. Wie ein Menü bekommt man eine Mappe mit vielen hundert Thai- und Farang-Songs angeboten. Man sucht sich eine Nummer aus, bestellt sie bei der Kellnerin, bekommt das Mikrophon in die Hand gedrückt und kann sich dann an dem aus dem Lautsprecher dröhnenden eigenen Gesang erfreuen und allen anderen Gästen den Nerv rauben. Besonders lustig ist es, wenn Thais oder auch Japaner, die diese Kunstform besonders lieben, versuchen mit den phonetisch geschriebenen Texten von Farang-Liedern klarzukommen. Eines meiner Lieblingslieder ist zum Beispiel Frank Sinatras „My Way". Unglücklicherweise ist der Song auch bei Japanern sehr beliebt und ich bin jedes Mal dem Herzinfarkt nahe, wenn ich anhören muss, wie ein Bewohner Nippons mit seinem Geheule und Gestammel den Song und meine Ohren malträtiert. Glücklicherweise gibt es in vielen dieser Etablissements auch kleinere Privaträume, wo man dann mit einem netten Mädchen – das bei Bedarf gerne zur Verfügung gestellt wird – oder mit ein paar Freunden in privater Runde seinem Hobby frönen kann, ohne sich vor einem ganzen Lokal zu blamieren.

Neuerdings tauchen auf den Dörfern immer mehr Karaoke-Automaten auf. Es sind mit einem Bildschirm und einem Mikrophon ausgerüstete Musikautomaten. Man wirft 5 Baht ein und kann dann aus einer großen Anzahl von Songs sein Lieblingslied auswählen, sich das Mikrophon greifen und den Freunden zeigen, was man für ein guter Sänger ist. Ein Riesenspaß für die Dorfjugend, aber weniger für die Nachbarn, weil natürlich auch hier die Lautsprecher voll aufgedreht werden müssen.

Glück kommt nicht von alleine

Charakteristisch für Thais ist deren Leidenschaft für Glücksspiele. Auch wenn sie als Buddhisten glauben, dass ihr persönliches Geschick, also auch Glück und Unglück, durch ihr Karma, das heißt durch die guten und bösen Taten in vergangenen Leben bestimmt werden, so kann es doch nicht schaden, dem Glück in diesem Leben etwas nachzuhelfen. Dazu gibt es für Thais mehrere Mittel, die auch nach Möglichkeit alle ausgenutzt werden. Man lässt sich vom Wahrsager oder vom Geisterdoktor ein günstiges Datum für eine wichtige geschäftliche oder persönliche Transaktion nennen, kriecht unter dem Bauch eines Elefanten durch, kauft sich ein wundertätiges Amulett oder verspricht einem guten Geist ein Geschenk bei Wunscherfüllung. Da die Thais glauben, dass die ganze Welt um sie herum von Geistern beherrscht wird, ist es nur logisch, dass man versucht, deren Aktivitäten günstig zu beeinflussen.

Alle möglichen Arten von Glücksspielen und das Abschließen von Wetten bei jeder sich bietenden Gelegenheit sind in Thailand ein wahrer Nationalsport. Nach einer Untersuchung des „Thai Farmers Research Center" spielen 70 % der Thais mehr oder weniger regelmäßig in der legalen oder in sogenannten schwarzen Lotterien. Thailand ist nicht das einzige Land mit einer staatlichen Lotterie. Was aber sicher einzigartig sein dürfte, ist die Tatsache, dass es dort zwei Lotteriesysteme gibt, die beide mit den in öffentlicher Ziehung bei der staatlichen Lotterie herausgekommenen Gewinnzahlen operieren.

Da ist zum einen die staatliche Lotterie, bei der etwa 35 Millionen Lose zum Preis von je 40 Baht für die alle 15 Tage stattfindende Ziehung verkauft werden. Von dem Gesamterlös werden 60 % ausgeschüttet, 28 % gehen an den Finanzminister, 3 % sind Verwaltungskosten und die restlichen 9 % bekommen die Losverkäufer, die überall in den Städten in ganzen Rudeln ihre Lose anbieten. Wesentlich größeren Umfang hat aber die Untergrundlotterie, die auf das Fünf- bis Zehnfache der staatlichen Lotterie geschätzt wird. Die staatliche Lotterie lost 6 Zahlen aus, um die Gewinner in den einzelnen Klassen zu bestimmen. Dagegen gewinnen in der Untergrundlotterie die letzten 2 oder 3 Nummern. Wer die letzten beiden Nummern richtig errät, kann mindestens das Fünfzigfache seines Einsatzes kassieren. Da nichts an den Staat ausgeschüttet werden muss, ist diese schwarze Lotterie aber trotzdem ein Riesengeschäft für die Macher.

176

Solche illegalen Lotterien laufen in Thailand in jedem Dorf. Wenn man auch ganz selten dabei von der Polizei erwischt wird, so noch viel seltener von einem Lotteriegewinn. Wenn am 1. und am 16. jedes Monats im Fernsehen die öffentliche Ziehung der Lotteriezahlen stattfindet, ist es schwer, jemand zur Arbeit aufs Feld zu bekommen. Jeder will am Fernseher mitfiebern, ob ihn diesmal das Glück erwischt hat.

Als eine Zeitung berichtete, dass ein junges Mädchen in Bangkok das große Los gewonnen hatte, nachdem sie bei Gott Shiva am Erawan-Schrein gebetet hatte, schwoll an den Tagen vor der monatlichen Ziehung der Besucherstrom an diesem beliebten Schrein gewaltig an. Der Wächter des Schreins musste nun nicht nur einmal täglich, sondern mehrere Male am Tage die Holzelefanten und Blumenkränze abräumen, mit denen der Gott von Leuten überhäuft wurde, die auch mal solch ein Glück in der Lotterie haben wollten.

Nach fundierten Schätzungen werden im Glücksspielgeschäft in Thailand jährlich etwa 300 Milliarden Baht umgesetzt, das ist ein Drittel des Nationalbudgets. Obwohl verboten, gibt es Spielsalons massenhaft in den großen Städten und selbst eine Kleinstadt hat genug Adressen, wo man seiner Spielsucht frönen kann, ohne befürchten zu müssen, von der Polizei gestört zu werden. Die weiß natürlich von dem ungesetzlichen Tun, macht aber die Augen zu und lässt sich dafür gut bezahlen. Es ist auch kein Geheimnis in Thailand und wird in der Tagespresse immer wieder an Beispielen aufgezeigt, dass das professionelle Glücksspielgeschäft fest in den Händen der lokalen Ordnungshüter bzw. des Militärs ist. Wenn ab und zu mal ein illegales Spielkasino ausgeräumt wird, dann hat die Bezahlung wohl nicht zur Zufriedenheit der „Paten" geklappt.

Der Umstand, dass Glücksspiele in Thailand verboten sind, wird von den Nachbarländern kräftig ausgenutzt. Wenn man zum Beispiel in Aranyaphratet über die Grenze nach Kambodscha fährt, reiht sich direkt hinter der Grenze ein großes Spielkasino hinter das andere, sodass man meinen könnte, man wäre in Las Vegas. Nach einem offiziellen Bericht der Regierung werden in 22 Spielkasinos an den Grenzen zu Burma, Laos, Kambodscha und Malaysia von etwa 70 000 Thais monatlich mehr als eine Milliarde Baht verzockt.

Sogar bei belebtem Toilettenbetrieb zeigt sich die Lust der Thais zum Glücksspiel. Anstatt, wie bei uns üblich, in einer Reihe zu warten, bis eine Kabine frei wird, platziert sich jeder Thai vor einer Kabinentüre und hofft, dass er jemand erwischt hat, der schnell mit seinem Geschäft fertig wird. Wenn aber auf dem stillen Örtchen jemand hockt, der die Tageszeitung von der Schlagzeile bis zur letzten Anzeige in Ruhe durchliest, dann hat er eben Pech gehabt.

Das Glücksspielverbot wird im Isaan aber sinnigerweise bei Todesfällen de facto außer Kraft gesetzt. Ist jemand im Dorf gestorben, so wird die Gelegenheit genutzt, ungestraft ein Spielchen machen zu können. Wenn man dann abends zum Trauerhaus kommt, sitzen sowohl um den Sarg herum wie auch vor dem Haus jede Menge Spieler und zocken, was das Zeug hält. Falls jemand aus einer wohlhabenden Familie gestorben ist, also auch betuchte Trauergäste zu erwarten sind, reisen die Berufszocker aus der ganzen Gegend an, um die Trauergäste auszunehmen.

Die Leidenschaft der Thais zu zocken ist aber nun keineswegs auf Männer beschränkt. Schon mancher mit einer Thaifrau in Deutschland verheiratete Mann hat erfahren müssen, dass es sich bei der fröhlichen kleinen Thai-Gemeinde, in deren Gesellschaft sich seine Frau so wohlfühlt, um einen ausgesprochenen Zockerverein handelt, dessen Haupttätigkeit darin besteht, die mühsam erarbeiteten Einkünfte der Ehemänner in kürzester Zeit zu verspielen. Hier kann nur die sofortige Notbremse helfen, nämlich das Zudrehen des Geldhahns, so schwer es auch fallen mag.

Hahnenkämpfe

Hahnenkämpfe sind in Thailand vor allem deshalb beliebt, weil sie Gelegenheit zum Wetten bieten. In Bangkok gibt es nicht nur Boxkampfstadien, sondern auch mehrere Hahnenkampf-Stadien etwas außerhalb der Stadt. Die Hähne kämpfen aber hier nicht, wie auf den Philippinen üblich, mit Rasierklingen an den Füßen, wodurch der Kampf meist bis zum Tod des Gegners geht. Bei den Thai-Hahnenkämpfen sind die Gegner nur auf die natürlichen Kräfte ihrer Füße angewiesen und auf ihr Geschick, dem Gegner in den Nacken zu kommen und ihm mit dem kräftigen Schnabel einen Hieb zu versetzen. Da Hahnenkampf in Thailand verboten ist – nicht etwa aus Gründen des Tierschutzes, sondern da er für Thais ohne Wetten nicht denkbar wäre –, wird für die Veranstaltungen allerdings weder in den Tageszeitungen noch in Touristeninformationen geworben. Man muss schon jemanden kennen, der einen Farang mit zu solch einer Veranstaltung nimmt. Eventuell hilft dem Interessierten auch ein gutes Trinkgeld für einen Taxifahrer.

Ein paar hundert Leute verfolgen die Kämpfe, die mehrere Male in der Woche von morgens 9 Uhr bis nachmittags 16 Uhr stattfinden. Gekämpft wird dabei nach genau festgelegten Regeln. Die Besitzer der Kampfhähne bringen ihre Tiere alle mit und betreuen sie vor und zwischen den

Kämpfen. Dafür gibt es Verkaufsstände, in denen alles zu haben ist, was für die Pflege der Tiere erforderlich ist und die Hähne für den Kampf fit macht: Tragekäfige, Bandagen für die Füße, Vitamine und spezielles Kraftfutter. Bevor sie in den Ring steigen und auch in den Kampfpausen werden die Tiere – die nicht selten einige zigtausend Baht wert sind – von den Besitzern gefüttert, mit warmem Wasser gereinigt und durch gutes Zureden moralisch für die nächste Runde gestärkt.

Vor Beginn der Veranstaltung werden die Gladiatoren vom Veranstalter gewogen und dann wird festgelegt, wer in welcher Klasse gegen wen kämpft. Die Paarungen werden an einer Tafel angeschrieben und jeder studiert aufmerksam die Aufstellung, um danach seine Wetten abzuschließen. Der mit einer kräftigen Plastikmatte eingezäunte Ring hat einen Durchmesser von etwa 3 Metern. Jede Runde dauert 20 Minuten, mit einer 20-minütigen Pause dazwischen, in der sich die Kämpfer erholen können. Wenn ein Hahn nicht mehr kämpft oder flieht, hat er das Match verloren. Es sind bis zu 5 Runden möglich, aber meist gibt einer der Hähne schon in der ersten oder zweiten Runde auf. Dabei wird natürlich kräftig und auch hoch gewettet.

Feste

Wie wir schon gesehen haben, lässt man in Thailand keine Gelegenheit zum Feiern aus. Möglichkeiten dazu gibt es reichlich und der Farang wird sich manchmal gewundert haben, mit welchem Aufwand jeder Geburtstag, den ein Mädchen an der Bar hat, gefeiert wird. Staatliche Festtage, wie zum Beispiel Neujahr, Verfassungstag und Geburtstag des Königs, richten sich nach dem festen westlichen Kalender, die religiösen Feiertage, wie Songkhran und Loy Krathong, nach dem beweglichen Mondkalender. Noch viel zahlreicher sind die Feste in den Provinzstädten mit regionaler oder auch überregionaler Bedeutung, wie der Elefantenauftrieb von Surin. Die Bedeutung der Festtage für die Thais spiegelt sich aber auch in einer thaitypischen Regelung wider. Wenn ein im Kalender festgelegter Feiertag auf ein Wochenende fällt, braucht am darauffolgenden Montag nicht gearbeitet zu werden und die Schulen bleiben geschlossen.

Loy Krathong

Zwar verfügt Thailand über eine stattliche Anzahl traditioneller Feierlichkeiten, aber das Lichterfest „Loy Krathong" – indirekt übersetzt heißt es in etwa: „Körbchen schwimmen lassen" – liegt den Einheimischen besonders am Herzen. Auch immer mehr Touristen entdecken den Reiz dieses stimmungsvollen Festes, das ein durch Wirtschaftsboom, Sextourismus und Umweltzerstörung verfremdetes Image Thailands durchaus wieder etwas zurechtzurücken vermag.

Dieses schönste der Feste in Thailand findet am Ende der Regenzeit (Ende Oktober oder Anfang November) statt.

Das exakte Datum richtet sich nach dem buddhistischen Kalender, dessen Zeitrechnung auf dem Mondzyklus basiert. In der Vollmondnacht des 12. Mondmonats begibt man sich zum Wasser und lässt im Mondschein kleine, aus Bananenblättern gebastelte lotusblütenförmige Blumenboote, Krathongs genannt, treiben. Die Kinder wetteifern darum, wer den schönsten Krathong gebastelt hat und in der Schule gibt es einen Preis dafür. Die Blätterschiffchen sind mit Räucherstäbchen und einer brennenden Kerze besteckt. Meist wird auch noch eine kleine Münze zugelegt, als symbolische Gabe an die Wassergeister. Es ist eine Danksagung für den reichen Wassersegen, der ja in den fast ausschließlich vom Reisanbau lebenden ländlichen Gegenden eine Lebensnotwendigkeit ist. Gleichzeitig ist es eine Bitte um Vergebung dafür, dass man das Wasser gebraucht und verschmutzt hat. Bei dieser Gelegenheit kann es natürlich nicht schaden, gleich um ein bisschen Glück für die Zukunft zu bitten. Man hofft auch, mit der Zeremonie die Sünden des vergangenen Jahres fortzuwaschen. Man muss sein Krathong beobachten, bis es außer Sichtweite ist, und sollte die Kerze dann immer noch brennen, wird man im nächsten Jahr ganz gewiss Glück haben.

Die aus Bananenblättern selbst gebastelten Blätterschiffchen sind manchmal richtige Kunstwerke. Allerdings hat in den Städten die Kommerzialisierung mancherorts zur Massenproduktion der rituellen Schiffchen geführt. Sie werden dann unter Verwendung von Styropor oder Plastik hergestellt. Da diese Styroporteller nicht wie die organischen Materialien auf den Grund der Gewässer sinken und sich dort zersetzen, sondern auf der Oberfläche schwimmen bleiben, belasten sie Thailands ohnehin nicht gerade schadstoffarmen Gewässer über Monate hinaus mit zusätzlichem Müll.

Songkhran

Songkhran, das thailändische Neujahrsfest, wird Mitte April über 3 Tage gefeiert. Zu Songkhran setzt landesweit eine Völkerwanderung ein. Jeder möchte dieses Fest zu Hause im Kreise der Familie verbringen, vor allem aber Eltern und Großeltern zum neuen Jahr ehrerbietig grüßen. Songkhran ist Ferienzeit. Behörden und Banken, Unternehmen und Handwerksbetriebe, Büros und Einzelhändler schließen mindestens an zwei bis drei Tagen. Busstationen und Bahnhöfe sind überfüllt, vor den Ticketschaltern bilden sich lange Schlangen. Und wer sich nicht rechtzeitig auf die Reise begibt, kommt womöglich zu spät am Ziel an, obwohl Busunternehmen und staatliche Eisenbahn Sonderwagen einsetzen. Bahnen, Busse und Pick-ups sind restlos überfüllt und auf den Straßen herrscht ein Verkehrschaos. Der Verkehr wird umso gefährlicher, weil in Thailand zu Songkhran auch Unmengen Alkohol konsumiert werden und nicht wenige Fahrer sturzbetrunken sind. Die Zahl der Toten und Verletzten im Straßenverkehr steigt auch zu Songkhran regelmäßig steil an. Hingegen sind dies die einzigen Tage im Jahr, an denen die Straßen Bangkoks zügig befahren werden können, weil alles, was einen fahrbaren Untersatz besitzt, auf dem Land unterwegs ist.

Songkhran ist ein Fest der Reinigung. Traditionell begießen sich die Menschen mit größeren Mengen Wasser, um das Schlechte des alten Jahres abzuwaschen und gesäubert ins neue Jahr zu gehen. Zu Hause begießen die Thais ihre Buddha-Figuren mit parfümiertem Wasser und erweisen den älteren Familienmitgliedern durch eine zeremonielle Handwaschung und kleine Geschenke ihre Hochachtung. Die alte Thai-Sitte, zu Songkhran den Eltern Geschenke zu überreichen und ihnen Glück und Segen zu wünschen, indem man sie mit parfümiertem

Wasser beträufelt, ist allerdings immer mehr zur reinen Wasserplanscherei verkommen. Im ganzen Land kann man zu Songkhran nicht ein paar Schritte über die Straße gehen, ohne einen Guss abzukriegen. Zu diesem Zwecke werden nicht nur Schöpfkellen und Wasserpistolen eingesetzt. Mit Jugendlichen und Wasserfässern voll beladene Pick-ups und Lkws kreuzen durch die Straßen und überschütten jeden, den sie sehen, mit einem Wasserschwall. Songkhran ist bei manchen Touristen wegen dieser Wasserplanscherei so beliebt, dass sie extra wegen Songkhran nach Thailand fahren. Im Gegensatz zum Neujahrsfest im Westen, wo jedes Jahr einige Millionen in den Himmel geknallt werden und es dabei häufig zu Unfällen kommt, ist das Wasserspritzen weitgehend ungefährlich, soweit es im Rahmen geschieht. Leider ist das aber zunehmend nicht mehr der Fall. Selbst Motorradfahrer müssen überall und ständig mit Angriffen durch mit Wasser gefüllte Plastiktüten, mit nassen, rutschigen Fahrbahnen und mit nicht mehr ganz nüchternen Verkehrsteilnehmern rechnen. Für so manchen Songkhran-Fan endet das Fest im Krankenhaus.

Vor allen in den Touristenhochburgen wie der Khao San Road in Bangkok sowie in Pattaya, Phuket und Chiangmai bedeutet Songkhran Wasserkrieg. Hier beteiligen sich auch die Farangs mit Begeisterung an der Wasserschlacht, die aber immer mehr zu grobem Unfug verkommt und oft in Aggressivität umschlägt. Auch die traditionelle Sitte, weißen Puder ins Gesicht oder den Nacken zu streichen, um einen symbolischen Schutz gegen alles Übel zu geben, ist zu einer riesigen Schmiererei verkommen, oft mit bunten Pudern, die sich in der Kleidung festsetzen. Touristen sollten an diesem Tag ihre wasserempfindliche Kamera im Hotel lassen, Geld und Zigaretten in eine Plastiktüte stecken und sich dem Schicksal fügen. Kaum einer wird den Tag trocken überstehen können. Am besten sollten sie den Spaß mitmachen und selbst Wasserpistole, Schale oder Eimer in die Hand nehmen. Überall bieten Händler Wasser in Flaschen und Kanistern feil.

Eine Alternative für die Farangs, die an der See Urlaub machen, ist, die Straßen weitgehend zu meiden und stattdessen ganz im Meer unterzutauchen. Residenten und Langzeit-Touristen halten es mit den Neujahrsfesten wie mit Durianfrüchten: Entweder sie lieben oder sie meiden diese.

Wer sich wirklich für die traditionellen Thai-Gebräuche interessiert, der sollte zu Songkhran einmal ein Kloster auf dem Land besuchen. Songkhran hat auch tiefergehende religiöse Grundlagen. An diesem Tag werden nicht nur die Eltern durch eine rituelle Waschung geehrt, sondern in den Klöstern werden die Buddha-Bilder herausgetragen und von der ganzen Dorfgemeinde mit parfümiertem Wasser, in dem ein paar Lotusblätter schwimmen, begossen. Auch die Mönche des Klosters, vom Abt bis zum jüngsten Eleven, bekommen eine rituelle Fußwaschung. Die Kinder bauen Miniatur-Pagoden aus Sand und schmücken sie mit bunten Bändern.

Neujahr

Obwohl die thailändische Zeitrechnung nicht mit Christi Geburt, sondern mit Buddhas Erleuchtung beginnt, das Jahr 2002 also in Thailand das Jahr 2545 ist, beginnt offiziell auch hier das neue Jahr am 1. Januar und nicht am buddhistischen Neujahrsfest Songkhran. Da Thais nun mal keine Gelegenheit zum Feiern auslassen, wird auch dieser Tag benutzt, um sich das trübe Leben angenehmer zu gestalten. Wie sehr dabei dem Alkohol zugesprochen wird, zeigt die erschreckende Zahl von Verkehrsunfällen mit sehr vielen Toten und Verletzten in der Neujahrswoche. Nach Angaben der Polizei wird der größte Teil der Unfälle durch Alkoholeinfluss verursacht.

Schließlich gibt es noch das chinesische Neujahrsfest Mitte Februar. Das westliche neue Jahr ist gerade mal sechs Wochen alt, da feiern die Thai-Chinesen ein weiteres Neujahr. Mit Feuerwerk, Krachern und traditionellen Zeremonien begrüßen sie drei Tage lang das Neue Jahr am ersten Tag des zunehmenden Mondes im zweiten Mondmonat nach der Wintersonnenwende. Da vor allem Bangkok einen großen Anteil chinesischer Bevölkerung aufweist und viele Banken, Geschäfte und Fabriken chinesische Besitzer haben, ruht praktisch für 3 Tage das ganze Geschäftsleben. Dann nehmen auch viele Wanderarbeiter aus dem Isaan die arbeitsfreien Tage wahr, um zu ihrer Familie zu fahren und dort ausgiebig zu feiern.

Die Elefantenparade in Surin

Einmal in jedem Jahr, im November, bricht ein Touristenstrom nach Nordosten auf. Dann findet seit 1960 jährlich in Surin die von der „Tourist Authority of Thailand" und der Provinzverwaltung von Surin veranstaltete große Elefantenparade statt, die nicht nur eine Touristenattraktion, sondern auch das große Jahresereignis für die ganze Bevölkerung ist. Klimatisierte Sonderzüge und Busse fahren in der Nacht vor dem Fest von Bangkok nach Surin und alle Hotels und Gästehäuser sind schon Wochen vorher ausgebucht. Die Stehplätze um die Festwiese kosten 30 Baht. Bei dem Massenandrang muss man sich aber schon sehr früh am Morgen einen Platz sichern, sonst sieht man statt Elefanten nur die Köpfe der vor einem stehenden

Menschen. Wer 300 Baht für ein Ticket anlegt, kann auf der überdachten Tribüne Platz nehmen, hat von dort eine gute Sicht auf das ganze Spektakel und bekommt ein englischsprachiges Programm. Bei diesem großen Elefanten-Roundup führen ca. 100 Dickhäuter vor, was sie gelernt haben und welche Kunststücke man ihnen beigebracht hat.

Elefanten sind in Thailand nicht irgendwelche Tiere wie bei uns Pferde oder Kühe. Sie haben für die Menschen hier vor allem symbolischen Wert. Ganz besonderer Wertschätzung erfreuen sich die sogenannten weißen Elefanten, die bereits am siamesischen Königshof als Symbole der königlichen Macht gehalten wurden und als verehrungswürdige Wesen galten. Die Albinos sind allerdings nicht schneeweiß, sondern eher rosa. Wenn früher im Lande solch ein Tier geboren wurde, machte man es dem König zum Geschenk, denn weiße Elefanten wurden als heilige Tiere angesehen und waren allein dem König vorbehalten. Die alte Landesflagge Siams, die erst Mitte des letzten Jahrhunderts geändert wurde, zeigte einen weißen Elefanten auf einem roten Feld.

Zur großen Elefantenparade in Surin bieten über 100 Elefanten und viele Statisten eine eindrucksvolle Schau. Es werden Bilder und Kämpfe aus der thailändischen Geschichte nachgestellt, bei denen die Elefanten ja eine wichtige Rolle spielten. Prachtvoll aufgetakelt, dahinter die Krieger zu Fuß, zogen die Kriegselefanten der antiken Könige Siams einst gegen die Elefantenheere der Herrscher Burmas oder des Khmer-Reiches. Zum Glück für die Elefanten wurde die letzte derartige Schlacht aber bereits im Jahre 1872 ausgetragen.

Neben der farbenfrohen Schau aus der Thai-Geschichte führen die Elefanten auch regelrechte Sportwettkämpfe mit Stafettenläufen, Basketball und Tauziehen durch. Der Höhepunkt der Sportveranstaltung ist ein Fußballspiel von zwei Mannschaften mit jeweils 11 Elefanten, bei dem man den Eindruck hat, dass die Tiere einen regelrechten Ehrgeiz entwickeln und es ihnen selbst Spaß macht.

Das ganze Spektakel ist aber nicht nur eine eindrucksvolle Dressurvorführung, sondern auch eine farbenprächtige Folkloreschau. Die Elefantenvorführungen werden begleitet von mehreren hundert in traditionelle Thai-Kostüme gekleideten Mädchen und jungen Männern, die zu dröhnenden Lautsprecherklängen alte Thai-Tänze aufführen. Tausende von Besuchern, darunter viele aus Bangkok mit Sonderzügen oder Bussen angereiste Farangs, bekommen einen guten Eindruck davon, wie es in Thailand früher einmal zuging.

Tempel-Fest

Buddhistische Klöster sind der Mittelpunkt der gesellschaftlichen Aktivitäten auf dem Dorf und das Klostergelände ist Schauplatz vieler Veranstaltungen. Auch bei uns in Deutschland findet die Kirmes auf dem Platz vor der Kirche statt.
Als ich zum ersten Mal hörte, dass in unserem Dorf in der nächsten Woche ein Tempel-Fest stattfindet, dachte ich zunächst an eine religiöse Veranstaltung. Tatsächlich ist aber das jährliche Tempel-Fest nicht nur eine Gelegenheit, gemeinsam im Tempel zu beten und *tamboon* zu leisten, sondern vor allem ein auf dem Gelände des Klosters stattfindender Jahrmarkt mit Kirmesbetrieb. Der eigentliche Anlass ist das Bemühen, Geldspenden für einen prächtigeren Ausbau des Klosters zu bekommen. Das Kloster sammelt Geldspenden von den Besuchern und erhebt Standgebühren von den Veranstaltern.

Dabei kommen aber auch die religiösen Aktivitäten wie Opfern und gemeinsames Gebet mit den Mönchen nicht zu kurz. Sie finden meist am Morgen statt, wenn die Gläubigen den Mönchen Speisen bringen. Alle besonders für diesen festlichen Anlass gekochten Speisen werden vor den in einer Reihe sitzenden Mönchen aufgestellt. Dann hockt sich die ganze Gemeinde gegenüber den Mönchen nieder. Diese beginnen nun mit einer endlosen Zeremonie im Singsang ihre Gebete zu rezitieren. Nachdem das überstanden ist, ziehen alle Gläubigen in langer Reihe an den Mönchen vorüber und geben ihnen jeweils eine Kelle der mitgebrachten Speisen in den vorgehaltenen Napf. Nachdem die Mönche gesättigt sind, beginnen die Zuschauer mit dem Verzehren der reichlich vorhandenen Reste.

Jeder findet auf dem Jahrmarkt etwas, was ihn interessiert. Angeboten und verkauft wird alles, was man sich nur denken kann: gebratene Hähnchen, Maschinenpistolen aus Plastik, geröstete Heuschrecken und Käfer, geweihte Amulette, Kleider, Softdrinks und Rattenfallen. Zur Unterhaltung gibt es Karussells, Autoskooter-Bahnen, Glücksräder und Losbuden. Auch die Mönche amüsieren sich im Rahmen des Zulässigen. Man sieht sie in ihren gelben Kutten, wie sie an den Verkaufsständen ihre Einkäufe tätigen oder auch gemeinsam im Autoskooter fahren.

Live-Musik wird gespielt, wobei ein Mädchen herumgeht und auf einem Teller Geld von den vor der Bühne stehenden Zuschauern einsammelt. Außerdem wird eine große Kinoleinwand aufgestellt, auf der blutrünstige Gangster- oder Geisterfilme ablaufen. Dazu herrscht ein unbeschreiblicher Lärm, mindestens doppelt so laut wie auf unseren Kirmesplätzen.

So ein Fest geht über eine ganze Woche oder auch länger. Für das gesamte Dorf ist das jährliche Tempel-Fest eine willkommene Abwechslung im doch sonst relativ eintönigen Landleben. Den jungen Leuten bietet es eine gute Gelegenheit, sich kennen zu lernen, denn natürlich kommen auch viele Besucher aus den Nachbardörfern herbeigeströmt.

Von großen und kleinen Tieren

Nicht nur über die Menschen, sondern auch über die Tiere in Thailand sollte der Farang einige Informationen besitzen, wenn er dort gut zurechtkommen will.

Elefanten

Elefanten sind immer noch das Nationalsymbol Thailands, obwohl sie aus der Landesflagge verschwunden sind. Wir kennen die Bilder von Elefanten als Transporttiere, als Arbeitstiere, als Prunksymbole bei Paraden, als unangreifbare mobile Hochsitze für Tigerjagden – kurz, als notwendiges Element beeindruckender fernöstlicher Kultur. Die Thais zeigen großen Respekt und Liebe für diese Tiere, auch wenn sie ihre wirtschaftliche Bedeutung weitgehend verloren haben. Als ganz plötzlich am 16. März 2001 Jum, eine der beiden Elefanten-Zwillingsschwestern im Zoo von Si Racha, ohne besondere Gründe verendete, sind unzählige Beileidskarten aus allen Teilen des Landes eingetroffen. Als kurz darauf ein Elefant namens Motala im Grenzgebiet zu Kambodscha auf eine Mine trat und ein Bein verlor, wurde jeden Tag in den Zeitungen über den Zustand des Tieres berichtet. Viele Millionen Baht wurden für seine Behandlung gespendet, und das nicht nur von wohlhabenden Leuten.

In Bangkok gibt es sogar ein 26-stöckiges Hochhaus, das wie ein Elefant gebaut worden ist. Sowohl der Rüssel wie auch die großen Ohren enthalten Büroräume und die großen Glasaugen sehen aus wie riesige Aquarien.

Es gibt in Thailand auch einen Tag der Elefanten. Dann werden vor allem im Isaan, wo in einigen Gegenden noch

Elefanten als Haustiere gehalten werden, die Tiere fein herausgeputzt und bekommen Leckereien. So wurden z.B. beim Elefantentag in Ayutaya von den zahlreichen Gratulanten mehrere tausend Kilogramm Obst gespendet und den Tieren auf einer liebevoll geschmückten Tafel serviert. Die 70 Elefanten verzehrten genüsslich Wassermelonen, Papayas und Ananas in festlichem Ambiente.

Die Lebensräume der Elefanten in freier Wildbahn schwinden von Jahr zu Jahr. Während es noch Anfang der Siebzigerjahre rund 10 000 Elefanten in Thailand gab, hat sich deren Bestand durch die immer stärkere Beschneidung ihres Lebensraums seither dramatisch verringert: Es dürfte heute in Thailand noch ca. 3 000 domestizierte Elefanten geben und nur noch einige hundert Tiere, die in den Nationalparks in freier Wildbahn leben. Abgerichtete Elefanten wurden früher vor allem zur Arbeit in der Holzwirtschaft benötigt. Seit der Holzeinschlag aber von der Regierung verboten wurde, gibt es hier keine Beschäftigung mehr für die Tiere. Die Besitzer versuchen deshalb, mit Farang-Besuchern Geld zu verdienen. Sie gehen in die Touristenorte und bieten dort einen Ritt auf dem Elefanten an oder ziehen mit den Dickhäutern tagsüber am Strand und abends an den Bars entlang. Ein gesunder Elefant kostet heute zwischen 100 000 und 300 000 Baht. Wer solch ein Tier kauft, um damit in Touristenzentren Geld zu verdienen, der muss nicht nur die Unterhaltskosten, sondern auch den Kaufpreis mit dem Tier verdienen.

Umweltschützer sind besorgt über die offensichtliche Zunahme von jungen Elefanten unter drei Jahren in der Tourismusindustrie. Sie haben wenig Überlebenschancen, wenn sie getrennt von ihrer Mutter aufwachsen. Sofern sie doch überleben, bekommen sie meist Knochenerkrankungen, weil sie aus Kostengründen nicht mit den nötigen Mengen Milch versorgt werden. Die meisten Babyelefanten sind Waisen, die von gewilderten Müttern stammen.

Es gibt aber auch Leute in Thailand, die gar nicht so gut auf Elefanten zu sprechen sind. So zum Beispiel die Ananas-Farmer am Rande von Nationalparks, denen die Elefanten regelmäßig ihre Ananas-Ernte ruinieren. Die Farmer sagen, das Eindringen der Elefanten in ihre Plantagen habe nichts mit Futtermangel zu tun, denn Nahrung für die Dickhäuter ist im Dschungel zur Genüge vorhanden. Sie kommen, weil sie Ananas gern mögen. Wenn sie einmal wissen, wie gut dieses Obst schmeckt, kann man sie nicht mehr aufhalten. Abschreckmittel wie Knallfrösche und Stacheldraht haben sich als nutzlos erwiesen. Die Elefanten sind äußerst gerissene Tiere, die kein zweites Mal auf einen Bluff wie Knallfrösche hereinfallen. In einigen Fällen sind deshalb die naschhaften Dickhäuter auch schon von den Feldbesitzern vergiftet worden.

Wasserbüffel

Sie gehören zum Bild des ländlichen Isaan genauso wie die endlosen Reisfelder. In früheren Jahren dienten sie den Reisbauern als Zugtiere. Heute besitzt fast jeder Bauer einen gabelgesteuerten Minitraktor, sodass die Wasserbüffel als Zugtiere überflüssig geworden sind. Trotzdem hält im Isaan jede Familie auf den Dörfern eine kleinere oder auch größere Herde dieser graubraunen, massigen Gesellen mit den großen Hörnern. Jeden Morgen treibt ein Familienmitglied – meist der Großvater – die Herde durch die Dorfstraße auf die Felder. Dort passt er dann den ganzen Tag auf, dass die Burschen nur das Gras an den Feldrändern und nicht den jungen Reis fressen.

Die Tiere werden heute nur noch als Schlachtvieh gezüchtet. Da ein ausgewachsenes Exemplar beim Verkauf leicht 10 000 Baht einbringt, stellen sie für die Familie ein beträchtliches Vermögen dar. Allerdings meist auch das einzige, wenn nicht eine Tochter in Pattaya anschaffen geht.

Farangs gegenüber sind sie wohl wenig freundlich gesinnt, da sie ihre großen Haufen mit Vorliebe direkt vor meinem Haus absetzen, wenn sie am frühen Morgen ausgetrieben werden. So muss ich jedes Mal einen Slalomlauf absolvieren, wenn ich morgens mit dem Motorrad losfahren will.

Hunde

Trotz regierungsamtlich propagierten Maßnahmen zur Geburtenbeschränkung gelten die meisten Familien auf den Dörfern nach unseren Begriffen als kinderreich. Auf dem Lande gibt es jedoch noch mehr Hunde wie Kinder. Wenn der Farang durch ein Dorf fährt, wird er meist von einem ganzen Rudel kläffender Straßenköter begleitet. Die Hunde liegen mit Vorliebe mitten auf der Straße und denken gar nicht daran, einem Fahrzeug Platz zu machen. Sie sind augenscheinlich der Meinung, dass die Straße ihnen gehört. Die Menschen auf den Dörfern im Isaan kommen den Farangs meist freundlich entgegen, die Hunde jedoch weniger.

Wenn man tagsüber auch über das Gekläffe hinweghören kann, so werden die Hunde in meinem Dorf vor allem nachts zur Plage. Jede Nacht fängt irgendein Köter jämmerlich an zu heulen und nach und nach stimmen alle Hunde der Nachbarschaft in das Gejaule ein, das mich regelmäßig aus dem Schlaf weckt. Auf meine Frage,

warum die Hunde mitten in der Nacht dieses schauer-
liche Geheule anstimmen, bekomme ich von meiner Frau
zur Antwort: „Die Hunde sehen einen Geist". Wenn das
stimmt, dann muss es in meinem Dorf eine ganze Menge
Geister geben, die nachts die Gegend unsicher machen,
denn der Krach geht in einer Nacht oft mehrmals von
neuem los.

Von Zeit zu Zeit fährt mal ein Hundefänger-Wagen durchs
Dorf und sammelt alles ein, was auf der Straße herumliegt
und nicht schnell genug wegläuft. Die übrig bleibenden
Exemplare tun aber dann ihr Möglichstes, um den Bestand
bald wieder auf das alte Level zu bringen.

Minikrokodile

Die früher die Flüsse Thailands bevölkernden Krokodile
sind heute ganz ausgerottet. Wer in Thailand Krokodile
sehen will, der muss eine der Krokodilfarmen aufsuchen,
von denen allerdings manchmal bei Hochwasser ein paar
Tiere ins Freie gelangen. Dann beginnt jedes Mal eine
von den Medien voll ausgeschlachtete Jagd auf die Aus-
reißer.

Was es in Thailand aber überall in Massen zu sehen gibt,
sind einige Zentimeter lange, ihren großen Verwandten
erstaunlich ähnliche Minikrokodile, die Geckos. Die Thais
nennen diese Eidechsenart nach dem Ruf, den sie aussto-
ßen, *Jin Jok*. Sie befinden sich in allen Räumen an Wän-
den und Decken und bewegen sich, weil sie Saugnäpfe an
ihren Füßen haben, auf allen Untergründen fort. Sie können sogar mit dem Kopf nach unten von der Zimmerde-
cke hängen. Mit großer Geschwindigkeit nehmen sie vor
jedem Fremden bei Annäherung Reißaus. Schon bei der

kleinsten Berührung können sie ihren Schwanz verlieren, der ihnen aber nachwächst. Sie ernähren sich ausschließlich von Insekten und haben es besonders auf die Moskitos abgesehen. Sie verachten aber auch keinen Schmetterling, wenn er so unvorsichtig ist, auf einer Wandfläche einzuschlafen. Wegen ihrer Funktion als Insektenvertilger gelten sie als nützliche Haustiere und es gilt als Sünde und Unglück bringend, sie zu töten. Auch der Farang sollte sich daran gewöhnen, dass diese Tiere so zum Land gehören wie Kokospalmen und Bananenstauden. Er darf sich nicht erschrecken, wenn sie über sein Nachtkästchen wieseln. Dem Computerbesitzer können sie allerdings zum Ärgernis werden, falls es ihnen gelingt, in den Computer oder Drucker zu gelangen und an diesem nach ihrer Meinung geschützten Ort ihre Eier abzulegen.

Eine andere 20-30 Zentimeter große Eidechsenart, die oft in der Nähe oder auch im Dachstuhl bewohnter Häuser zu finden ist, ist der ebenfalls nach seinem Ruf benannte *Tokey*. Er ernährt sich von Schädlingen wie Mäusen, Kakerlaken und anderem Ungeziefer. Es bringt deswegen auch Unglück, einen Tokey zu töten. Diese Echsen sind nur nachts unterwegs. Dann kann man oft mehrmals das 7-8-mal wiederholte laute „tokey, tokey" vernehmen, mit dem das Männchen ein Weibchen ruft (oder vielleicht auch umgekehrt).

Ameisen

Ich habe einmal irgendwo gelesen, dass es auf der Erde ein paar tausendmal mehr Ameisen als Menschen gibt. Für den in einer zubetonierten Großstadt in Deutschland lebenden Menschen mag das kaum verständlich sein; die am Weltdurchschnitt fehlende Zahl hat sich aber sicher im Isaan konzentriert. Hier auf dem Land gibt es nicht nur Unmengen von Ameisen, sondern auch eine Vielzahl von Arten. Da sind die auf den Bäumen und Sträuchern hockenden großen roten und sehr bissigen Feuerameisen, die man sofort im Nacken hat, wenn man dicht genug darunter ist. Da sind weiterhin die mittelgroßen schwarzen Ameisen, die überall im Boden sitzen und einem sofort die Beine hoch und in die Hosen krabbeln, wenn man stehen bleibt oder sich gar irgendwo auf einen Baumstumpf setzt. Da sind aber vor allem die winzig kleinen, kaum stecknadelkopfgroßen Tierchen, die in unendlicher Zahl überall im Haus sitzen. Normalerweise bemerkt man sie gar nicht. Man braucht jedoch nur irgendetwas offen stehen zu lassen, was nach Nahrung für diese Quälgeister riecht oder auch nur etwas Kaffee oder Bier zu verschütten, schon kommen ganze Heerscharen angekrabbelt. Weiß der Teufel, woher sie so schnell herausfinden, wo es etwas für sie Nahrhaftes gibt. Ich kann mir das nur so erklären, dass sie überall – wegen ihrer winzigen Größe für uns unsichtbare – Späher sitzen haben, die sofort ihre ganze Sippe alarmieren, wenn der Geruch von etwas Essbarem in ihre feinen Nasen dringt. Ein beim Abendessen hinters Haus geworfener Hühnerknochen, der den Blicken der ewig hungrigen Hunde entgangen ist, glänzt am nächsten Tag hell in der Sonne, abgenagt von Tausenden von Ameisen.

Es gibt im Hause nur einen Platz, der vor ihnen sicher ist: der Kühlschrank! Man stellt also alles Essbare, was für diese Raubtiere interessant ist, in den Kühlschrank. Leider ist das aus hygienischen Gründen kaum mit meinen über Nacht auf einem Haken hängenden Hosen und Unterhosen möglich. Bevor ich am Morgen in meine Beinkleider steige, muss ich sie jedes Mal sorgsam nach Untermietern durchsuchen, die sich über Nacht dort einquartiert haben könnten. Sonst riskiere ich, von diesen Quälgeistern an meinen empfindlichsten Stellen gebissen zu werden. So klein sie nämlich sind, so kräftig können sie zubeißen. Es ist nicht gerade angenehm, wenn man, kaum dass man sich gemütlich am Kaffeetisch niedergelassen hat, wieder aus der Hose steigen muss, um diese lästigen Mitbewohner loszuwerden.

Das leibliche Wohl

Die thailändische Küche

Thailand ist ein kulinarisches Paradies. Der Vorzug der thailändischen Küche liegt in der Vielfalt und der Kombination vieler Geschmacksrichtungen. Mit Kokosmilch angereicherter Curry oder Suppen, saure Salate, kurz angebratenes Fleisch und Gemüse, knackige Meeresfrüchte, Hühnerfleisch in Kokosmilch, gebratene Ente mit Ingwer oder Muscheln mit Curry und Basilikum – alles wird gegessen mit gekochtem oder gedämpftem Reis.

Reis ist der wichtigste Bestandteil der thailändischen Ernährung und Mittelpunkt der thailändischen Küche. Nicht umsonst bedeutet das Thai-Wort für essen *gin kao*, was wörtlich übersetzt heißt „Reis zu sich nehmen". Eine Mahlzeit ohne den geheiligten Reis ist unvorstellbar und wird nicht als wirkliche, den Hunger sättigende Mahlzeit angesehen. In den Geschäften wird eine Vielzahl unterschiedlicher Reissorten und Qualitäten angeboten. Unter den verschiedenen Reissorten ist der langkörnige Jasmin-Reis *(kao hom mali)* besonders beliebt und natürlich auch am teuersten. Der Anbau von Jasmin-Reis erfordert aber einen speziellen Bodentyp und gedeiht deshalb nur auf den leicht salzigen Böden der Nordostprovinzen. Der appetitanregende Duft von frisch zubereitetem Jasmin-Reis ist eine besondere Eigenschaft dieser Sorte. Bruchreis hat dagegen die geringste Qualität. Wie der Name schon sagt, handelt es sich bei Bruchreis um die in der Reismühle zerbrochenen Körner. Bruchreis hat den Nachteil, dass er leicht weich wird, weil er zu schnell das Wasser aufnimmt. Dafür kostet er aber auch deutlich weniger als der Langkornreis. Im Norden und Osten Thailands bevorzugt man den Klebreis *(kao niao)*, dessen Körner nach dem Kochen fest aneinanderkleben. So kann dieser Reis auch besonders leicht mit der Hand gegessen werden.

Reis wird sowohl zum Frühstück wie zu Abend gegessen. Khao tom, eine Reissuppe, ist das typische Frühstück der Thais. Die eher fade Suppe gibt es mit Huhn, Schwein, Garnelen, Rind und anderen Zutaten und wird am Tisch je nach Geschmack kräftig nachgewürzt.

Die Thai-Küche ist eine leichte Küche. Kurze, vitaminschonende Garzeiten werden bevorzugt und mit Fett wird äußerst sparsam umgegangen. Viele Gerichte haben frisches Gemüse als Grundlage und sind deshalb vitaminreich und leicht verdaulich. Daneben wird zu jeder Mahlzeit Grünzeug gegessen, das zum Teil bei uns gar nicht bekannt ist. Es wird von den Frauen am Feldrand und auf den Teichen eingesammelt. Grundlage der meisten Gerichte ist ein zu Beginn des Kochens in einem kleinen Mörser zubereitetes Gemisch aus Knoblauch, Currypaste, kleinen roten Paprikaschoten und verschiedenen Kräutern. Die im Mörser zusammengestampfte Paste kommt dann zuerst mit etwas Öl in eine über einer offenen Flamme stehende Pfanne, den Wok. Anschließend werden die Zutaten wie Fleisch, Fisch, Nudeln usw. der Reihe nach zugegeben und geschmort. Gemüse wird immer frisch und unter schnellem Rühren im Wok zubereitet.

Beim Dinner im Restaurant wird der Tisch für jeden Gast mit einem Teller, einem Löffel und einer Gabel gedeckt und jedem wird eine Portion gedämpfter Reis gereicht. Die anderen Gerichte aber, Vorspeisen, Suppen und vor allem die exotischen und würzigen Fisch- und Fleischspeisen der thailändischen Küche werden für alle Gäste gemeinsam in großen Schüsseln oder Platten serviert. Jeder nimmt sich davon, worauf auch immer er Lust und Appetit hat.

Im Familienkreis wird zu jedem Essen eine große Schüssel mit gekochtem Reis serviert, aus dem sich jeder, am Tisch oder mit Vorliebe auch auf dem Boden sitzend, eine Portion auf den Teller lädt. Dazu werden dann meist scharf gewürzte Beilagen aus Fleisch, Gemüse, Fisch, Eiern oder Früchten serviert. Das Fleisch stammt vom Rind, Huhn oder Schwein. Die Teller stehen in der Mitte der Runde und man nimmt sich jeweils kleine Portionen von den unterschiedlichen Speisen auf den eigenen Teller, die man dann zusammen mit dem Reis isst. Feste Speisen isst man mit Gabel und Löffel. Dabei halten Thais den Löffel in der rechten und die Gabel in der linken Hand und schieben das Essen mit der Gabel auf den Löffel. Messer werden selten gebraucht, da das Essen in mundgerechten Stücken serviert wird. Nudelgerichte werden in der Regel mit Stäbchen und Löffeln gegessen, indem man zuerst die festen Bestandteile mit den Stäbchen herausfischt und dann die verbleibende Brühe auslöffelt.

Currys und scharfe Saucen sind sehr beliebt. Die Thais lieben es, beim Essen die Schmerzgrenze auszuloten und so lange mit dem roten Chilipulver nachzuwürzen, bis ihnen das Wasser aus Augen und Nase läuft. Dabei kann es dem so viel Chili nicht gewohnten Farang regelrecht die Sprache verschlagen. Er sollte vor allem Vorsicht walten lassen bei den Vulkangerichten aus dem Isaan, die ihm die Zunge und die Kehle verbrennen können.

Abgeschlossen wird eine thailändische Mahlzeit normalerweise mit Obst und auch hier ist die Vielfalt überwältigend. Es gibt alles – von der zarten jungen Ananas und den zuckersüßen kleinen Thai-Bananen bis zu exotischen Mangos, Durians und Pomelos.
Die thailändische Küche ist auch berühmt für ihre schnell zubereiteten und leckeren Ein-Teller-Gerichte, die man

überall in den Garküchen am Straßenrand, auf Märkten und in den vielen kleinen und volkstümlichen Restaurants in Thailand genießen kann. Fährt man durch Bangkok, so fallen einem die unzähligen Imbissstände auf, die rund um die Uhr geöffnet sind. In einigen Straßenzügen wird nur gebraten, gebrutzelt, flambiert, gegrillt und gekocht. Wenn man die vielen Essstände an den Straßen sieht, die alle guten Zuspruch haben, wundert man sich, dass die Thais doch allgemein wesentlich schlanker sind als wir Farangs. In jedem der kleinen Straßenlokale, wo den ganzen Tag lang geschnetzelt und gebrutzelt wird, kommt der Gaumen auf seine Kosten. Es gibt zwar so gut wie nie eine Karte (schon gar nicht auf Englisch), aber per Zeichensprache lässt sich auch bestellen. Eine Rührbewegung und das Deuten auf die in einer Glasvitrine lagernden Zutaten erbringt gewöhnlich ein kurz gebratenes siamesisches Chopsuey aus Nudeln, Gemüse, Hühnchenfleisch oder Krabben.

Vorsicht ist bei Getränken geboten, die man zum Essen in einem Thai-Restaurant bestellt. Thais konsumieren bei einem gemütlichen Beisammensein zunächst die alkoholischen Getränke und beginnen dann erst zu essen. Wasser ist das übliche Getränk bei Tisch. Beim Essen und allgemein auch nachher werden keine alkoholischen Getränke, auch kein Bier getrunken. Wenn ich zum Beispiel abends vor dem Haus sitze und trinke eine Flasche Bier, dann gehört es zum guten Ton, dass man einen vorbeikommenden Nachbarn einlädt, ein Glas mitzutrinken. Aber selbst von Leuten, die bekanntermaßen einem guten Tropfen nicht abgeneigt sind, bekomme ich dann oft zur Antwort „vielen Dank, aber ich habe schon gegessen". Wenn man in einer Bar oder einem Restaurant alkoholische Getränke bestellt, dann wird einer der herumstehenden dienstbaren Geister jedes angetrunkene Glas sofort wieder bis zum Rand auffüllen. Wenn man dies bei angeregtem Gespräch nicht bemerkt, kann es einem passieren, dass man sehr schnell betrunken wird.

Eine Einrichtung, an die der Farang sich erst gewöhnen muss, sind die vor allem in den großen Kaufhäusern zu findenden Selbstbedienungsrestaurants, mit einem oft überwältigenden Angebot an unterschiedlichen Speisen. In diesen Fast-Food-Restaurants kann man nicht bar bezahlen; sie akzeptieren nur Coupons. Man muss also erst den Stand finden, an dem die Coupons verkauft werden und dort so viele Gutscheine kaufen, wie man zu verzehren beabsichtigt. Zu diesem Zwecke empfiehlt es sich, vorher an den Ständen vorbeizugehen und zusammenzurechnen, wie viel Gutscheine man braucht. Damit zahlt man dann an der Essensausgabe sein Essen und die Getränke. Wichtig ist: Man darf nicht vergessen, die nicht gebrauchten Coupons zurückzuwechseln, bevor man geht.

Thais lieben aber auch Western Food. Überall in Bangkok haben sich Pizza-, Burger- und Donut-Läden angesiedelt. Sie passen aber ihre in der ganzen Welt gleichen Standardprodukte dem Thai-Geschmack an. Da Thais keinen Käse mögen, kommt z.B. kein Käse auf die Pizza. Im Zuge der „Thais kaufen Thai"-Kampagne der regierenden Thai-Rak-Thai-Partei kann es nur noch eine Frage der Zeit sein, bis auch Somtam-Pizza und Chili-Burger angeboten werden.

Nudelshops

Eines der Thai-Leibgerichte (und auch meines) ist Nudelsuppe Koh Tio. Ich würde Koh Tio allerdings nie in einem Restaurant essen, außer, ich bin gerade mal eingeladen. Koh Tio schmeckt einfach am besten in einem Nudelshop am Straßenrand. Man kann auf den belebten Straßen Bangkoks keine hundert Meter weit gehen, ohne auf solch eine typische Thai-Abfütterungseinrichtung zu stoßen. Natürlich sind Nudelsuppen auch in anderen Ländern, wie in China, ein wichtiger Teil des gastronomischen Angebots. Zu einer echten Thai-Nudelsuppe gehört aber auch das richtige Ambiente und das findet man eben nur in Thailand.

Fangen wir mit der Hardware an. Ein typischer Nudelshop besteht aus einer am Straßenrand aufgebauten fahrbaren Kocheinrichtung mit aufgesetztem Regal, hinter dessen Glasscheiben man all die vielen Zutaten bewundern kann, mit denen eine Thai-Nudelsuppe auf den individuellen Geschmack gebracht werden kann. Des Weiteren gehören zur Einrichtung einige auf dem Bürgersteig aufgestellte, wackelige, mit Plastik überzogene Klapptische und ein paar Hocker. Bevor ich mich aber an solch einem gastronomischen Minibetrieb niederlasse, prüfe ich mit einem schnellen Blick, ob auch die anderen wichtigen Dinge vorhanden sind, die man zum ungestörten Genuss des Mahls benötigt. Das sind nicht etwa Damasttischtücher und silberne Bestecke, sondern eine Büchse mit Zahnstochern und eine Rolle Toilettenpapier auf dem blanken Tisch sowie ein Spucknapf unter dem Tisch. In besseren Etablissements ist die Klopapierrolle in einer Plastikschale verpackt, der ein mit einem Snoopy-Bild verzierter Deckel einen distinguierteren Anstrich verleiht. Die Zahnstocher werden benötigt, um sich die Chilireste aus den Zähnen zu popeln, das Toilettenpapier, um sich das Wasser abzuwischen, das einem aus Augen und Nase strömt, wenn man versehentlich auf eine Chilischote gebissen hat und der Spucknapf, um Zahnstocher und Papier nach Gebrauch zu entsorgen.

Kommen wir nun zu dem Wichtigsten, der Herstellung der kulinarischen Köstlichkeit selbst. Da es sich um eine Nudelsuppe handelt, sind das natürlich vor allem die Nudeln. Man kann unter mehreren, hinter der Glasscheibe ausgestellten Sorten wählen: dünne Glasnudeln, normale Fadennudeln oder breite Bandnudeln. Als Nächstes kommt dann das Fleisch. Hier gibt es allgemein die Wahl zwischen Schweinefleisch, Rindfleisch, Huhn oder auch Krabben. Dazu werden noch kleine Fleischklößchen angeboten. Das Ganze kommt mit einigem Grünzeug in eine Siebkelle und wird dann ein paar Minuten in eine Fleischbrühe gehalten, die den ganzen Tag über in einem Kessel brodelt. Anschließend wird alles in eine Essschale gekippt, etwas von der Brühe darüber geschüttet, mit Bambuskeimen überstreut und dem Gast serviert.

Wer aber meint, nun könnte er sich dem Genuss der fertigen Suppe hingeben, der ist auf dem Holzwege. Denn jetzt kommt das Wichtigste überhaupt: die Feinabstimmung auf den individuellen Geschmack des Genießers. Dazu steht auf jedem Tisch eine ganze Batterie von Gewürzen: Essig, Zucker, kleingestoßene rote Chilischoten, Pfeffer, Fischsoße und gemahlene Erdnüsse. Von diesen Ingredienzen kann nun jeder so viel in die Suppe rühren, wie seine Zunge oder sein Magen verträgt. Gegessen wird das Ganze mit zwei Stäbchen, erst wenn die festen Sachen rausgefischt sind, nimmt man einen Löffel zu Hilfe. Solch eine sättigende Mahlzeit bekommt man je nach Wahl der Zutaten am Straßenrand in Bangkok für 20-40 Baht, im Isaan sogar für 15 Baht (0,30 Euro).

Isaan-Spezialitäten

Der größte Teil der Thailandurlauber wird seine Ferien in Fremdenverkehrszentren wie Pattaya oder Phuket verbringen. Er wird hier außer Thai-Restaurants auch viele europäische Speiselokale antreffen. Das Angebot geht von deutscher Hausmannskost über Pizzaläden bis zu französischen Restaurants. Wer sich aber entschließt, den Isaan zu besuchen oder sich von seiner Freundin dorthin schleppen lässt, der wird einige Spezialitäten kennen lernen, die nicht alle für den Farang-Gaumen geeignet sind.

Plah La

Wenn in der Regenzeit manchmal gewaltige Gewittergüsse herunterströmen und die Felder überfluten, stehen am Morgen nach der Sintflut Frauen und Kinder bis zur Brust im Wasser in Bach- und Straßendurchlässen, durch die das in den Feldern aufgestaute Wasser abströmt. In vorgespannten Netzen fangen sie dann eimerweise kleine Fische von Fingergröße. Die Fische werden zu Hause in große Steinguttöpfe gepackt, dann abgedeckt und weggestellt. Nach einem Monat ist der gesamte Inhalt verfault und bildet eine, gelinde ausgedrückt, streng riechende Masse, die als Plah La unentbehrlicher Bestandteil der Isaan-Küche, vor allem des Isaan-Nationalgerichts Som-Tam ist. Wenn man im Isaan über einen Markt geht, merkt man schon am Gestank, dass man sich einem Stand nähert, wo Plah La verkauft wird. Nun ist allerdings die Auffassung davon, was wir noch als genussfähig erachten, sehr relativ. Als ich mir einmal im Supermarkt einen schon etwas reifen Camembert gekauft hatte und ihn abends aus dem Kühlschrank holen wollte, um mir ein leckeres Käsebrot zu machen, war der Camembert verschwunden. Auf meine

Frage, wo das kostbare Stück geblieben sei, sagte meine Frau, dass sie morgens den Kühlschrank saubergemacht und dabei das stinkende Etwas weggeworfen hatte, da man so etwas Verfaultes doch nicht mehr essen könne.

Leckere Insekten

Insekten aller Art sind seit eh und je ein Bestandteil des Speisezettels auf dem Lande, vor allem im Isaan. Hier wird alles gegessen, was nicht schnell genug weglaufen oder wegfliegen kann. Tiere und Insekten, vor denen wir Farangs normalerweise Abscheu haben und sie nicht anfassen, geschweige denn in den Mund nehmen würden, gelten hier als Leckerbissen. Egal ob Feldratten oder ein Frosch, der leichtsinnigerweise abends in das Licht der Hauslaterne hüpft, alle wandern schnell in die Pfanne.

Eines Abends saßen wir beim Essen, als plötzlich der Strom ausfiel und das Licht ausging. Da so etwas öfter passiert, waren aber gleich ein paar Kerzen zur Hand und wurden angezündet. Am Tage hatte es etwas geregnet, sodass jetzt eine Menge Viehzeug in der Luft herumschwirrte. Es waren besonders mottenähnliche Insekten mit großen Flügeln, die um die Kerzen herumtanzten und immer dann, wenn sie der Flamme zu nahe kamen, sich die Flügel ansengten und auf die Tischplatte fielen. Dort blieben sie aber nicht lange liegen, denn die um den Tisch herumsitzenden Kinder nahmen sie bei den Flügeln, hielten den Körper der Tiere einen Augenblick in die Kerzenflamme und verspeisten sie dann als Leckerbissen.
Der Verzehr von Insekten ist im Isaan seit jeher beliebt und hat zum Ausgleich des Proteinmangels, durch die mangels Fleischlieferanten einseitig auf Reis und Gemüse abgestellte Kost, auch seine Berechtigung. Mit der Massenmigration der Arbeitssuchenden aus den armen

Dörfern des Isaan in die Hauptstadt Bangkok und in die Touristenhochburgen ist in den letzten 2 Jahrzehnten der Insektenverzehr auch in die anderen Landesteile exportiert worden.

Auf den Märkten und am Straßenrand bieten fliegende Händler all das, was wir normalerweise mit der Fliegenklatsche erschlagen oder mit der Spraydose erledigen, als Delikatesse an. In Öl frittierte Käfer, Heuschrecken und Larven werden hier genauso gerne geknabbert wie in Europa Popcorn, Chips oder Erdnüsse. Besonders beliebt sind auch gekochte oder gebratene Seidenraupen. Wenn bei uns die Oma von den gekochten Seidenraupen die feinen Seidenfäden abspult, dann sitzen die Kinder daneben und streiten sich um die abgespulten Tierchen, die dann so vernascht werden.

Die an der Straße angebotenen frittierten Käfer sehen für uns zwar wie plattgetretene Kakerlaken aus, sind aber für die Leute aus dem Isaan ein nahrhafter Leckerbissen. Tatsächlich enthalten die angebotenen Insekten zwei bis dreimal so viel Protein, bezogen aufs Körpergewicht, als Fleisch oder Fisch, haben aber weniger als den halben Fettgehalt der gebräuchlichen tierischen Produkte. Wenn man es über sich brächte, das Krabbelzeug runterzuschlucken, wäre es also die geeignete Diät für den mit Übergewicht belasteten Farang. Die Krabbeltierverkäufer überall an den Straßen sind zwar ein beliebtes Fotomotiv für Touristen, aber kaum jemand hat den Mut, das Zeug zu probieren. Sie lassen sich damit eine interessante kulinarische Erfahrung entgehen. Wer es aber doch mal versucht, der ist überrascht, wie gut die Dinger schmecken, etwa wie Popcorn oder geröstete Erdnüsse. Da sie gut gewürzt sind und deshalb auch Durst machen, schmecken sie am besten, wenn man sie abends an einer Bar sitzend mit einem Schluck Bier herunterspülen kann.

Für einige Dorfbewohner, die sich auf das Einfangen des Ungeziefers spezialisiert haben, ist das auch ein ganz einträgliches Geschäft. Die Insekten werden in der Nacht mit Neonleuchten angelockt und in aufgespannten Netzen gefangen.

Mit der zunehmenden Anwendung von Insektiziden treten jedoch auch Probleme und Gefahren für die Gesundheit auf. Die thailändische Regierung hat sogar vor dem Verzehr von Heuschrecken gewarnt. Bei dem starken Verbrauch von toxischen Insektenvertilgungsmitteln ist allerdings die Ausbeute in Thailand immer geringer geworden, sodass heute die meisten Tiere aus Kambodscha importiert und dann oft mit der Zusicherung „garantiert frei von Insektiziden" angeboten werden.

Die Insekten werden auch als Konserven in den Supermärkten verkauft. Auf den Regalen stehen Dosen vollgepfropft mit Wasserkäfern, Heuschrecken und Ameiseneiern. Wenn man jetzt plötzlich nachts Appetit auf Krabbeltiere bekommt, braucht man nur den Dosendeckel aufzureißen und kann sich dem Genuss hingeben, ohne dafür auf die Straße zum nächsten Krabbeltierverkäufer laufen zu müssen. Für Touristen ist es vielleicht eine Anregung, sich ein paar solche Dosen aus dem Supermarkt mitzunehmen und sie nach der Rückkehr den entsetzten Freunden zum Dinner zu servieren.

Betel

Wenn man auf dem Land herumreist, trifft man überall ältere Leute, die augenscheinlich sehr krank sind, denn sie spucken eine rote Flüssigkeit aus, die wie Blut aussieht. Sind sie unterwegs, so führen sie eine kleine Büchse mit sich, in die sie von Zeit zu Zeit die blutähnliche Flüssigkeit entsorgen. Es handelt sich hier aber nicht um eine tödliche Krankheit, sondern ganz im Gegenteil um etwas, das Körper und Seele guttut, weniger allerdings den Zähnen. Zeigt so ein Spucker dem Farang sein typisches Thai-Lächeln und öffnet dabei den Mund, sieht man nur noch ein paar dunkelrot gefärbte Zahnstummel. Die Leute kauen Betel, das seit alters her in Thailand zu den beliebten Genussmitteln gehört. Wenn auch jüngere Leute sich eher auf das Rauchen von Zigaretten verlegt haben, bleibt doch das Betelkauen die liebste Beschäftigung vieler alten Weiber, die keine Ambitionen auf Schönheit mehr haben.

Die Grundbestandteile dieses beliebten Genussmittels, das auf jedem Markt verkauft wird, sind Betelnüsse, Betelblätter und Kalkpaste. Das gevierteilte Stück Betelnuss wird in das mit Kalkpaste bestrichene Blatt eingewickelt und kräftig durchgekaut. Jeder kann die Zusammensetzung mit den verschiedenen Ingredienzen dem eigenen Geschmack anpassen. Männer packen z.B. häufig noch eine Prise in Alkohol getränkten Tabaks mit in den Betelhappen ein. Frauen setzen oft noch etwas geraspeltes Süßholz hinzu. Auf den Märkten kann man sogar vorgefertigte Betelhappen der verschiedenen Geschmacksrichtungen kaufen, die in einer luftdichten Dose aufbewahrt werden.
Betel und Kalk, mit dem eigenen Speichel vermischt, ergeben eine chemische Reaktion, die verantwortlich ist für die rote Farbe, aber auch für die Zerstörung der Zähne. Betel enthält eine narkotische und stimulierende Substanz und wirkt ähnlich wie Alkohol oder auch wie ein starker

Kaffee. Darüber hinaus soll Betelkauen angeblich das Allgemeinbefinden und die Gesundheit fördernde Eigenschaften haben. Es regt den Blutkreislauf an und wirkt schleimlösend. Betel ist wohl – außer Alkohol natürlich – die einzige berauschende Droge, die in Thailand nicht verboten ist und deren Genuss täglich nur ein paar Baht kostet.

Bildung

Schulen in Thailand

Schule heißt auf Thai *rawng rian*, das bedeutet wörtlich übersetzt „Haus zum Lernen". Besser wäre allerdings „Haus zum Auswendiglernen". Jedem Farang, der mit Thais länger zusammen ist oder als Expat in Thailand wohnt, fällt es oft schwer, die Gedankengänge der Menschen dort nachzuvollziehen. Das ist zum einen auf die vom Buddhismus geprägte Lebensphilosophie, aber auch auf das von unseren Verhältnissen sehr stark abweichende starre Bildungssystem zurückzuführen.

Die Schulpflicht für Kinder in Thailand beträgt allgemein 6 Jahre und wird auch – falls erforderlich – mit Bußgeldern für die Eltern, die ihre Kinder nicht zur Schule schicken, durchgesetzt. Wer möchte und bis zum Ende der Schulpflicht entsprechende Leistungen gezeigt hat, kann noch weitere schulgeldfreie 3 Jahre in der Oberstufe anhängen, entsprechend etwa unserer deutschen Grundschule. Das Unterrichtssystem und die Lehrinhalte unterscheiden sich aber stark von unserem Schulsystem und beschränken sich im Wesentlichen auf das Vermitteln von Lesen, Schreiben und Rechnen. Der Wissensstand in den naturkundlichen Fächern ist dagegen minimal.

Alle weiterführenden Schulen, etwa unseren Gymnasien entsprechend, sind schulgeldpflichtig. Dabei werden an den subventionierten staatlichen Schulen, an denen nur eine beschränkte Anzahl an Plätzen zur Verfügung stehen, rigorose Eingangsprüfungen verlangt. Ausreichende Prüfungsergebnisse werden dabei nicht selten durch Bestechungsgelder an die Prüfenden oder die Schuldirektoren erzielt. Die Privatschulen verlangen erhebliche

Schulgelder, die für die Masse der Bevölkerung kaum erschwinglich sind.

In Thailand hat jeder einen durch Geburt, Beruf und Reichtum bestimmten Status. Es ist daher dort wesentlich schwerer als in Europa, sich aus einfachen Verhältnissen nach oben zu arbeiten. Ein intelligentes Kind aus ärmlichen Verhältnissen wird nur selten die Gelegenheit haben, einen für das Fortkommen notwendigen Platz an einer weiterführenden Schule zu bekommen. Reiche Eltern reservieren dagegen durch entsprechende Schmiergelder an die Schulleitung die vorhandenen Plätze für ihre Sprösslinge.

Alle Experten sind sich darin einig, dass das Bildungs- und Erziehungssystem Thailands heute völlig veraltet und uneffektiv ist. Wenn man aber weiß, dass eine Lehrerin, die doch immerhin einige Jahre und auch eine für ihre oder ihrer Eltern Verhältnisse große Summe in ihre Ausbildung investiert hat, weniger als 10 000 Baht (ca. 230 Euro) im Monat verdient, dann darf man sich nicht wundern, dass die Lehrer von sich aus wenig Interesse haben, gegen die veralteten Lehrpläne und unzureichenden Mittel anzukämpfen.

Die Disziplin an den Schulen ist allgemein strenger als bei uns. Die Kinder (auch an den Grundschulen) tragen Schuluniform. Da das Erziehungssystem aber ganz auf stures Auswendiglernen ausgerichtet ist, wird lediglich diese Fähigkeit genutzt und entwickelt, sich Texte und den Unterrichtsstoff anzueignen. Hingegen wird wenig Wert auf die Ausbildung eines kritischen Denkvermögens bzw. auf die Vermittlung von analytischen Fähigkeiten gelegt. Was gelehrt wird und vor allem wie es gelehrt wird, lässt kaum Raum für Diskussionen, Meinungsbildungen und Fragestellungen. Der Farang, der mit Thais zusammenarbeitet, ist immer wieder erstaunt, wie schwer es einem Thai fällt, parallel mehrere Möglichkeiten zur Lösung eines Problems durchzudenken. In der Regel wird die einfachste Lösung als die einzig richtige und mögliche angesehen. Falls aber die Entwicklung nicht so läuft wie gewünscht, fehlen die Alternativen und der eingleisige Prozess geht von neuem los.

Ein typisches Beispiel für das Unterrichtsschema an Thai-Schulen ist der Englischunterricht. Selbst auf den Dorf-schulen bekommen die Kinder schon ab dem 4. Schuljahr Englischunterricht. Ich habe mich immer darüber gewundert, warum die Kinder trotzdem nicht in der Lage waren, mir auf eine einfache Frage in Englisch eine Antwort zu geben. Seitdem ich aber auf Bitten der Lehrer an unserer Dorfschule ein paar Stunden in der Woche Englischunter-richt für die Oberklassen gebe, ist mir klar geworden, war-um: Da die Lehrer selbst wenig und meist nur gebrochen Englisch sprechen, werden stur englische Texte aus dem Lehrbuch heruntergebetet oder abgeschrieben, ohne dass den Schülern klargemacht wird, worum es sich handelt. Es werden keine Vokabeln gelernt und natürlich auch keine abgefragt. Das Resultat ist, dass die Schüler selbst nach 4 Jahren Englischunterricht nicht in der Lage sind, einen einfachen Satz zu formulieren. Wenn ich jemanden frage „what is your name?", bekomme ich nur ein verlegenes Grinsen oder Kichern als Antwort. Wenn ich allerdings nach dem Namen der Wochentage frage, beginnt die ganze Klasse die auswendig gelernten Namen im Chor herunter-zubeten „monday, tuesday, ...".

Diese Lehrmethode blockt kreatives und vor allem late-rales Denken und damit das eigenständige Suchen nach alternativen Lösungen ab. Anstatt einen Thai zu fragen, was er über eine bestimmte Sache denkt, fragt man ihn besser, was er darüber weiß. Ein für uns Farangs schwer verständlicher Charakterzug der Thais ist eine gewisse Engstirnigkeit bzw. die Weigerung, Meinungen, die von ihrer eigenen Ansicht, d.h. von dem, was ihnen beigebracht worden ist, abweichen, als vernünftig und logisch zu akzeptieren. Wenn ein Thai sagt, er glaubt etwas nicht, dann kann er kaum begründen, warum. So fällt es zum Beispiel Farang-Technikern, die mit Thai-Personal zusammenarbeiten müssen, sehr schwer, die Kollegen davon zu überzeugen, dass es zur Durchführung einer bestimmten Aufgabe auch andere, bessere Lösungen gibt als die, welche man ihnen einmal beigebracht hat.

Geschichte in Thai-Schulbüchern

Wir Farangs haben oft Schwierigkeiten, die Denk- und Verhaltensweise der Thais zu verstehen. Wer sich wirklich darum bemüht – und jeder länger in Thailand lebende Farang sollte daran interessiert sein –, muss bei dem anfangen, was die Kinder von klein auf mitbekommen, also im Elternhaus und in der Schule. Das ist nicht zuletzt die Vorstellung, die den Kindern von dieser Welt und einer funktionierenden Gesellschaftsordnung beigebracht wird. Danach sind alle Thais eine große Familie und der König ist der gottähnliche Vater dieser großen Familie. Jeder hat seinen ihm zustehenden Platz in dieser naturgegebenen Hierarchie und jeder dabei Höherstehende hat Anspruch auf ein gewisses Maß an Respekt. Daraus ergibt sich auch ein Verständnis von Demokratie und Rechtsordnung, das sich in vielen Punkten von unserem gesellschaftlichen Selbstverständnis unterscheidet. Jede Gesellschaftsordnung ist letztlich das Produkt von Religion und Geschichte eines Volkes, und so ist auch das Verhalten der Thais, ihr für uns oft unverständlicher Stolz auf ihr Land, ein Produkt aus Religion und Geschichte, wie es den Kindern in der Schule beigebracht wird.

Die Geschichte, die in Thai-Schulbüchern gelehrt wird, ist eine Königsgeschichte. Zusammengefasst stellt sie sich für die Schüler etwa wie folgt dar: Thailand ist ein friedliebendes Land, wurde aber in der Vergangenheit mehrmals von fremden Mächten überfallen. Jedes Mal hat es aber der König geschafft, das Land zu retten und die Thais konnten weiterhin glücklich in Frieden leben. Ohne König gibt es kein Thailand und keine Geschichte. In dieser Geschichte ist kein Platz für gewöhnliche Sterbliche und so endet die staatliche und politische Entwicklung Thailands in den Schulbüchern plötzlich 1932, als der 7. König der Chakri-Dynastie nach einem unblutigen Staatsstreich der absoluten Monarchie entsagte und das Land in eine konstitutionelle Monarchie umgewandelt wurde.

Was dann noch kommt – also der größte Teil des 20. Jahrhunderts – mit seinem wechselhaften politischen Auf und Ab (seit 1932 fanden 20 Militärputsche statt, der letzte 2006), kennt keine Personen mehr, sondern nur noch einen König, der gottvaterähnlich über sein Volk wacht und dessen Probleme zu seinen Herzensangelegenheiten macht. Seine Weisheit und seine Fürsorge beschützen das Volk vor Unbill und vor Feinden. Ohne König gibt es keine Nation; das Volk ist nur eine anonyme Masse.

Die Schulbücher bringen fast nichts über die sozialen Strukturen des Landes und schon gar nichts über deren Veränderungen. So wurde zum Beispiel ein Plan des Erziehungsministeriums, in einem neuen Schulbuch über den blutigen Studentenaufstand vom 14. Oktober 1974 zu berichten, der zur Ablösung des Regimes des Feldmarschalls Thanom Kittikachorn und zur Durchsetzung überfälliger demokratischer Reformen in Thailand führte, durch den damaligen Ministerpräsidenten Thaksin gestrichen (Bangkok Post 6.9.01). Er war der Meinung, die Schüler der Oberklassen, für die dieses Buch gedacht war, würden durch das Studium dieser gravierenden Ereignisse in der Geschichte der Thai-Demokratie überfordert.

Nur am Rande erfahren die Kinder etwas über die vor 100 Jahren noch übliche Leibeigenschaft und über die Abhängigkeit der Leibeigenen von den adeligen Herren. In diesem Bild ist kein Platz für soziale Strukturen, Opposition und Klassengegensätze zwischen Arm und Reich. Das gesellschaftliche Modell, das an den Schulen gelehrt wird, hat wenig mit der realen Gesellschaftsform zu tun, sondern zeichnet vielmehr ein utopisches Bild der Volksgemeinschaft. Dabei werden Fakten vielfach durch Wunschvorstellungen oder durch Mythologie ersetzt. Die Bücher sind voll mit Beispielen der guten Taten des Königs (Entwässerungs- und Bewässerungsprogramme, künstlicher Regen, Sorge für verwundete Soldaten, Förderung von Schule und Bildung, ja sogar die Erfindung eines Treibstoffes aus heimischem Palmöl zum Ersatz des teuer importierten Dieselöls) und zeigen einen König, der über alle Thais wacht und einen Strom von segensreichen Wohltaten über sie ergießt.
Auch heute noch lebt der größere Teil der Thai-Bevölkerung auf dem Land, ihr Leben ist rund um den Wat, die buddhistische Tempelanlage, organisiert. Hier fällt das Bild eines selbstlosen, von politischen Querelen weithin unberührten Königs auf fruchtbaren Boden. Die lokale Verwaltung galt schon immer als korrupt und inkompetent, Gesetze als unberechenbar. So gilt allgemein beim Volk der König als Fels in der Brandung in unsicheren Zeiten. Eine Besonderheit, die Thailand von anderen Ländern mit konstitutioneller Monarchie unterscheidet, ist, dass per Gesetz jede Kritik oder gar als Beleidigung aufzufassende Bemerkung über das Königshaus mit strengen Haftstrafen (7-15 Jahre) bedroht ist.

Die Begriffe Volk, Staat, Gesellschaft und Gemeinwohl sind alles Synonyme für eine Ideologie, die ganz auf den König fokussiert ist. Die Gemeinsamkeit der Nation wird weniger durch Sprache, Grenzen oder Geschichte definiert, sondern durch das gemeinsame Gefühl der Liebe und Dankbarkeit zum König. Das Glück und Wohlergehen des Volkes hängt ganz vom König ab. Er ermöglicht es den Thais, sich als eine große Familie zu fühlen. Das undifferenzierte Bild des Landes, das den Kindern in der Schule vermittelt wird, ist das einer großen Familie oder Dorfgemeinschaft. Darüber hinaus werden die Pflichten jedes Einzelnen gegenüber dieser Großfamilie herausgestrichen, ohne ihn aber in gleicher Form über seine Rechte in einem demokratischen Rechtsstaat zu belehren. Freiheit der Meinung, Schutz der Persönlichkeit, kurz all das, was die Vereinten Nationen als fundamentale Menschenrechte deklariert haben, werden nicht erwähnt. Die Idee, dass alle Menschen von Geburt an die gleichen Rechte haben, passt nicht zum thailändischen Bild einer hierarchischen Ordnung.

Thailand ist eine Demokratie und die Schüler erfahren im Unterricht, dass jeder Bürger das Recht hat, die Leute zu wählen, die ihn vertreten. Das geht mit der Wahl des Bürgermeisters los, über die Wahl der Delegierten für den Kreistag und die Provinzvertretung, bis zur Wahl des Parlaments und des Senats in Bangkok. Diese Basisdemokratie funktioniert auch bis ins kleinste Dorf. Bei der Wahl des Kreistagsvertreters in unserem Dorf lag zum Beispiel die Wahlbeteiligung bei 95 %, eine Zahl, die wir im Westen nur von diktatorischen Regimes gewohnt sind. Die Regierung wird aber in den Schulbüchern nicht als vom Volk mit der Vertretung und Durchsetzung seiner Grundrechte beauftragtes Gremium dargestellt und das Wahlrecht nicht als Basis der politischen Willensbildung. Vielmehr erscheint das Recht, Leute zu wählen, die einen bei der Regierung vertreten, als ein Zugeständnis der Regierenden an die Regierten. Ebenfalls kommt gar nicht zur Sprache, dass die Demokratie ein unabdingbares Mittel zur Auseinandersetzung und zum Finden von Kompromissen zwischen den verschiedenen Gruppen und Interessen im Volk ist.

Dank an die Lehrer

Die hierarchische Ordnung bzw. das Statusdenken der Thais kommt nicht von ungefähr, sondern beginnt schon im Elternhaus und wird dann in der Schule noch gefestigt. Ein Beispiel hierfür ist der Respekt vor den Lehrern. In Thailand werden die Lehrer zwar wesentlich schlechter bezahlt als bei uns, genießen aber dafür ein höheres Prestige in der Gesellschaft und bei ihren Schülern. Zum Zeichen ihres Respekts und ihrer Wertschätzung bedanken sich in Thailand einmal im Jahr die Schüler kollektiv bei ihren Lehrern für die Mühe, die sie sich im vergangenen Jahr mit den Schülern gegeben haben.

Da ich an unserer Dorfschule – wenn auch nur ehrenamtlich – Englischunterricht gebe, gehöre ich nach Thai-Verständnis auch zu den Lehrern, denen man Respekt erweisen muss. Nicht nur, dass auf dem Schulhof kein Schüler an mir vorbeigeht, ohne den Kopf etwas zu neigen und einen Wai zu machen, sondern auch auf der Dorfstraße werde ich von den Schulkindern mit einem Wai begrüßt. Als nun die jährliche Feier der Danksagung an die Lehrer stattfand, kam ich ganz selbstverständlich auch zu dieser Ehrung.

Zu Beginn der Feier hockte die ganze Schulbelegschaft in zwei Blöcken, die Mädchen links, die Jungen rechts auf dem Boden der Gemeinschaftshalle. Ihnen gegenüber auf Stühlen saß die Reihe der Lehrer, der Rektor etwas erhöht auf einem Sessel.

Die Schüler hatten alle ihre beste Schuluniform angezogen und hielten jeder ein Blumengebinde in den gefalteten Händen. Dazu hatte jede Klasse noch ein wunderschönes Blumenarrangement gebastelt. Nach der obligatorischen Ehrung des Königs und dem Absingen der Nationalhymne hielt der Rektor eine kurze Ansprache. Anschließend bedankten sich die Schüler im Chor bei ihren Lehrern.

Dann rutschten alle auf den Knien an ihren Lehrern vorbei, überreichten die Blumen und verneigten sich dreimal tief, mit der Stirn den Boden berührend, vor den Lehrern. Anschließend wurden dann die Zeugnisse und Preise an die besten Schüler jeder Klasse verteilt.

Schulolympiade

Es ist zwar schon eine ganze Weile her, aber ich kann mich noch gut an unsere Schulsportfeste zu Hause in Deutschland erinnern. Das Beste daran war, dass wir einen Tag keinen Unterricht hatten. Obwohl die Familien der Schüler eingeladen waren, hat sich aber kaum jemand von den Eltern auf den Sportplatz verirrt.

Als nun in unserem kleinen Dorf im Isaan die Kinder mir erzählten, dass in der nächsten Woche das jährliche Sportfest der Schulen des Amphoe (Kreis) in unserem Dorf stattfinden soll und dass ich auf jeden Fall dabei sein muss, habe ich noch nicht viel erwartet. Aber ich wurde gewaltig überrascht.

Zunächst einmal dadurch, dass die Handwerker, die dabei waren, unser Haus durch einen Balkon zu verschönern, nicht zur Arbeit erschienen. Als ich meine Frau nach dem Grund fragte, antwortete sie ganz erstaunt: „Heute ist doch Schulsportfest, da arbeitet niemand, alle sind auf dem Sportplatz."

Am Morgen des großen Tages wurde ich schon um 7 Uhr früh durch Trommeldröhnen geweckt. Alle teilnehmenden Mannschaften von insgesamt 11 Schulen zogen in einem Festzug durchs Dorf. Jede Gruppe von etwa 50 bis 80 Teilnehmern bot ein farbenfreudiges Bild. Vorneweg ein paar Mädchen in Thai-Kostümen, die ein Schild mit dem

Namen des Dorfes trugen und ein Fahnenträger mit der Fahne der Schule. Danach ein Tambourmajor und eine mit Trommeln und Pauken den Marschtakt angebende Kapelle. Dahinter kam die Mannschaft der Schule, alle in gleichfarbigen T-Shirts, jedes Dorf eine andere Farbe. Das ganze elf mal hintereinander und jede Schule versuchte die andere im Aufwand zu übertreffen.

Auf dem Sportplatz des Dorfes war ein großes Zelt für die Ehrengäste und rings um den Platz je ein Zelt für jedes Dorf aufgebaut. Der ganze Platz war umlagert von Menschen, Imbissbuden und auch ein paar Marktständen. Und nun lief alles ab, als wolle man die Eröffnungsfeier in Sydney übertreffen. Zuerst der Einmarsch der 11 Mannschaften, jede Mannschaft in einer anderen Farbe, vorweg natürlich Fahnenträger, Trommeln und hübsche junge Mädchen in Thai-Kostümen. Alle marschierten in Blocks auf dem Feld vor der Ehrentribüne auf. Dann folgte das komplette, über 2 Stunden andauernde Eröffnungsprogramm, mit Ansprachen der Honoratioren, Einlaufen einer Stafette mit dem Olympischen Feuer, das auf einem hohen Pylon angezündet wurde, Flaggenparade, Nationalhymne, Olympischem Eid und erstaunlich gut synchronisierte Gruppenvorführungen zu ohrenbetäubender Diskomusik.

Nach 2 Stunden Eröffnungszeremonie begann das Wettkampfprogramm der über 600 Teilnehmer, mit Vorläufen, Zwischenläufen und Finale. Das Ganze war so gut organisiert und lief mit einer derartigen Präzision ab, wie ich es bisher noch nicht in Thailand gesehen hatte. Rings um das Feld stand jeweils das halbe Dorf und feuerte die Läufer mit einer Begeisterung und einem Lärm an, den ich bisher nur bei Pokalendspielen im Fernsehen gesehen habe. Selbst unsere Oma hat dabei so geschrien und sich so aufgeregt, dass ich ernsthaft einen Herzinfarkt befürchtete. Ich wollte eigentlich nur die Eröffnungsfeier miterleben, und das auch nur mehr aus Höflichkeit. Dann war ich aber von dem Wettkampfprogramm so angetan und wurde von der Begeisterung so angesteckt, dass ich bis zum Ende ausgehalten und kräftig mitgeschrien habe.

Am zweiten Tag ging das Programm weiter. Wieder wurde an dem Tag nicht gearbeitet, denn alle waren auf dem Festplatz. Der erste Tag war den Wettläufen gewidmet gewesen, am zweiten Tag waren die Spiele dran. Die Mädchen kämpften um die Ehre als beste Faustball-Mannschaft und die Jungen um den Preis für die beste *Takraw*-Mannschaft. *Takraw* ist ein traditionelles thailändisches Ballspiel. Es wird mit einem ca. 15 cm großen Ball aus Rattangeflecht gespielt. Auf beiden Seiten eines hochgespannten Netzes stehen jeweils drei Mann einer Mannschaft und versuchen den Ball ausschließlich mit Füßen, Kopf, Knie oder Ellenbogen ins feindliche Feld zu befördern. Sobald der Ball in einem Feld den Boden berührt, ist ein Minuspunkt für die Mannschaft fällig. Es ist für den zuschauenden Farang unglaublich, mit welchem Geschick die Spieler den leichten Ball in der Luft halten und so ins andere Feld spielen, dass der Gegner möglichst keine Chance hat, ihn abzufangen, bevor er den Boden berührt. Alle Spiele wurden im K.O.-Modus ausgetragen. Die Mannschaft, die verlor, schied aus. Das Anfeuerungsgeschrei und der Jubel, wenn eine Mannschaft gewonnen hatte, war noch größer als am ersten Tag. Jeder Punkt der eigenen Mannschaft wurde mit lautem Jubel und Freudentänzen des ganzen Dorfs begrüßt. Am Abend des zweiten Tages gingen die Spiele mit der Überreichung der Pokale an die Siegermannschaften und einer, diesmal eher kurzen Schlussfeier zu Ende. Wer die Armut der Menschen auf den Dörfern kennt, der muss sich wundern, mit welchem Aufwand und welcher Begeisterung so eine Geschichte unter Teilnahme aller, vom Baby bis zur Oma abläuft. Es war jedenfalls ein Erlebnis zu sehen, wie hier ein paar arme Dörfer ein Sportfest gestalteten, mit welcher Begeisterung nicht nur die Wettkämpfer, sondern die ganze Bevölkerung dabei war, wie kleine 6-jährige Knirpse barfuß mit verbissenem Gesicht wie um ihr Leben rannten und hinterher jubelten, wenn sie auf das Siegertreppchen stiegen und ihre Blechmedaille in Empfang nahmen oder auch heulten, wenn sie verloren hatten.

Vom ursprünglichen Motto, das Coubertin einst den Olympischen Spielen vorangestellt hatte, wonach die Jugend der Welt in fairem Wettkampf ihre Kräfte messen soll, war hier vielleicht mehr zu spüren als bei jeder der letzten Olympiaden. Dazu kam dann noch das natürliche Bestreben der Menschen im Isaan, aus jedem möglichen Anlass zum Feiern den größtmöglichen *Sanuk* herauszuholen. Da die Mannschaft der Dorfschule – alles barfuß spielende Knirpse zwischen 6 und 12 Jahren – den Fußballpokal gewonnen hatte, wurde im ganzen Dorf bis spät in die Nacht gefeiert und am nächsten Morgen konnte ich meine Handwerker noch für einen weiteren Tag abschreiben.

Auf Thailands Straßen unterwegs

Vorsicht im Straßenverkehr

Für die Farangs, die sich selbst motorisiert in den Straßenverkehr Thailands wagen, ist in jedem Falle Vorsicht geboten. Hier fahren Achtjährige und Achtzigjährige mit ihren Motorbikes herum und kaum einer hat je eine Fahrschule besucht oder einen Führerschein gemacht. Thais gelten allgemein als höflich und zurückhaltend. Das ändert sich aber völlig, wenn sie hinter dem Steuer eines Kraftfahrzeuges sitzen. Wer den thailändischen Straßenverkehr unversehrt überstehen will, für den gilt auch hier, sich so weit wie möglich den einheimischen Gegebenheiten und der Mentalität anzupassen. Wer von zu Hause her einen rasanten Fahrstil gewohnt ist, der sollte hier defensiv fahren und immer auf etwas Unerwartetes gefasst sein. Ich selbst bin in Deutschland 40 Jahre unfallfrei gefahren, hatte aber hier in Thailand oft das Gefühl, dass ich noch einmal Autofahren lernen müsste. Das Problem besteht für den Farang vor allem darin, vorauszusehen, wie ein Thai in einer bestimmten Verkehrssituation reagieren wird.

Es bestehen durchaus mit unserer deutschen Straßenverkehrsordnung vergleichbare Gesetze und Vorschriften zur Regelung des Straßenverkehrs. Von jemandem, der keine Fahrschule absolviert hat, kann man aber kaum erwarten, dass er sich an die Verkehrsregeln hält, die in Thailand, mit Ausnahme des Linksverkehrs, genauso gelten wie bei uns. Ein Heftchen, das Interessierte bei allen Straßenverkehrsbehörden kostenlos erhalten können, zählt 76 Verbots- und Gebotsschilder auf. Wer aber dagegen verstößt, hat in der Regel wenig zu befürchten. Die Polizei sieht ihre Aufgabe weniger darin, durch rigide Kontrollen die Einhaltung der Verkehrsvorschriften durchzusetzen, sondern betrachtet diese bei Übertretung vor allem als eine Gelegenheit zum Nebenverdienst.

Der Straßenverkehr ist eine der Haupttodesursachen in Thailand geworden. Das Land hat im internationalen Vergleich eine der höchsten Unfallquoten. Nach offiziellen Angaben sterben auf Thailands Straßen rund 12 000 Menschen im Jahr. Die Ursachen sind vor allem rücksichtslose Fahrweise, mangelnde Fahrkenntnisse und Alkohol am Steuer. Allein in der Songkhran-Woche 2001 starben auf Thailands Straßen bei Verkehrsunfällen über 600 Personen. Hauptursache war dabei Trunkenheit am Steuer. Alkoholisiert zu fahren ist nicht erlaubt, aber wie vieles in Thailand, wird auch dieses Verbot nicht sonderlich ernst genommen. Es empfiehlt sich also, vor allem an solch hohen Feiertagen vorsichtig zu fahren. Auch wenn man selbst nichts trinkt, andere tun´s. Beim Aus- und Einscheren in eine andere Fahrspur empfiehlt es sich, in beide Rückspiegel zu blicken, weil Thais links und rechts überholen.

Es gibt jedoch noch andere Verkehrshindernisse. Auf dem Land sind dies in erster Linie die freilaufenden Wasserbüffel, die natürlich nicht der Straßenverkehrsordnung mächtig sind. Solch ein Büffel ist mit seinen über 1000 kg und seinen großen Hörnern meist in einer stärkeren Position als der Kraftfahrer. Auch Hunde, die mitten auf der Straße liegen und nicht daran denken, einem Fahrzeug Platz zu machen, können vor allem dem Motorradfahrer gefährlich werden. Des Weiteren kann man auf dem Lande auch auf gut ausgebauten Asphaltstraßen plötzlich auf ein tiefes Schlagloch treffen, das vor allem bei Dunkelheit dem Motorradfahrer zum Verhängnis werden kann. Vorsicht ist vor allem beim Überholen der unzähligen Motorradfahrer auf den Landstraßen geboten. Da man sich niemals darauf verlassen kann, dass sie ihre Spur halten, ist ein weiter Sicherheitsabstand angebracht.

Wenn man auf dem Land unterwegs ist, sieht man nicht selten die Reste von dem, was einst ein Bus oder ein Lkw war, am Straßenrand liegen. Zum einen ist der Standard der Fahrkünste in Thailand nicht mit dem zu vergleichen, was in Deutschland durch rigorose Führerscheinprüfungen und Anforderungen an die Zulassung als Berufskraftfahrer sichergestellt wird. Zudem versuchen viele Bus- und Lkw-Fahrer durch Einnahme von „Speed-Tabletten" sich über lange Perioden wach zu halten, um so durch unsinnig lange Fahrtzeiten mehr Geld zu verdienen.

Einen großen Anteil an den tödlichen Unfällen haben Pick-ups. Nicht etwa weil sie weniger verkehrstüchtig sind als andere Fahrzeuge, sondern wegen der in Thailand üblichen Praxis, die offene Ladefläche des Pick-ups mit Personen zu beladen. Man sieht nicht selten 10 und mehr Menschen hinten auf der Ladefläche des Pick-ups hocken. Selbst bei einem einfachen Überschlag, wo Fahrer und Beifahrer dank Gurt den Unfall u.U. unversehrt überstehen können, haben die Mitfahrer auf der Ladefläche kaum eine Chance, zu überleben oder ohne schwere Verletzungen davon zu kommen.

Vorsicht ist vor allem bei Ampeln an Straßenkreuzungen geboten. Rot bedeutet zwar auch in Thailand Stop, aber wenn kein Polizist in der Nähe ist und es die Verkehrssituation zulässt, kann Rot auch freie Fahrt bedeuten. Gelb ist im Grunde genommen eher wie Grün zu bewerten und bedeutet ebenfalls freie Fahrt. Falls ein unerfahrener Farang bei Gelb in die Bremsen steigt, so darf er sich nicht wundern, wenn es hinten kracht. Kein Thai hat damit gerechnet, dass er bei Gelb abbremst. Der Farang hat also den Verkehrsfluss gefährdet und damit die Schuld an dem Unfall. Interessant ist, dass bei manchen Ampeln kein Gelb angezeigt wird. Der plötzliche Wechsel von Rot auf Grün kann bei ausländischen Autofahrern einen reflexartigen Tritt aufs Gaspedal auslösen. Letztlich gibt es nur zwei Haltesignale, die allgemein akzeptiert werden: Verkehrspolizisten, die mitten auf einer Kreuzung stehen, und der alltägliche Stau auf Bangkoks Straßen.

Beim Einbiegen in eine Einbahnstraße kann man sich nicht unbedingt darauf verlassen, dass der gesamte Verkehr aus der vorgeschriebenen Richtung kommt. Motorradfahrer und die Fahrer von mobilen Essstationen sind oft der Meinung, dass das Einbahnstraßenschild nur für Autofahrer gilt.
Vorsicht ist auch angebracht, wenn man im gedrängten Straßenverkehr zu dicht hinter einem Taxi fährt. Da kein um sein wirtschaftliches Überleben ringender Taxifahrer darauf verzichten kann, einen am Straßenrand die Hand hochhebenden potentiellen Fahrgast einzuladen, kommt es zu einem plötzlichen Bremsmanöver. Da der dahinter fahrende Farang nicht damit gerechnet hat, wird sein Fahrzeug um einige Zentimeter kürzer und für die Reparaturkosten am eigenen Fahrzeug sowie am Taxi wird er tief in die Tasche greifen müssen.

Ebenso läuft der motorisierte Tourist, der an einem Zebrastreifen ordnungsgemäß anhält, um den Fußgängern den Vortritt zu lassen, Gefahr, dabei einen Auffahrunfall zu provozieren. Kein Thai-Fahrer würde je mit solch einer übertriebenen Höflichkeitsgeste rechnen.

Besondere Vorsicht ist für den Farang auch bei der Benutzung von Mietmotorrädern geboten. Wenn er auf solch ein Motorrad klettert, das in Pattaya oder Phuket überall am Straßenrand für wenig Geld zu mieten ist, sollte er sich darüber im Klaren sein, dass die Maschine wahrscheinlich schon von hundert anderen Farangs malträtiert worden ist und seine Fahrweise entsprechend einrichten. Auch sind die Mietmotorräder oft nicht versichert. Kommt es zu einem Unfall, an dem ein Thai beteiligt ist, so ist unweigerlich der Farang schuld und hat hoffentlich genug Geld, um neben Motorradreparatur und Schmerzensgeld für den Thai auch etwas Tea-Money (Tee-Geld) für die Polizisten zu bezahlen. Thais, die als Zeugen des Unfalls den Farang entlasten könnten, gebietet es das nationale Selbstverständnis, ihre Zeugenaussagen so zu machen, dass ihr Landsmann gut wegkommt. Der Tourist wird bei einem Unfall also nicht um das Zahlen eines erheblichen Betrags herumkommen. Falls es ihm nicht gelingt, die Sache an Ort und Stelle zu regeln, bleibt er dann erst mal auf der Polizeistation, bis er eine Kaution bezahlt hat oder sein Pass wird so lange eingezogen, bis er die eventuell fällige Strafe nebst Tea-Money für die Polizei und eine Entschädigung für den Unfallgegner bezahlt hat.

Natürlich wird hier die Möglichkeit, von einem „reichen" Farang zu kassieren, voll ausgenutzt. Thais sind der Meinung, dass der Farang grundsätzlich immer schuld ist. Wäre er zu Hause geblieben, dann wäre der Unfall nicht passiert. Eine etwa bestehende Versicherung kann man als Ausländer vergessen. Es erfordert eine Unmenge Papierkrieg und mehrere Monate Zeit, um berechtigte Versicherungsansprüche eventuell ausbezahlt zu bekommen.

Wer in Thailand mit einem Fahrzeug unterwegs ist, wird feststellen, dass es an den Tankstellen keine Selbstbedienung gibt. Man kurbelt das Fenster herunter, nennt die Summe, für die man tanken will, und reicht nach dem Tanken den angegebenen Betrag aus dem Fenster.

Verkehrsmittel in Bangkok

Es gibt eine ganze Reihe von Transportmitteln in Bangkok, derer man sich bedienen kann, wenn man sich nicht mit dem eigenen Fahrzeug ins Verkehrsgetümmel stürzen will. Da sind zunächst einmal jene dreirädrigen und etwas wackelig aussehenden Fahrzeuge, die die Thais nach ihrem typischen knatternden Motorengeräusch Tuk-Tuk nennen. Sie werden aber auch Samlor (Dreirad) genannt. Sie sind sozusagen die „Klassiker" unter den Verkehrsmitteln und genau wie die Elefanten ein Sinnbild für Thailand. Tuk-Tuks haben lange Zeit das Straßenbild der Stadt geprägt und stellen auch heute noch für den Touristen ein besonders exotisches Fortbewegungsmittel dar.
Es sind die lautesten Gefährte auf Bangkoks Straßen, aber flink und günstig. Man sitzt nicht gerade bequem und ist ungeschützt gegen Lärm, Abgase und dicht vorbeifahrende Fahrzeuge. Die Sitzbänke sind schmal und nur wenig gepolstert. Wer den Verkehr Bangkoks aber einmal richtig erleben will, dem sei zumindest einmal die Fahrt in solch einem Vehikel empfohlen. Die Fahrer der Tuk-Tuks sind äußerst geschickt, scheinen auch die kleinsten Gassen zu kennen und sind durch nichts zu erschüttern. Sie zwängen sich noch durch Verkehrslücken, die enger erscheinen als ihre eigenen Außenabmessungen und erschließen sich im dahinschleichenden Straßenverkehr immer neue Fahrspuren.

Der Fahrpreis muss immer vorher ausgehandelt werden. Hier ist wirklich Handeln angebracht, denn die Tuk-Tuk-Fahrer versuchen jeden Farang schamlos auszunehmen. Tuk-Tuks sind als Verkehrsmittel zwar nicht billiger als Taxis, aber man hat „frische" Luft, da das Gefährt ringsum offen ist, und kann dazu noch alle Gefahren des irrsinnigen Bangkoker Straßenverkehrs im wörtlichen Sinne hautnah erleben. Eigentlich hatten die Stadtplaner vor, die Tuk-

Tuks von den Straßen Bangkoks zu verbannen, was sicherlich die Umwelt schonen und die Verkehrssituation etwas entspannen würde. Dies stieß aber auf massiven Protest der Bevölkerung, die auf dieses günstige Transportmittel nicht verzichten wollte. Auch wäre es etwa so gewesen, als würde man die Gondeln von den Kanälen Venedigs verbannen. Tuk-Tuks sind zu einem Symbol für Thailand geworden.

Für die technisch Interessierten: Die ersten dieser billigen Zweitakter kamen in den Fünfzigerjahren aus Japan herüber und formten schnell das Straßenbild Bangkoks. Die Fahrzeuge werden ausschließlich aus einheimischen Halbfabrikaten gebaut; abgesehen von den Motoren, die aus China importiert werden. Der Motor sitzt wie bei einem Motorrad unter einer Abdeckung zwischen den Knien des Fahrers, der das Gefährt mit einem breiten verchromten Lenker steuert. Die Höchstgeschwindigkeit liegt über 80 km/h, ein bei den ständig verstopften Straßen Bangkoks nur theoretischer Wert, dem aber jeder Fahrer, sobald er ein paar Meter freie Strecke vor sich hat, möglichst nahe zu kommen versucht. Wenn diese typischen Gefährte in den letzten Jahren auch stark durch Taxis verdrängt wurden, so werden sie doch nach wie vor vor allem von drei Gruppen benutzt:

Das sind zum einen die Touristen, die sich an die Angaben in ihrem Reiseführer halten und meinen, sie könnten damit billiger ans Ziel gelangen als mit einem regulären Taxi. Sie bekommen dann leicht einen Schock, wenn sie hören, was der Tuk-Tuk-Fahrer verlangt. Selbst wenn es ihnen gelingt, den zuerst geforderten Preis auf die Hälfte herunter zu handeln, ist die Fahrt letztendlich oft teurer als mit einem Taxi. Vergleicht man den Preis solch einer Erlebnistour jedoch mit den Preisen, die man zu Hause auf einer Kirmes für eine 5-minütige Achterbahn-Fahrt hinlegen muss, ist die Sache aber immer noch günstig.

Die zweite Gruppe sind die vielen kleinen Straßenverkäufer, die ihre Waren gerne in solchen Gefährten transportieren. Dies vor allem dann, wenn sie wieder mal schnell verschwinden müssen, weil die Polizei eine Razzia auf kopierte Markenartikel macht. Tuk-Tuks sind augenscheinlich das Universaltransportmittel der Thais in Bangkok; vor allem außerhalb des Stadtkerns. Besonders morgens, wenn die Hausfrauen ihre Einkäufe machen, werden die Märkte von Tuk-Tuks umschwirrt wie ein Blütenfeld von Bienen. Transportiert wird fast alles. Ein Tuk-Tuk ist erst dann voll beladen, wenn jeder Winkel gefüllt und nur noch ein schmaler Sichtschlitz an der vorderen Scheibe frei ist. Grenzwerte gibt es nicht. Welche Mengen da manchmal in solch einem kleinen schwankenden Gefährt verstaut werden, wäre durchaus einen Eintrag im Guiness-Buch der Rekorde wert.

Die dritte Spezies sind Schulkinder, von denen sich manchmal so viele in solch ein Gefährt pressen, dass einem unwillkürlich der Vergleich mit einer Sardinendose einfällt.

Die früher allein das Straßenbild Bangkoks beherrschenden Tuk-Tuks wurden in den letzten Jahren zunehmend durch Taxen ersetzt, die ununterbrochen durch die Straßen kurven und auf Handzeichen anhalten. Sie sind mit Fahrpreisanzeigern ausgestattet, haben auf dem Dach das Schild „Taximeter" und sind für unsere Verhältnisse spottbillig.

Diese Taxis sind in der Regel sauber, klimatisiert und haben durch die Einführung der Taximeter vorgeschriebene Preise. Es gibt nicht wie bei uns vorgeschriebene feste Standplätze. Man findet praktisch zu jeder Tages- und Nachtzeit und in allen Stadtteilen herumfahrende Droschken, die man mit einem Wink stoppen kann. Selbst wenn einem mal das Taxi vor der Nase weggeschnappt wird, ist das kein Grund zur Sorge, weil dahinter meist schon das nächste freie Taxi aufkreuzt. Man sollte sich aber möglichst, vor allem an den Busbahnhöfen, nicht von herumlungernden Aufreißern in ein dort stehendes Taxi bugsieren lassen, da hier von den Farangs überhöhte Preise verlangt werden. Wenn der Taxifahrer beim Einsteigen einen Festpreis verlangt, kann der Farang davon ausgehen, dass er ausgenommen werden soll. Ebenso ist das der Fall, wenn er zusätzlich zum Taximeterpreis noch einen Aufpreis haben will. Eine Ausnahme gilt für das Einsteigen am Flughafen. Hier muss man nach Fahrtende 50 Baht für die Taxivermittlung am Flughafen extra bezahlen. Auch wenn der Taxifahrer fragt, ob er Tollways (mautpflichtige Straßen) benutzen soll, muss der Fahrgast die zusätzliche Gebühr bezahlen. Sie werden vom Taxifahrer meist an der Mautstelle verlangt, weil er das Geld nicht auslegen kann oder will. Es empfiehlt sich für den Touristen, hier immer Kleingeld parat zu haben (je nach Streckenabschnitt 20-50 Baht).

Die oft aus dem Isaan stammenden Taxifahrer sprechen meist kein oder nur wenig Englisch. Es empfiehlt sich daher, als Fahrtziel den Namen eines markanten Ortes in der Nähe (z.B. ein bekanntes Hotel) zu nennen oder die Adresse in gedruckter Thai-Schrift bei sich zu haben (gedruckte Karten mit Hoteladressen in Thai liegen in den Hotels aus).

Natürlich muss man beim Einsteigen in ein Taxi darauf achten, dass das Taximeter eingeschaltet ist, da sonst der Fahrer am Ankunftsort Phantasiepreise verlangt. Falls der Fahrer erklärt, dass sein Taximeter kaputt ist, sollte man ihn, ohne zu zögern, anhalten lassen und das nächste Taxi nehmen. Der Kilometerpreis ist für deutsche Verhältnisse minimal. Bei Fahrtbeginn werden 35 Baht Startgeld berechnet. Hier sind aber schon die ersten zwei Kilometer enthalten. Selbst bei 50 km Fahrtstrecke kommt man nur auf ca. 300 Baht (ca. 7 Euro). Allerdings wird noch die Wartezeit im Stau berechnet.

Ein billiges und aus der Not geborenes Verkehrsmittel ist das Motorradtaxi. Man wird an belebten Straßenecken oder vor Kaufhäusern in Bangkok und in den Städten überall eine Gruppe von Motorradtaxifahrern sehen, die auf Kunden warten. Die Fahrer sitzen brettspielend, schwatzend oder essend herum und warten, bis sie an der Reihe sind, einen Kunden zu befördern. Jeder Fahrer eines Motorradtaxis hat eine farbige Weste mit einer Nummer auf dem Rücken. Diese Weste gibt ihm das Recht, von einer bestimmten Straßenecke aus zu operieren und muss teuer bezahlt werden. Während an wenig frequentierten Straßenecken der Preis für so eine Weste bei ca. 10 000 Baht liegt, muss für den Standplatz an einer stark frequentierten Ecke bis zu 100 000 Baht bezahlt werden. Das Geld wird nicht etwa von der Stadtverwaltung kassiert, sondern von Banden, die mit Billigung, wenn nicht sogar unter Leitung der örtlichen Polizei ihr Geschäft betreiben. Es gibt hierfür zwar keine gesetzliche Grundlage. Wer aber versucht, mit seinem Motorrad auf eigene Faust Gäste zu befördern, wird bald zur Ordnung gerufen und kann zufrieden sein, wenn er ohne Demolierung seines Motorrads und ohne gebrochene Rippen davonkommt.

Busse leisten die Hauptarbeit beim Transport der Millionenbevölkerung. Sie sind das günstigste Transportmittel überhaupt. Innerhalb Bangkoks existiert ein dichtes Netz von Buslinien. Die Benutzung erfordert allerdings einige Ortskenntnisse und auch eine Portion Abenteuerlust. Ein Stadtplan mit eingezeichneten Buslinien ist eine große Hilfe, da die Bestimmungsorte auf den Bussen nur in Thai-Schrift angegeben sind. Wer nicht an den großen Busbahnhöfen einsteigt, sondern mitten im Verkehrsgewühl, braucht allerdings viel Geschick und vor allem

Durchsetzungsvermögen und Schnelligkeit. Die meisten Busse sind nämlich überfüllt und Rücksichtnahme gegenüber Fremden ist dem Thai unbekannt. Sollte man einen Bus erwischen und erst einmal drin sein, so muss bedacht werden, dass man ja auch irgendwann und irgendwo mal wieder aussteigen muss. Deshalb darf man sich also nicht allzu weit von der Türe entfernen.

Seit dem Jahr 2000 gibt es in Bangkok auch die ersten Streckenabschnitte einer Hochbahn, des Skytrains. Die auf hohen Betonstelzen über die Hauptstraßen führende Bahn, die nach 30-jähriger Planung endlich gebaut wurde, bietet zwar die Möglichkeit, schnell und unbehindert vom Straßenverkehr einige zentrale Geschäftsviertel zu erreichen, trägt aber nicht gerade zur Verschönerung des Stadtbildes bei. Auch das erste Stück U-Bahn wurde inzwischen fertig gestellt und im Jahre 2004 in Betrieb genommen. An dem chaotischen Straßenverkehr hat sich aber nichts geändert, da augenscheinlich mehr Fahrzeuge hinzukommen, als von Leuten, die lieber die neuen öffentlichen Verkehrsmittel nutzen, stehen gelassen werden.

Fernbusse

Ein Netz von Fernbuslinien verbindet Bangkok mit fast allen wichtigen Städten Thailands. Die Busse starten in Bangkok je nach Fahrtrichtung Ost, Nord oder Süd von drei verschiedenen Busbahnhöfen. Insbesondere auf weiten Strecken verkehren die klimatisierten oder nicht klimatisierten Überlandbusse meist nachts. Fahrkarten sind billig – so wird aber offenbar auch das Leben der Fahrgäste eingestuft, zumindest nach dem Fahrstil mancher Busfahrer zu urteilen.

Auf den großen Busbahnhöfen wird der Farang häufig von Leuten angesprochen, die ihn in passablem Englisch fragen, was sein Ziel ist und ihn dann zum entsprechenden Fahrkartenschalter lotsen. Da von diesen Busbahnhöfen verschiedene private Busgesellschaften die gleichen Ziele anfahren, hat jede ihren eigenen Fahrkartenschalter und versucht so, den Fahrgast für ihren Bus einzufangen. Auf dem Ticket, das man bekommt, ist dann handschriftlich sowohl die Abfahrtszeit, die Busnummer und der reservierte Platz im Bus notiert. Mit der Busnummer und dem Fahrtziel muss man sich dann durch die oft hundert und mehr wartenden Busse durchfragen, um zum richtigen Bus zu gelangen.

Es wird in Deutschland nicht möglich sein, einen Busfahrer zu bewegen, außerhalb der Haltestellen zu stoppen und kein Fahrgast darf einfach auf der Strecke aussteigen, selbst wenn der Bus an seiner Haustüre vorbeifährt und er anschließend bei strömendem Regen zwei Kilometer zurücklaufen muss. In Thailand dagegen erlebt man immer wieder, dass der Überlandbus sogar auf der Autobahn anhält, wenn ein Fahrgast darum bittet und dieser sich dann unter Lebensgefahr durch den schnell fließenden Verkehrsstrom auf die andere Straßenseite rettet.

Eisenbahnen

Das Eisenbahnnetz Thailands ist weitgehend ein Werk deutscher Ingenieurbaukunst. Es waren vor allem deutsche Ingenieure, die 1893–1895 das zunächst nur 1 000 Kilometer lange Eisenbahnnetz in dem zuvor beinahe straßenlosen hinterindischen Königreich gebaut hatten. Bis dahin war mit Ausnahme des Verkehrs entlang der Flüsse und Kanäle die einzige Transport- und Reisemöglichkeit, sich auf Büffel, Pferde oder Elefanten zu schwingen oder mit einem Ochsenkarren zu kutschieren. Die erste Bahn in Thailand, die auf den Spuren des alten Ochsenkarawanenpfades durch den Urwald nach Korat ging, wird darum immer noch die Pionierbahn Thailands genannt. Heute ist dort allerdings der ehemals dichte Dschungel überall abgeholzt.

Zugreisen in Thailand sind nach unseren Verhältnissen billig, schnell und verlässlich, wenn auch nicht immer „pünktlich wie die Eisenbahn". Obwohl viele Ziele mit den Fernbussen schnell und preiswert zu erreichen sind, reist man, sofern man sich nicht fürs Fliegen entscheidet, in Thailand auf Langstrecken am besten und komfortabelsten mit dem Zug.

In der thailändischen Eisenbahn gibt es eine erste, zweite und dritte Klasse, wobei es in der zweiten Klasse eine klimatisierte Unterklasse gibt, die mit dichten Fenstern und Klimaanlage ausgestattet, aber häufig zu kalt ist. Die nicht klimatisierten Waggons haben Ventilatoren, welche für ein bisschen Kühlung sorgen. Tagsüber stehen allgemein die Fenster offen. Die dritte Klasse ist nie klimatisiert und die Sitzbänke sind alles andere als bequem. Die meisten ausländischen Besucher reisen entweder in der klimatisierten oder in der nicht klimatisierten zweiten Klasse. In Langstrecken-Zügen sind die meisten Waggons der zweiten Klasse Schlafwagen. In Nachtzügen werden in der zweiten Klasse ab 20 Uhr die Betten in Fahrtrichtung heruntergeklappt, mit sauberer, weißer Bettwäsche bezogen und mit Vorhängen abgeteilt.

Daneben gibt es noch einige Sonderzüge, die vom Hauptbahnhof Hua Lamphong einmal täglich beliebte Touristenziele anfahren, z.B. Pattaya, Hua Hin oder River Kwai. Eine Besonderheit ist der luxuriöse Orientexpress, der von Bangkok aus auf einer 2-tägigen Fahrt ganz Thailand und Malaysia durchquert und in Singapur endet.

Thailands Eisenbahnnetz gehört zu den besten in Südostasien. Besonders schnell sind die Züge, die alle auf Schmalspurgleisen fahren, allerdings nicht. Zugfahren ist hier aber ein beeindruckendes Erlebnis und gut geeignet, die langsam vorbeiziehende Landschaft stressfrei zu genießen. Vor allem in den billigeren Klassen kommt man mit allen Schichten der Bevölkerung schnell in Kontakt. Außerdem gelangt man über lange Strecken nicht nur sicher ans Ziel, sondern hat auch eine Menge Abwechslung während der Fahrt. Immer wenn der Zug auf einem Bahnhof hält, offerieren auf den Bahnsteigen herumlaufende Verkäufer an den Fenstern Snacks wie gebratene Hähnchenteile oder Sandwiches zu sehr günstigen Preisen. Getränke werden den ganzen Tag über in den Gängen des Zuges von fliegenden Händlern angeboten, wobei diese offensichtlich gar nicht verstehen können, dass ein Farang auch mal ein paar Stunden ohne Bier auskommt.

Politik und Wirtschaft

Rassismus und Nationalismus in Thailand

Gibt es in Thailand Rassismus und Nationalismus? Diese Frage mag sich schon mancher gestellt haben, der sich als dort wohnender Farang über die offensichtliche Benachteiligung der Ausländer gegenüber Thais bei allen geschäftlichen und finanziellen Angelegenheiten geärgert hat. Um diese Frage zufriedenstellend beantworten zu können, muss man sich zunächst einmal über die unterschiedliche Bedeutung dieser Begriffe in Thailand und in Deutschland klar werden.

Rassismus, das heißt die Doktrin von der Überlegenheit der eigenen Rasse, der Notwendigkeit, sie rein zu halten und der daraus abgeleiteten Berechtigung, Menschen anderer Rassen zu unterdrücken oder gar zu liquidieren, war eine der Hauptursachen für den Niedergang Deutschlands und den Verlust an Ansehen in der zivilisierten Welt nach dem letzten Weltkrieg. Der Begriff des Rassismus ist für uns Deutsche daher absolut negativ belastet und nur ein paar verrückte Neonazis würden sich heute noch öffentlich dazu bekennen.

Rassismus existierte allerdings nicht nur in der pervertierten Form wie in Nazideutschland. Besonders der englische Kolonialismus rechtfertigte sich durch die Ideologie der Minderwertigkeit anderer Völker und der Überlegenheit der eigenen weißen Rasse. Den Thais hingegen war ein rassisches Gefühl unbekannt, was zum Beispiel die – im Gegensatz zu den anderen Nationen Südostasiens – relativ gute Integration der Chinesen in Thailand zeigt. Die Thai-Könige waren seit Jahrhunderten Herrscher über eine multi-ethnische Bevölkerung. Ein Drittel der Bevölkerung

im Nordosten des Landes ist laotischer oder kambodschanischer Abstammung. Im Süden gibt es eine große ma-
laiische Minderheit und einige hunderttausend Menschen
chinesischer Abstammung bestimmen heute fast das ganze
Wirtschaftsleben des Landes. Von Benachteiligung oder gar
Unterdrückung dieser Menschen aus rassischen Gründen
gibt es keine Spur. Wenn einige Bergstämme im Norden
heute Repressionen ausgesetzt sind, dann steckt dahinter
nicht ihre Einschätzung als fremdartige oder minderwertige
Rasse, sondern die Tatsache, dass sie durch ihre Anwesen-
heit die Ausbeutung der natürlichen Ressourcen dort behin-
dern und deswegen massiven Geschäftsinteressen im Wege
sind. Die Thais bilden also eine multi-ethnische und damit
auch multi-kulturelle Gesellschaft. Thailand ist allerdings
kein Schmelztiegel wie die USA, da hier die verschiedenen
Volksgruppen mehr oder weniger in geschlossenen Gebieten siedeln und ihre kulturellen Eigenheiten weitgehend
bewahrt haben.

Thais sind also nach deutschen Begriffen bestimmt keine
Rassisten. Nur in einer kurzen Periode der Thai-Geschichte, nach der Regierungsübernahme Phibun Songkrams
1938 mit seiner Losung „Thailand den Thai", nahm der
Thai-Nationalismus zeitweise auch rassistische Züge an,
unter denen insbesondere die Chinesen zu leiden hatten.
Doch Phibuns Ideen, was wahrhaft Thai sei, waren eher
primitive Kopien des „fortschrittlichen Westens" und gingen an der Realität und den Traditionen des Landes völlig
vorbei. Im Gegensatz zu seinem großen Vorbild aus dem
Deutschland jener Tage ist Phibun mit seinem Versuch,
den Thais rassistisches Gedankengut einzupflanzen, kläg-
lich gescheitert.

Etwas anders sieht es mit dem Nationalismus aus. Der
deutsche Nationalismus der Hitlerzeit, also das Gefühl,
anderen Völkern überlegen zu sein und daraus die Berech-

tigung abzuleiten, den eigenen Lebensraum auf Kosten der Nachbarvölker auszuweiten, war ebenfalls eine der wesentlichen Ursachen für den Zusammenbruch Deutschlands 1945. Folglich ist auch der Begriff Nationalismus für uns Deutsche negativ besetzt.

Für die Thais hat der Begriff Nationalismus aber eine andere Bedeutung. Sie haben in jahrhundertelangen Auseinandersetzungen mit den Nachbarvölkern ihre Unabhängigkeit errungen und sich im 19. Jahrhundert gegen Versuche westlicher Kolonialmächte verteidigen müssen, ihr Land, wie alle umliegenden Nachbarländer, zu kolonialisieren. Dies ist trotz äußerst starken Druckes und zeitweiser französischer Besetzung Ayuthayas und Bangkoks zwar gelungen, hatte aber ein tief sitzendes Misstrauen gegen alles Fremde, vom Weltwährungsfond bis zum Farang-Touristen, zur Folge. Den Thais würde es nie in den Sinn kommen, ihr Land in einer Völkergemeinschaft aufgehen zu lassen, wie es zur Zeit in Europa geschieht.

Es war vor allem König Rama VI. (1910–1925), der mit der politischen Ideologie des Nationalismus den Nationalstolz der Thais zu fördern versuchte. Die Verstärkung des Einheitsbewusstseins der Thais schien ihm ein geeignetes Mittel zu sein, die Souveränität des Landes zu sichern sowie die Akzeptanz in der internationalen Gemeinschaft zu erleichtern. Die Stärkung des Nationalbewusstseins wird auch heute offiziell mit allen Mitteln gefördert. Das geht von der täglich mehrmaligen Präsenz des Königs als Nationalsymbol im Fernsehen, dem täglichen Abspielen der Nationalhymne in TV und Hörfunk (nicht verschämt zum Programmende nach Mitternacht wie bei deutschen Sendern, sondern morgens um 8 und abends um 18 Uhr) bis zur täglichen Flaggenparade mit Absingen der Nationalhymne an allen Schulen. Eine erst vor einigen Jahren gegründete Partei nennt sich *Thai Rak Thai*, wörtlich übersetzt „Thais lieben Thais". Sie ist heute die stärkste politische Kraft in Thailand und stellt den Ministerpräsidenten.

Thais haben also einen ausgeprägten Nationalstolz, wenn es auch viele Dinge in Thailand gibt, die durchaus keinen Anlass geben, darauf stolz zu sein. Darunter fallen z.B. die Korruption, die Prostitution, die hohe Rate an Gewaltverbrechen und vor allem die desolate wirtschaftliche Situation des Landes. Thais sehen aber diese Probleme mit ihren Augen und legen hier grundsätzlich nicht Farang-Maßstäbe an. Man hält es für selbstverständlich, dass man einem Staatsdiener, der einem bei einer Angelegenheit behilflich ist, eine gewisse Summe dafür zahlt. Auch die Prostitution wird mit anderen Augen gesehen. Für Thais ist sie nicht schlecht, solange sie Geld und damit finanzielle Kompensation für einen eventuellen Gesichtsverlust bringt. Und an der derzeitigen desolaten wirtschaftlichen Lage sind nicht die eigenen unfähigen Politiker und die nur an ihrem kurzfristigen Profit interessierten Banker, sondern der Weltwährungsfond schuld, der seine Hilfe für das finanziell angeschlagene Land nach dem Crash 1997 mit harten Auflagen verknüpft hat.

Banken

Zunächst einmal ist es wichtig zu wissen, dass Thailand über ein flächendeckendes Bankennetz verfügt, welches es dem Ausländer erlaubt, überall im Lande Bankgeschäfte zu tätigen. Einen Unterschied zwischen einem Girokonto und einem Sparbuch, wie in Deutschland, gibt es in Thailand nicht. Die täglichen Bankgeschäfte werden hierzulande von einem Konto getätigt, welches eigentlich ein Sparkonto ist. Ein- und Auszahlungen werden in einem Konto-buch festgehalten. Es besteht allerdings die Vorschrift, bei Ausstellung eines Sparbuchs den Wohnungsnachweis vorzulegen, womit ein Tourist natürlich nicht aufwarten kann. Trotzdem ist es möglich, Banken zu finden, die diese Vorschrift nicht zu genau nehmen und auch ohne Woh-nungsnachweis ein Sparkonto eröffnen. Widrigkeiten, die den Farang bei der Abwicklung von Bankgeschäften trotz-dem manchmal fast verzweifeln lassen, beruhen zumeist auf der umständlichen Art der Geschäftsabläufe oder auf sprachlichen Problemen.

Überweisungen von seinem Konto bei seiner Bank auf ein Konto bei einer anderen Bank, um z.B. eine Rechnung zu bezahlen, sind nicht möglich. Es bleibt einem nichts anderes übrig, als sein Geld in bar abzuheben und bei der anderen Bank wieder einzuzahlen, auch wenn es sich um einen großen Betrag handelt. Da der größte Geldschein in Thailand ein 1000-Baht-Schein ist, kann das bei einem Grundstücks- oder Autokauf ein ordentliches Paket erge-ben.

Ebenso ist es unmöglich, bei irgendeiner Zweigstelle seiner Bank eine Änderung an seinem Sparbuch vorneh-men zu lassen oder sich z.B. eine ATM-Karte ausstellen zu lassen. Dies kann man nur bei der Filiale tun, die das Sparbuch ausgestellt hat.

Will man auch außerhalb der Bankzeiten über Bargeld verfügen, stehen einem die sogenannten ATM-Automaten (Automatic Teller Machine) zur Verfügung, die in der Re-gel alle gängigen Kreditkarten akzeptieren. Sofern man Besitzer einer entsprechenden Karte ist, wird überall in Thailand ein Betrag bis zu 20 000 Baht täglich ausge-zahlt. Man wird dadurch auch von den vielen Feiertagen unabhängig.

Oft ist es allerdings am Monatsende wegen der allgemeinen Lohn- und Gehaltszahlungen nicht leicht, einen Automaten zu finden, der Bargeld auszahlt. Die Geldbestände der jeweiligen Automaten sind dann entweder erschöpft oder die Geräte begrenzen die Geldentnahme auf einen geringeren Betrag. Nicht selten geben sie dann einfach eine Fehlermeldung heraus, die dem Benutzer anzeigt, dass er mit dieser Karte zur Abhebung überhaupt nicht autorisiert sei.

Gold

Die heutige thailändische Währungseinheit, der Baht, ist vom Ursprung her eine Gewichtseinheit (ca. 15 g). Bei der Einführung moderner Silbermünzen unter König Chulalongkorn wog die Bathmünze tatsächlich ca. 15 Gramm. Noch heute wird in Thailand der Goldschmuck in Baht gewogen und verkauft, während in der ganzen Welt das Gewicht von Gold in Gramm oder Unzen angegeben wird. Ein Baht Thai-Gold muss exakt 15,16 Gramm entsprechen. In allen Goldgeschäften ist der amtlich festgesetzte Preis für 1 Baht Gold ausgehängt, der natürlich mit dem täglichen Goldpreis auf den internationalen Märkten schwankt.

Gold ist seit vielen Jahrhunderten nicht nur eine Handelsware, sondern auch ein begehrtes Statussymbol. Die Thais waren schon immer eifrige Käufer von Gold. Halsketten, Armreifen und andere Schmuckstücke aus massivem Gold sind nicht nur eine sichere Kapitalanlage, wie die letzte große Wirtschaftskrise gezeigt hat, sondern dienen den Thais auch als sehr wichtiges Statussymbol. Mit dem getragenen Goldschmuck kann man zeigen, wie reich man ist, was mit einem um den Hals gehängten Sparbuch schlecht möglich wäre.

Die meisten Thais glauben zwar, dass ihr Goldschmuck aus 100 Prozent reinem Gold sei, weil die Verkäufer ihnen dies erzählen. In Wirklichkeit hat aber das als Thai-Gold bekannte Gold nur einen Standard-Reinheitsgrad von 95-97 Prozent, was etwa 23 Karat entspricht. Die übrigen 3-5 Prozent bestehen aus Zusatzmetallen, durch die das weiche Gold härter und damit geeigneter zur Schmuckherstellung gemacht wird. Es wird dadurch aber auch widerstandsfähiger als reines Gold, was für die Thais wichtig ist, da sie ihren Goldschmuck selbst beim Duschen nicht ablegen. Obwohl dieses Thai-Gold also nicht hundertprozentig rein ist, wird dieser Reinheitsgrad vom thailändischen Wirtschaftsministerium als Standard anerkannt.

Gold, das einen geringeren Reinheitsgrad hat wie der in unseren Geschäften angebotene Schmuck mit 14 oder 18 Karat, wird in Thailand als minderwertig angesehen und von Pfandhäusern und Goldgeschäften nicht akzeptiert. Die Goldläden sind nämlich gleichzeitig auch immer Pfandhäuser, wo man in Notfällen seinen Goldschmuck beleihen kann, allerdings gegen saftige Zinsen von bis zu 10 % monatlich. Manche Goldgeschäfte machen mit der Pfandleihe bessere Geschäfte als mit dem Schmuckverkauf. Der zur Sicherheit hinterlegte Schmuck wird dabei mit bis zu 80 % des Tagespreises für Gold beliehen, da trotz guter Verarbeitung Standardgoldschmuck, wie Halsketten und Armbänder, im Schnitt nur ca. 10 % teurer ist als Barrengold. In westlichen Ländern hat im Gegensatz dazu eine aufwändige und kunstvolle Verarbeitung einen deutlich höheren Aufpreis zur Folge.
Goldschmuck wird in Thailand ausschließlich nach Gewicht verkauft. Da die Handelsspanne relativ gering ist, wird es in der Regel auch nicht möglich sein, den angegebenen Preis nennenswert herunterzuhandeln.

Die Qualität des Goldes kann nicht mit dem Auge erkannt werden. Darum haben bekannte Goldgeschäfte einen Garantiestempel eingeführt, schon bevor 1990 dieser Stempel zwingend vorgeschrieben wurde. Er zertifiziert, dass es sich wirklich um Thai-Gold handelt und garantiert somit einen guten Wiederverkaufswert. Wer einmal in Thailand Gold gekauft hat und es wieder verkaufen möchte, sollte aber nach Möglichkeit wieder zu dem Geschäft gehen, wo er es gekauft hat, da ein anderer Händler einen tieferen Preis ansetzen wird.

Es ist nicht ratsam, sich von Leuten, die angeblich in einer Notlage sind, Goldschmuck zu Schnäppchenpreisen andrehen zu lassen. Dabei handelt es sich nämlich in der Regel um Talmi oder Fälschungen, wie mit einem Goldüberzug versehenes Silber. Wer tatsächlich echtes Gold anzubieten hat, kann es im Notfalle in jedem Goldgeschäft ohne große Verluste zu Geld machen.

Gesundheitswesen

Die durchschnittliche Lebenserwartung der Thais beträgt 69 Jahre, die höchste in ganz Ostasien. Die medizinische Versorgung ist in Thailand praktisch überall gegeben, wenn auch nicht mit unserem deutschen Standard vergleichbar. Es gibt in Thailand in jeder Provinz öffentliche Krankenhäuser. Sie unterstehen dem Gesundheitsministerium und werden staatlich finanziert bzw. subventioniert. Sie sind vor allem dazu da, die Masse der Landbevölkerung zu versorgen. Dann gibt es private Kliniken (Hospitäler) vor allem in den größeren Städten, die aber meist an unseren deutschen Verhältnissen gemessen sehr preiswert sind. So kostet ein Tag stationärer Behandlung weniger als umgerechnet 50 Euro. Eine Ausnahme sind die auf Farang-Kunden eingestellten Krankenhäuser in den Fremdenverkehrsorten, so wie einige Spezialkliniken in Bangkok, die sich an europäischen Krankenhauspreisen orientieren. In den Städten arbeiten auch niedergelassene Ärzte. Sie nennen sich auch Klinik; es sind aber reine Ambulanzkliniken, also ohne Betteneinrichtungen. Schließlich gibt es überall auf dem flachen Land in den Dörfern staatliche Ambulanzen mit Arzt und Krankenschwestern.

Die Regierung Thaksin hat 2001 das sogenannte 30-Baht-Gesetz eingeführt, das bis 2006 galt. Danach hatte jeder im Wohnverzeichnis der Gemeinde angemeldete Bürger Anspruch auf erforderliche Behandlung in einem Krankenhaus für eine einmalige Zahlung von 30 Bat (0,75 Euro). Das heißt, jeder Thai hat eine Karte, die ihn berechtigt, sich in einem durch seinen Wohnort bestimmten Krankenhaus für diesen minimalen Betrag behandeln zu lassen. Es werden dafür alle erforderlichen ärztlichen und anderen Leistungen übernommen, aber nur in diesen festgelegten staatlichen Krankenhäusern, die allerdings viel zu wünschen übrig lassen. Der medizinische Standard in diesen Einrichtungen ist nicht mit unserem deutschen Standard zu vergleichen. Dem Farang ist deshalb nicht zu raten, eine solche Einrichtung im Krankheitsfalle zu benutzen. Dies nicht unbedingt wegen der fachlichen Kenntnisse der dort praktizierenden Ärzte, sondern wegen der oft überalterten Einrichtung und der Überfüllung sowie den sonstigen Bedingungen, die zumindest für uns Europäer doch recht gewöhnungsbedürftig sind: Feste Besuchszeiten gibt es überhaupt nicht, jeder Besucher kann kommen, wann er will. Wenn ein Thai ins Krankenhaus muss, gehen immer ein oder auch mehrere Familienmitglieder mit. In den großen Krankensälen sieht es meist aus wie in einer Wartehalle. Die Patienten liegen im Bett und der ganze Anhang schläft auf dem Boden davor.

Nach dem letzten Regierungswechsel (Militärputsch 2006) wurde sogar der 30-Baht-Beitrag gestrichen, sodass die medizinische Grundversorgung heute für alle Thais kostenlos ist.

Apotheken sind in Thailand überall reichlich vorhanden. Die Apotheker übernehmen in gewissem Rahmen auch ärztliche Beratungsfunktionen. Viele Bürger verzichten nämlich bei kleineren Erkrankungen aus Sparsamkeitsgründen auf den Arztbesuch und beschränken sich nur auf die Einnahme von Medikamenten. Die Arzneimittelpreise liegen meist erheblich unter den deutschen Preisen, zumindest für Medikamente, die in Thailand produziert werden. Jede Klinik hat eine eigene Pharmazie im Haus, wo verschriebene Mittel gleich ausgegeben werden, allerdings meist teurer als in den Apotheken.

Im ganzen Lande gibt es auch noch Heilpraktiker, die traditionelle Thai-Medizin praktizieren. Diese vereint überlieferte theravada-buddhistische und chinesische Kenntnisse und Praktiken und zielt auf die Behandlung des ganzen Körpers, nicht nur eines kranken Organs. Sie wird vor allem in einigen hierfür berühmten Tempeln praktiziert und umfasst vier Säulen der Behandlung: Kräutermedizin, richtige Ernährung, Meditation und Massage. Die Massage ist vielleicht der bekannteste Zweig der Thai-Medizin. Es gibt z.B. im Wat Pho in Bangkok ausgezeichnete Ausbildungsmöglichkeiten für die traditionelle Thai-Massage, die natürlich nichts gemein hat mit dem, was den Farangs in den Massagesalons der Touristenhochburgen offeriert wird.

Drogen in Thailand

Bei der letzten ärztlichen Untersuchung der jungen Rekruten stellte sich heraus, dass über 30 % der Jungen schon Drogen konsumiert hatten. Diese Zahl zeigt, wie gravierend dieses Problem in Thailand geworden ist. Die Regierung geht zwar mit harten Strafen gegen Drogenhändler vor, ohne dass aber bisher ein Rückgang dieser modernen Volksseuche festzustellen wäre.

Die Drogenpolitik Thailands ist aufgrund der Geschichte des Landes als bedeutender Produzent von Opium und Heroin sehr streng. Der Anbau von Mohn und die Verarbeitung zu Opium wurde 1958 offiziell verboten, gegen Widerstände in Armee und Polizei, die noch lange mit dem Transport der Droge ihre Gehälter aufbessern wollten. Offiziell wurden jedoch immer wieder große Razzien durchgeführt, die von US-Geldern finanziert wurden. Dabei wurden dann die Mohnfelder niedergebrannt und ein paar kleine Dealer festgenommen. Gleichzeitig wurde der Anbau anderer Produkte gefördert, um den Menschen, die vom Mohnanbau gelebt hatten, eine neue Existenzgrundlage zu geben. Der Schwerpunkt des Anbaus verlagerte sich daraufhin mehr nach Myanmar (ehem. Burma) und Laos. In Thailand wird heute nicht einmal mehr genug Opium für den Bedarf der eigenen Süchtigen angepflanzt. Das Territorium wird vielmehr aufgrund seiner guten Infrastruktur als Durchgangsland für den Drogenhandel genutzt.

Da von den Thai-Behörden die Schmuggelwege für Heroin aus Myanmar immer stärker überwacht wurden, suchten die Drogenbarone nach einem Ersatz, der einfacher zu transportieren ist. Die ideale Lösung waren Yaba-Pillen. Ein Träger kann einige zehntausend solcher Pillen in seinem Rucksack transportieren. Yaba hatte in kurzer Zeit

Heroin von seinem angestammten Platz verdrängt. Gerade als man den Kampf gegen Heroin als gewonnen deklarieren wollte, tauchte diese neue, noch schlimmere Gefahr auf: Yaba die „verrückte Medizin". Einst nur von Fernlastfahrern und Prostituierten als Aufputschmittel genommen, wird nach offiziellen Schätzungen Yaba heute von mehr als 2 Millionen Thais, vor allem Jugendlichen, konsumiert. Mittlerweile ist die Droge aus Thailands Schulen, Slums, Arbeiterkreisen und aus dem Nachtleben nicht mehr wegzudenken. Yaba durchzieht die ganze Gesellschaft. Ganz offensichtlich wird der Drogenhandel und -konsum durch die Korruption bei Politikern, Polizei und Armee begünstigt.

Produziert werden die Pillen hauptsächlich in Dschungellabors im thainahen Grenzgebiet von Myanmar, durch dort ansässige ethnische Gruppen. Sie finanzieren damit u.a. ihren bewaffneten Unabhängigkeitskampf gegen ihre Zentralregierung. Grundsubstanz der Droge ist *Methamphetamin.* Die Droge wurde zwischen den beiden Weltkriegen in Deutschland entdeckt. Bereits die deutschen Bomberflieger erhielten in ihrer Schokolade Amphetamine (Hitlers Droge) als Aufputschmittel und zum Wachbleiben. Bei Yaba handelt es sich um eine stärkere Form üblicher Amphetamine. Die Droge ist auch unter dem Namen Crystal-Meth oder Crystal-Speed, in Europa auch unter dem Namen Thaipille bekannt. Dabei handelt es sich um fast 100 % reines Methamphetamin. Während Opium von bitterarmen Bauern angebaut wurde, die nichts anderes hatten, um ihren Lebensunterhalt zu verdienen, geschieht die Herstellung von Yaba industriell mit aus dem Westen importierten Chemikalien und dient ausschließlich der Befriedigung bloßer Profitgier.

Eine Yaba-Pille, die in der Produktion nur wenige Pfennige kostet, wird heute in Bangkok zu Preisen zwischen

3 und 5 Euro verkauft. Die Gewinnspanne ist also enorm. Nach konservativen Schätzungen werden in Thailand jährlich 300 Millionen Yaba-Pillen konsumiert. Man nimmt an, dass 2 von 3 Verbrechen in Bangkok mit Yaba zu tun haben. Die Wirkung der Pille ist verheerend. Sie löst Halluzinationen aus und kann zu fast grenzenloser Euphorie, Aggressionen, Schlafstörungen, Angstzuständen und Gedächtnisverlust führen. Die Droge macht längerfristig depressiv und lebensmüde. Amokläufe und Selbstmorde von Yaba-Konsumenten gehören in Thailand schon fast zum Alltag.

1999 verzeichnete ein Report der Nationalen Schulkommission 660 000 im Zusammenhang mit Drogen stehende Vergehen und Verstöße. Vor allem den Jugendlichen in den Großstädten geben die Drogen das, was sie im heutigen Thailand am meisten vermissen. Sie bieten einen Ersatz für Beziehungskälte und geben ihnen das Gefühl, machen zu dürfen, was sie wollen und dabei noch alles erreichen zu können. Sie katapultieren sich mit einem Kick auf ein soziales Niveau, das sie in der Realität nie erreichen. Der jähe Absturz ist dabei vorprogrammiert.

Auf ein besonders großes Risiko lassen sich diejenigen Farangs ein, die glauben, in Thailand ins Geschäft mit Drogen einsteigen zu können. Berichte über Ausländer, die hier wegen Drogenbesitzes verhaftet oder verurteilt werden, finden sich in den englischsprachigen Zeitungen Thailands in so großer Zahl, dass sie schon fast langweilen. Auf Druck der USA wurden in vielen Ländern der Dritten Welt, die wirtschaftlich von der Weltmacht abhängig sind, in den vergangenen Jahren die Drogengesetze weiter verschärft. Aber auch in Ländern, die wie China und der Iran nicht von den USA abhängen, gibt es Massenhinrichtungen von Drogenhändlern; dort wird die Todesstrafe oft schon für kleinste Mengen verhängt.

Die schnelle Ausbreitung des Drogenkonsums hat Thailand einen Schock versetzt und die Regierung geht vehement dagegen vor. Schon der Besitz einer Yaba-Pille bedeutet unweigerlich Haft und ein paar Gramm Haschisch können einige Jahre Gefängnis einbringen. Von den über 200 000 Strafgefangenen in Thailands Gefängnissen sitzen 65 % wegen Drogendelikten ein. Dealer, die mit größeren Mengen Drogen gefasst werden, riskieren die Todesstrafe. Allein im Juli 2001 wurden über 30 Todesurteile gegen Drogendealer verhängt. Nachdem die Vollstreckung der Todesstrafe in Thailand längere Zeit ausgesetzt war, werden in letzter Zeit die Urteile zunehmend wieder durch Erschießen vollstreckt. In den Gefängnissen warten heute mehrere hundert wegen Drogenhandel zu Tode Verurteilte auf ihre Hinrichtung.

In einer Gesellschaft, in der der Geisterglaube in den Menschen tief verankert ist, ruft man gegen ein Übel, das nicht auszurotten ist, auch offiziell die Geister zu Hilfe. So hat der Gouverneur von Suphan Buri, der von Drogen am meisten geplagten Provinz des Landes, in einer öffentlichen Zeremonie einen Fluch über alle Drogenhändler verhängt. Wenn die Todesstrafe gegen Drogenhändler, die immer öfter auch vollstreckt wird, nicht hilft, dann vielleicht die Angst vor dem unter Anrufung der Geister öffentlich ausgesprochenen Fluch.

Umwelt

Thailand ist ein schönes Land mit überwiegend freundlichen und sauberen Menschen, die so manchem Touristen oder Residenten in punkto Körperpflege Vorbild sein könnten. Was aber nicht in dieses Bild passen will, ist der Müll vor dem Haus, auf der Straße und in der freien Natur.

Auf dem Lande wird der anfallende Müll hinter das Haus gepackt und von Zeit zu Zeit zum Leidwesen der Nachbarn, die den Gestank der qualmenden Plastikflaschen und Tragetüten einatmen müssen, verbrannt. In der Stadt gibt es hin und wieder ein Fahrzeug, das den in Tonnen am Straßenrand abgestellten Müll einsammelt. Wenn aber tatsächlich ein Anwohner, der für Sauberkeit schwärmt, eine Tonne aufstellt, damit der Müll richtig entsorgt werden kann, tragen alle Nachbarn aus der Umgebung ihren Müll ordnungsliebend zu dieser einzigen Tonne. So wird rasch aus diesem Mülleimer ein Eimer im Müll. Das erfreut dann ganz besonders die umherstreunenden Hunde, die natürlich diesen immer reichhaltig versorgten Futterplatz begrüßen. Die mit Essensresten gefüllten Plastiktüten werden genüßlich aufgerissen und über die ganze Straße verstreut.

Umweltschutz und Schonung der natürlichen Ressourcen ist nie ein Problem gewesen, dem von der Regierung besondere Bedeutung oder gar Priorität beigemessen worden wäre. Es gibt in Thailand selbstverständlich eine staatliche Umweltbehörde sowie Gesetze, die den Umweltschutz regeln, nur fehlt es an der Durchsetzung. Leider ist es so, dass sich die Firmen, je größer und damit mächtiger sie sind, kaum um diese Gesetze kümmern. Das würde ja Geld kosten und den Profit schmälern. Auch die Behörden sind auf ihren Profit bedacht und sehen diesem Treiben gegen Entrichtung entsprechender Bestechungsgelder tatenlos zu.

Der aktive Einsatz für den Umweltschutz ist in Thailand sogar mit Lebensgefahr verbunden. In den vergangenen Jahren wurden allein fünf regionale Umweltaktivisten, die gegen umweltschädliche Bauaktivitäten protestiert hatten, heimtückisch ermordet. Es handelte sich immer um typische Auftragsmorde, die von finanziell an den Projekten interessierten Leuten initiiert wurden.

In letzter Zeit ist es allerdings immer öfter zu Protestaktionen von Teilen der Bevölkerung gekommen, die sich durch Maßnahmen oder Unterlassungen der Regierung geschädigt oder ihrer Lebensgrundlagen beraubt sahen. Diese Proteste richten sich aber immer nur gegen die Auswirkungen einer verfehlten Umweltpolitik, soweit sie die eigenen Lebensverhältnisse betreffen.

Von Bestrebungen, das Umweltbewusstsein grundsätzlich zu fördern oder gar dem Umweltschutz Priorität einzuräumen, wie es bei uns im Westen durch die Grünen geschieht, ist in Thailand sehr wenig zu spüren. Die Thais glauben zwar, dass überall in den Flüssen, Bäumen und im Boden Geister wohnen. Wenn es jedoch um den Profit geht, wird diese traditionelle Ehrfurcht vor den Geistern in der Natur einfach beiseitegeschoben.

Hier ein typisches Beispiel dafür, wie in löblicher Absicht erlassene Gesetze in Thailand praktisch angewendet werden: Nachdem die einst reichen Wälder des Landes über Jahrzehnte rücksichtslos abgeholzt wurden und es zu einer immer stärkeren Bodenerosion und zu katastrophalen Erdrutschen kam, wurde jeglicher Holzeinschlag grundsätzlich verboten. Mit dem Erfolg, dass nun nur noch einige Großkonzessionäre – gegen entsprechende Schmiergelder natürlich – weiterhin Wälder abholzen dürfen und sich ebenso natürlich dabei an keinerlei Auflagen halten und ein Vermögen verdienen. Bauholz, früher der Grundbaustoff auf dem Lande, ist inzwischen unerschwinglich teuer geworden. Da es nach dem Gesetz einem Bauern verboten ist, auch nur einen einzigen Baum auf seinem eigenen Grundstück umzulegen, um z.B. mit dem Holz seinen Stall zu reparieren, muss er dies bei Nacht und Nebel tun und, falls ihn die Polizei bei seinem ungesetzlichen Handeln erwischt, eine für seine Verhältnisse sehr hohe Strafe zahlen. Gleichzeitig werden in Bangkok an einflussreiche bzw.

entsprechende Bestechungsgelder zahlende Leute Konzessionen zur Aufforstung großer Areale vergeben. Um dieses löbliche Vorhaben durchzuführen, muss das Areal natürlich zuerst einmal von Krüppelholz gesäubert werden. Der Witz bei der Geschichte ist, dass man von Krüppelholz erst sprechen kann, wenn die kräftigen Stämme fertig zum Abtransport am Boden liegen.

Nach einem Bericht der Bangkok Post v. 7. Juni 1999 war Thailand zum Ende des 20. Jahrhunderts nur noch zu 20 % bewaldet, gegenüber 60 % zu Beginn des Jahrhunderts. Die Einwohner dieses Landes erfahren das nicht nur durch unpersönliche Statistiken und Satellitenbilder, sondern sie bekommen die Folgen dieser Entwaldung jährlich auch immer mehr in Form von katastrophalen Überschwemmungen und Erdrutschen zu spüren.

In Thailand leben noch viele Tiere in freier Wildbahn. Sie alle, von den Elefanten bis zu seltenen exotischen Vogelarten, werden durch die rasante Entwaldung in ihrem Lebensraum eingeengt und sind vom Aussterben bedroht.

Weniger die nördlichen Bergstämme, die durch das traditionelle Roden von Waldflächen, um Land für den Anbau von Opium und Feldfrüchten zu gewinnen, sind schuld an dieser Entwicklung, sondern einflussreiche Figuren in Politik, Armee, Polizei und in der örtlichen Verwaltung, die den illegalen Holzeinschlag durch Kartells begünstigen oder gar selbst daran beteiligt sind. Als der damalige Premierminister Thaksin einmal ein Dorf in einer der nördlichen Provinzen besuchte, das durch eine plötzlich von den kahlen Berghängen herabstürzende Flut weggerissen wurde (71 Tote), sprach er den wunden Punkt unverblümt an und sagte: „Die Regierung wird in Zukunft strenger durchgreifen gegen illegale Abholzerei, die nur durch die Duldung und Beteiligung korrupter Staatsangestellter möglich ist."

Offene Taschen

In Thailand ist es selbstverständlich, dass Macht und Geld zusammengehören. Wer Macht hat, vor allem politische Macht, der hat auch Geld und nutzt seine temporäre Machtstellung aus, um sein Vermögen zu vervielfachen. Auch wenn durch die letzte Verfassung Gesetze gegen die Korruption erlassen wurden, so sind doch die maßgebenden Politiker mehr oder weniger alle in diesem Milieu groß geworden und es ist bekanntlich nicht besonders wirksam, neuen Wein in alte Schläuche zu füllen. So sind Mitglieder des Kabinetts der Verfassung gemäß verpflichtet, vor Beginn und innerhalb von 30 Tagen nach Beendigung ihrer Amtszeit ihr Vermögen öffentlich zu deklarieren. Als bekannt wurde, dass der ehemalige Premierminister Thaksin bei seiner letzten Amtsperiode als Innenminister glatt vergessen hatte, ein paar hundert Millionen Baht anzugeben, gab es zwar einen großen Wirbel und eine Untersuchung durch die zuständige Antikorruptionskommission. Das zuständige Verfassungsgericht akzeptierte aber Thaksins Rechtfertigung, dass dies irrtümlich geschehen sei, weil seine Frau die Finanzgeschäfte führe und kam zu einem Freispruch.

Jeder kann selbst täglich in den Zeitungen nachlesen, wie Leute, die unter bescheidenen Verhältnissen aufgewachsen sind, plötzlich zu politischer Macht und damit zu Reichtum kommen. Der Farang, der mit diesem System nur auf der unteren Ebene zu tun hat, also in der Regel mit Polizisten und kleinen Behördentigern, sollte – bevor er sich über diese entrüstet – wissen, in welchem Maße die Korruption auf der höchsten Regierungsebene gang und gäbe ist. Ein Projekt wie der neue Flughafen in Bangkok hat in 40 Jahren 29 Regierungen mit insgesamt 19 Premierministern überlebt. Bevor aber auf dem neuen Flughafen das erste Fundament gegossen wurde, hatten sich schon ganze Generationen von einflussreichen

Leuten und Politikern dort mit immer neuen Planungs-
aufträgen und Angeboten eine goldene Nase geholt. Zum
Thema Korruption nachfolgend ein paar Beispiele aus der
Tagespresse:

Saubermänner

Beim vorletzten Putsch 1992 setzte eine Generalsclique die
parlamentarische Regierung als angeblich korrupt ab und
beschlagnahmte die Vermögen der als „ungewöhnlich reich"
befundenen Regierungsmitglieder. Inzwischen sind aber die
damals verhafteten und teilweise ins Exil geschickten Politiker alle wieder in leitender Stellung oder als führende Par-
teifunktionäre tätig und ihr Vermögen haben sie auch alle
wieder, ohne jemals erklärt zu haben, wie sie in wenigen
Jahren daran gekommen sind. Als es nach dem Tode des
Vorsitzenden der damals zum Kampf gegen die Korruption
angetretenen Militärjunta, des Generals Sunthorn Kongs-
ompong, zwischen den Hinterbliebenen zu Streitigkeiten
um das hinterlassene Vermögen kam, stellte sich heraus,
dass der General ein Vermögen von ca. 6 Milliarden Baht
hinterlassen hatte. Es ist schwer erklärbar, wie ein Soldat
auf legalem Weg zu einem solch „ungewöhnlichen" Reichtum kam. Sicherlich hat er dieses beträchtliche Vermögen
nicht nur von seinem schmalen Generalsgehalt erspart.

Inaktive Posten

In Thailand müssen korrupte Beamte nicht etwa befürchten, bestraft zu werden, sondern sie werden auf inaktive
Posten versetzt. Kein Mensch weiß, was sie dort tun, aber
sicher ist, dass ihr Gehalt weiter läuft. Die Bestrafung
besteht darin, dass jemand auf einem inaktiven Posten
keine Entscheidungen mehr zu treffen hat und damit für
ihn die attraktive Möglichkeit entfällt, Schmiergelder
zu kassieren. Obwohl man immer wieder in der Zeitung
liest, dass dieser oder jener Amtsinhaber, vor allem höhere Polizeioffiziere, auf einen inaktiven Posten versetzt

wurden, weiß man nicht genau, wie groß der Anteil dieser zur Untätigkeit verdammten und damit weitgehend vom Schmiergeldstrom abgeschnittenen Personen ist. Der damalige Premierminister Thaksin hat nun vorgeschlagen, grundsätzlich fünf Prozent der Regierungsstellen für Leute zu reservieren, die wegen Bestechung oder Unfähigkeit auf inaktive Posten versetzt werden müssen. Die damit offizielle Einschätzung der nicht zu vertuschenden Fälle erlaubt jedoch keinesfalls den Umkehrschluß, 95% der Beamten seien fähig und unbestechlich.

Lehrmaterial
Als an unserer Dorfschule der einzige Computer den Geist aufgab und ich bei Überprüfung feststellte, dass die Festplatte hinüber, der Computer aber sonst noch ganz brauchbar war, war es der Schule nicht möglich, eine neue Festplatte für 3500 Baht (ca. 80 Euro) zu kaufen. In dem Abstellraum, in dem der Computer stand, waren jedoch die Regale vollgepackt mit dicken Thai-Englisch-Wörterbüchern, mit denen kein Kind an der Schule etwas anfangen konnte. Sie waren der Schule vor Jahren einmal zugewiesen worden, im Rahmen eines Programms, bei dem vom Bildungsministerium in Bangkok unnutzes Lehrmaterial zu überhöhten Preisen in Massen eingekauft wurde. Der stellvertretende Erziehungsminister musste zwar wegen nachgewiesener Bestechung zurücktreten, von sonstigen Konsequenzen war aber nie die Rede.

Schulmilch
Im Isaan ist als Folge des Calciummangels Knochenschwund (Osteoporose) bei älteren Leuten weit verbreitet und man sieht auf den Dörfern häufig alte Frauen mit stark gekrümmtem Rücken herumlaufen. Um nun dem Calciummangel vorzubeugen, bekommen Schulkinder im Rahmen eines Regierungsprogramms jeden Morgen 1/4 Liter sterilisierte Milch zu trinken.

Nun stellte sich heraus, dass von den mit der Lieferung beauftragten Firmen nicht etwa Frischmilch, sondern billig importiertes Milchpulver verwendet wurde, das einfach mit Wasser angemacht und dann in die mit dem Aufdruck eines hochwertigen Milcherzeugnisses versehenen Plastiktüten abgefüllt wurde. Das Ganze war nur möglich mit Billigung hoher Beamter in den zuständigen Ministerien, die natürlich ihren Anteil an den ersparten Kosten bekamen. Obwohl in diesem Falle nicht nur der Staat betrogen, sondern auch noch mit der Gesundheit der Kinder Schindluder getrieben wurde, hat man – außer von Versetzungen der bestochenen Beamten – nichts von strafrechtlichen Konsequenzen gehört.

Man sollte sich allerdings davor hüten, das ganze Problem nur mit unseren Maßstäben zu messen. Politik ist nun mal ein schmutziges Geschäft, und das in allen Ländern der Welt. Alle Parteien und Politiker bekommen große Summen von Firmen und Organisationen und wer glaubt, dass diese immensen Summen ohne erwartete Gegenleistung fließen, der muss wirklich naiv sein. Der Unterschied zwischen Thailand und Deutschland ist nur der, dass dies bei uns vom preußisch-deutschen Staatsverständnis her gesehen einen moralischen Niedergang darstellt. In Thailand hingegen wird die Korruption immer noch als eine traditionelle Handlungsweise toleriert. Allerdings werden heute fast täglich neu bekannt gewordene Korruptionsfälle ohne Rücksicht auf die Stellung der Person in den Zeitungen angeprangert mit dem Ziel, langsam einen Sinn für die Verwerflichkeit dieser Praktiken zu wecken.

Probleme der Reisfarmer

Der überwiegende Teil der Bevölkerung Thailands lebt von der Landwirtschaft und hier fast ausschließlich vom Reisanbau. Obwohl Thailand mit ca. 7 Millionen Tonnen pro Jahr der größte Reisexporteur der Welt ist, sind die Bauern landesweit stark verschuldet. Selbst in der Reisschüssel des Landes, der Chao-Phraya-Ebene, wo stellenweise bis zu 3 Ernten pro Jahr eingebracht werden können, sind die Reisbauern in einer Schuldenfalle gefangen. Die Verschuldung beträgt hier im Durchschnitt 50 000 Baht pro Familie, und es besteht keine Aussicht, diese Schulden aus dem Reiserlös je zurückzahlen zu können.

Schuld an dieser Misere sind die niedrigen Preise, die die Bauern für ihren Reis erzielen und die jährlich steigenden Kosten für Maschinen, Treibstoff, Kunstdünger und Insektenvertilgungsmittel. Für 1 kg Reis, das in Deutschland ca. 2 Euro kostet, bekommt der Reisbauer mal gerade 20 Cent, also nur 10 %. Da bei den niedrigen Preisen in der Nähe Bangkoks mit seinen besseren Verdienstmöglichkeiten kaum noch Arbeitskräfte für die mühsame und schlecht bezahlte Erntearbeit zu bekommen sind, werden zunehmend Erntemaschinen eingesetzt. Bei dem meist unter 10 Hektar großen Feldbesitz kann sich niemand eine eigene Erntemaschine leisten, sondern muss diese tageweise anmieten. Die Miete ist bar oder in Anteilen an der Reisernte sofort zu begleichen. Oft müssen, weil die Maschine nur kurz zur Verfügung steht, schon Felder abgeerntet werden, die noch nicht ganz reif sind. Das beeinträchtigt natürlich die Qualität und senkt damit auch den zu erzielenden Preis.

Geschichten aus Thailand

von Günther Ruffert, ISBN 978-3-929403-19-0

Der Autor Günther Ruffert kam vor 30 Jahren erstmals als Bauingenieur nach Thailand und machte das Land schon bald zu seiner zweiten Heimat. Er beschreibt mit viel Humor und Einfühlungsvermögen in mehreren Kurzgeschichten die Mentalität der Thais sowie die zahlreichen Differenzen zwischen westlicher und östlicher Denkensweise. Dabei geht es u.a. um grundlegende Verhaltensregeln, Moral, Tabus, Prostitution, Umwelt, Geisterhäuschen, Religion, Ahnenverehrung, Verkehr, Thai-Boxen, Hahnenkämpfe, Stinkfrüchte und Sprachprobleme.

Eine skurrile Geschichte erzählt z.B. von Manfred, einem deutschen Kneipenwirt in Pattaya, der sich bei der Arbeit zu Tode soff und dessen Geist noch lange nach seinem Ableben nach Ansicht seiner thailändischen Bediensteten nur mit bester deutscher Hausmacher-Leberwurst gnädig gestimmt werden konnte. Weiter wird von Hansi, einem deutschen Motorrad-Verleiher berichtet, der nach Wiederauffinden eines gestohlenen Motorrads Skrupel hatte, ein sog. „Tee-Geld" an die Polizei zu zahlen und deshalb letztlich eine ganz andere Zeche begleichen mußte. In den Kapiteln *Sanuk in Thailand* und *Sanuk - Sanahm* erfährt der Leser, was Thailänder unter „Freude am Leben" verstehen und im Kapitel *Sprachprobleme* beschreibt der Autor, wie durch eine falsche Betonung aus „Pferdereiten" der weniger appetitliche Begriff „Hundescheiße" werden kann, was dann zwangsläufig zu Mißverständnissen führt.

Eine lockere Strandlektüre, die neben dem Reiseführer einen festen Platz im Gepäck jedes Thailand-Besuchers verdient und so ganz nebenbei eine Menge Hintergründiges und Wissenswertes über Land und Leute, Sitten, Kultur und Gebräuche vermittelt.

Im Buchhandel und im Internet unter

www.heller-verlag.de